浓缩中华民俗精髓

荟萃风俗知识趣点

中国人应知道的民俗知识

郑一◎编著

展开精彩民俗画卷 领略中华传统文化

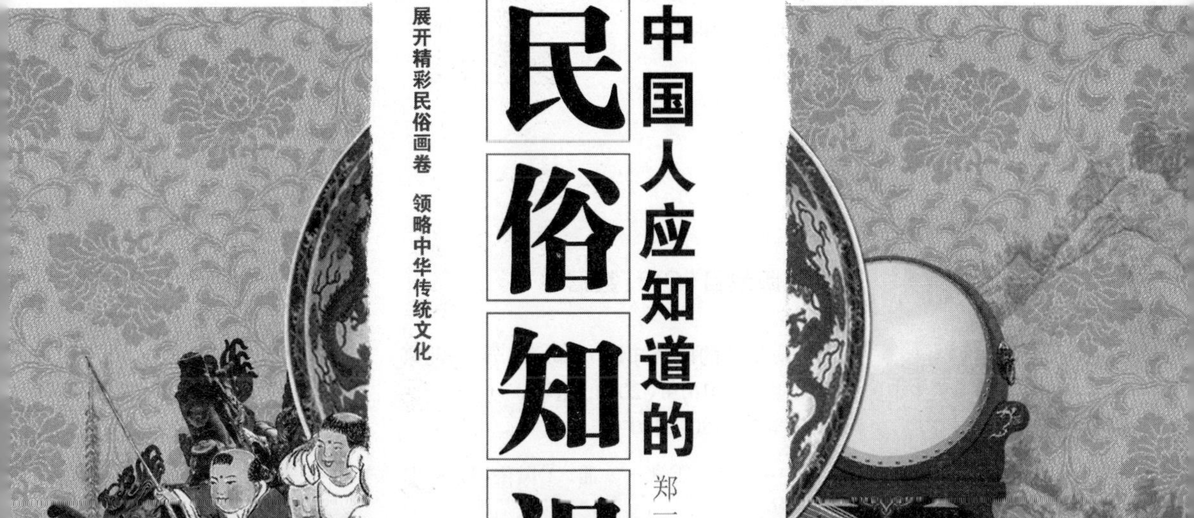

陶冶国人风俗情操，增加国人文化底蕴。

民间生活有千种特色，民俗百态有万种风情，民俗是世世代代锤炼和传承的文化传统，

是沟通情感的纽带，是彼此认同的标志。

把中华几千年风俗精粹，借由本书，为读者呈现。

中国纺织出版社

内 容 提 要

朱子说："五方皆有性，千里不同风。"民俗就是民间风俗。民俗是历史发展变迁传承下来的风俗习惯、民族礼仪等，与百姓生活密切相关，也时刻在影响着我们的生活、工作和思想。

本书是中华民俗知识的浓缩与精编，内容贴近生活，又有丰富的文化内涵，涵盖面广，涉及中国人的饮食、起居、服饰、节日等方方面面，集知识性、趣味性于一体。本书既是一本知识储备大全，又是我们在业余时的休闲读物，让你用少量的时间掌握更多的民俗知识。

图书在版编目（CIP）数据

中国人应知道的民俗知识／郑一编著. —北京：中国纺织出版社，2016.4（2024.1重印）
ISBN 978-7-5180-2320-2

Ⅰ.①中… Ⅱ.①郑… Ⅲ.①风俗习惯—基本知识—中国Ⅳ.①K892

中国版本图书馆 CIP 数据核字（2016）第 022676 号

责任编辑：闫　星　　责任印制：储志伟

中国纺织出版社出版发行
地址：北京市朝阳区百子湾东里 A407 号楼　邮政编码：100124
销售电话：010—67004422　传真：010—87155801
http://www.c-textilep.com
E-mail:faxing@c-textilep.com
中国纺织出版社天猫旗舰店
官方微博 http://weibo.com/2119887771
永清县晔盛亚胶印有限公司印刷　各地新华书店经销
2016年3月第1版　2024年1月第3次印刷
开本：710×1000　1/16　印张：20.75
字数：280千字　定价：59.80元

凡购本书，如有缺页、倒页、脱页，由本社图书营销中心调换

前言

《礼记》中载有:“礼从宜,事从俗。”中国人注重入乡随俗,这里,所谓的俗,就是民俗。民俗又称民间文化,是指一个民族或一个社会群体在长期的生产实践和社会生活中逐渐形成并世代相传、较为稳定的文化事项,可以简单概括为民间流行的风尚、习俗。可见,民俗是一种地域文化,是一种悠久的历史文化传承,是一种相沿成习的东西。

中华民族历史悠久,地大物博,民族众多,在中国境内,有着广大人民群众创造的各类民俗文化,代代传承。这些民俗不仅丰富了人们的生活,还增加了民族凝聚力。

民俗起源于人类社会群体生活的需要,在各个民族、时代和地域中不断形成、扩大和演变,为人民的日常生活服务。民俗就是这样一种来自于人民,传承于人民,规范人民,又深藏在人民的行为、语言和心理中的基本力量。

今天,我们清楚地知道信息时代的一些基本特征,也就是当今世界的发展趋势。我们也知道,现代人类正在经历一个转变的过程,这个过程将结束工业时代,并迅速地过渡到信息时代。信息时代的基本特征之一就是信息开放,正因为如此,人的群体意识逐渐呈现多元状态,我们很多民族文化和民俗习惯正逐渐被未来的一些民族习惯所影响甚至同化,为此,我们有必要了解并将老祖宗留给我们的文化瑰宝传承下去。要知道,我们清楚地了解我们拥有五千年文明史,但你是否知道五千年文明史到底有哪些?

要了解中国历史,就要了解民俗知识,因为民俗与人们的生活、劳作息息相关，是历史发展留下来的印迹。在我们现今的一些生活习俗中，依旧能看到老祖宗的文化是怎样流传的，比如，婚庆风俗；逢年过节时的一些讲究；祭拜先祖时的礼仪等。

当然，在历史变迁的过程中，民俗也产生了一定的变化。因为多方面的因素，在不同的历史时期，民族也开始出现了时间、空间上的变化。

我们在本书中提到的一些民俗知识，并不是什么晦涩难懂的高深理论，而是与人们的生活、起居习惯等息息相关的，并且，趣味性浓厚，正因为如此，民俗才体现了中国人爱好安静祥和的民族特质。

本书从中国人的饮食、起居、服饰、传统节日等方面，详细地介绍了中国民俗的基础知识，突出民族民俗的基本特点，全书力求通俗浅显，并融合趣味性为一体，既易懂好记，又具有较强的知识性和可读性，并且有助于弘扬传统文化，促进大众对文化常识的学习和了解，具有较强的指导作用。

编者著
2016 年 1 月

目　录

第1章

色香味美的饮食

“北京烤鸭”是怎样出名的

北京烤鸭是北京全聚德烤鸭店的名食，它以色泽红艳、肉质细嫩、味道醇厚、肥而不腻的特色而驰名中外，被誉为“天下美味”。

北京烤鸭的材料主要来源于北京鸭，它是当今世界最优质的一种肉食鸭。据说，这种肉食鸭的饲养，大概始于辽金元时期。这个时期的一位统治者游猎，偶然捕获了这种鸭子，用来饲养，从而得此优良纯种，并培育成今之名贵的肉食鸭种。

关于烤鸭，早在公元400年前后的南北朝，《食珍录》中即有“炙鸭”一词出现。到南宋时，“炙鸭”成为了当时临安城中的名吃。那么，为什么后来改叫北京烤鸭呢？

据《元史》记载，元军攻破临安城后，元朝统治者将城里的数百名能工巧匠迁徙至大都（北京），这其中就包括烹饪师傅。由此，烤鸭技术传到北京，而烤鸭则成为元宫御膳奇珍之一。据说清朝的乾隆皇帝以及后来的慈禧太后都特别爱吃烤鸭。从此，烤鸭便正式被命名为“北京烤鸭”。

“富贵鸡”和“叫花鸡”之间有关系吗

“叫花鸡”最早流行于浙江，一些“叫花子”将偷来的鸡用泥巴包起来架火烧，泥烧热了鸡也就熟了。在当时，这是一道登不了大雅之堂的菜品。

传说，当年乾隆皇帝微服出访江南，不小心沦落街头。有一个“叫花子”看他可怜，便把自认为美味的“叫花鸡”送给他吃。乾隆皇帝困饿交加，自然觉得这鸡十分好吃。吃完了后，乾隆皇帝便问这个叫花子，这只鸡叫什么名字。叫花子不好意思说这鸡叫“叫花鸡”，便说这鸡叫“富贵鸡”。乾隆皇帝对这鸡赞不绝口。

后来，乾隆皇帝回宫，命御膳房做这种“富贵鸡”来大宴群臣。从此，这“叫花鸡”因为乾隆皇帝的金口而成了“富贵鸡”，并流传至今，成了一道登得大雅之堂的名菜。

花雕酒中的“花雕”一词是什么意思

花雕酒，单单从字面意思来看，很难理解是什么意思。其实，花雕酒是从古时的“女儿酒”演变而来的。

关于花雕酒的来历，清《浪迹续谈》中记述了一个民间传说。从前，绍兴的一个富翁生了一个女儿。在女儿满月的时候，这个富翁便酿了几坛酒放到酒窖里。十八年后，他的女儿要出嫁了，富翁便把当时储藏的酒拿出来，并在酒坛外面绘上“龙凤吉祥”“花好月圆”“送子观音”等喜庆图案，作为女儿的陪嫁礼品。后来，这渐渐成为当地的一种习俗。因为酒坛外面漂亮的彩色图案，人们就把这种酒形象地叫作“花雕”。此后，“花雕”也成了绍兴人希望家里人丁兴旺的一种祝福。时至今日，若某人家生了女儿，大家就会戏称“恭喜花雕进门”。

“五谷杂粮”都包括哪些谷物

在古代，粮食作物大概分为五谷、六谷及百谷。其中，五谷是指稷、黍、麦、菽、麻；六谷是指稻、稷、黍、麦、菽、麻。六谷比起五谷来多了一种稻，这是因为水稻原本为南方的粮食作物，后来才传到北方。至于百谷，并非是说古时真的有一百种粮食作物，而是说粮食的种类很多的意思。

稷是小米，又叫谷子。稷在中国历史上曾经是最重要的粮食。古人以稷代表谷神，与土神合称为社稷。因此，在我国，人们通常以社稷作为国家的代称。黍是现代北方人所说的黍子，又叫黄米。上古时代，黍被认为是一种比较好吃的粮食。菽就是大家现在通常所说的豆子。麻指大麻子，古代也供食用，后世还有吃麻粥的。麻不是主要的粮食作物，后来主要用大麻纤维织布，古代即以“丝麻”或“桑麻”并称。

“汤饼”“馎饦”“水引”分别是什么食物

“汤饼”“馎饦”“水引”是什么东西呢？也许，对于这些东西，大家会说没有听说过。其实，这些东西都是指面条。

我国的面条起源于汉代。那时候人们把面食统统叫作饼，而面条在汤里面煮，所以叫汤饼。早期的面条有片状和条状的。其中，片状的是将面团托在手上，拉扯成面片下锅煮成。到了魏晋南北朝，面条的种类增多。这时候就出现了人们所说的“水引”“馎饦”等，“水引”是将筷子般粗的面条压成“韭叶”形状；“馎饦”则是极薄且“滑美异常”的面片。隋、唐、五代时期，面条的种类有所增加。

宋元时期，面条的种类就更多了。在南宋临安的集市上，就出现了专门卖面条的店铺，并且，在这个时候，真正意义上的“挂面”也出现了。到了明、清时期，面条的种类就更为繁多了。

“贵妃鸡”和杨贵妃有关系吗

贵妃鸡，从名字就可以看出，它一定与哪一位贵妃有关系。的确如此，而这位贵妃不是别人，正是唐朝的那位杨贵妃。

话说一天，唐玄宗与杨贵妃饮酒作乐。杨贵妃喝醉酒之后迷迷糊糊地叫道："我要飞上天！"唐玄宗因酒醉听错了，以为杨贵妃要吃"飞上天"，便马上命令御膳房做出来。听了皇帝的谕旨，厨师们面面相觑，他们从来没做过"飞上天"这道菜。但皇帝金口玉言，他能说出来，你就得做出来。有个厨师说："也许'飞上天'就是老鹰吧！"大家一听，赶紧做了两只红烧老鹰。可一尝，鹰肉是酸的。于是，厨师们便又开动脑筋。这时，一位来自苏州的厨师想到鸡的肌胛肉最鲜嫩，便想拿来做"飞上天"。他把自己的想法对大家一说，众人一听，只好如此了。他们找来几只童子鸡，斩下它们的翅膀后，与香菇、淡菜、笋片、青椒一起焖烧。这样，"飞上天"就算做成了。

随后，太监将"飞上天"端到杨贵妃的面前。吃得津津有味的杨贵妃说："此菜色艳、肉嫩、味香，以后就叫它'贵妃鸡'吧！"唐玄宗一听，连声称好。

后来，那位苏州厨师告老还乡，就把"贵妃鸡"的制作方法带到了民间，从而使这道菜得以在苏州地区世代流传。

为什么会有"一日三餐"的说法

汉代以前，人们一日只吃两餐，当时人们认为，只要一日用过两餐，便意味着一天的时间就过去了。这也是由于当时农业不发达而导致的。所以，古时候，在不应进餐的时间用餐，会被认为是一种越礼的行为或特别的犒赏。

那么，什么时候又由"一日两餐"演变为"一日三餐"的呢？据《史记·项羽本纪》记载，项羽听说刘邦欲王关中，便下令将一日两餐改为一日三餐，借此犒劳将士，激发士气。当刘邦知道后，便也效仿项羽，借此来鼓舞士气。

汉代以后，一日三餐或一日四餐的习惯就流下来了。并且，三餐开始有了早、中、晚饭的分别。经过不断地演变，时至今日，我国不论南方北方，人们普遍习惯于一日三餐了。同时，从另一个角度来看，历史演变形成的一日三餐制，也是有科学道理的。

吃“腊八粥”的习俗是怎样得来的

腊八节本是佛教节日。释迦牟尼在成佛之前，出家苦行饥饿疲惫到了极点，有一位牧女送给他一碗乳糜（奶粥），从而恢复了体力，并最终在菩提树下觉悟成佛。佛教传入我国后，我国的僧人认为释迦牟尼是在十二月（即腊月）初八成佛的，遂以“腊八”为成道节。在古代，每逢这一天，各寺院都要诵经纪念，仿效牧女献乳糜事，以各种香谷、果实煮粥供佛，称为“腊八粥”。从这一点上来说，腊八粥是与佛教联系在一起的。

其实，在汉代，腊月初八为祭祀腊神日。为了祭祀腊神，民间往往要在这一天准备一顿别具风味的粥。这种粥的做法是：在五谷杂粮中掺入花生、栗子、红枣、核桃仁、杏仁，用微火煮熟炖烂，再添加红糖，做成八色香粥，称之为“腊八粥”。粥煮好后，自己先不吃，而是先盛上几碗放在水井、磨盘、牲口圈门上，以表示同庆丰收、迎吉祥之意。由此可知，当时的“腊八粥”与佛教没有什么联系，完全是中华民族自己的传统祭日。

“油炸桧”是一种食物吗

你知道油炸桧是什么东西吗？其实，油炸桧就是大家今天所说的油条。

相传公元1141年春，南宋宰相秦桧，怂恿皇帝连下十二道金牌将岳飞骗回京城，关进大牢。第二年春，秦桧等人以“莫须有”的罪名，将岳飞杀害于

“风波亭”。

消息传出，京城百姓无不悲伤。当时“风波亭”旁的一个小摊上，正在卖烧饼的摊主听说这个消息后，悲愤满腔，他不由自主地将面团就捏成了秦桧和他老婆的模样，先刀切秦桧颈，后剖王氏腹，再将他们两个拧在一起，觉得还是不解恨，便又投入油锅中炸，表示油炸秦桧和王氏。围观的群众争相购买食之，以解心中之很。前来购买“油炸桧”的人越来越多，大家纷纷围上前来，一边自己动手做，一边大声吆喝：“都来油炸桧，都来油炸桧！”从此，“油炸桧”就很快传开了，后来人们逐渐简称其为“油条”。小小的面食也承载着普通老百姓惩恶扬善的愿望。

中国古代的道士与“醋”之间的故事你知道吗

你知道吗，世界上首先发现和利用食醋化学作用的，是中国道教中的炼丹道士。所以说，从某种意义上来说，醋是我国古代的道士发明的。

中国古代的道士们为了求得长生不老，便利用各种方式来炼丹。道士通过炼丹实践，观察到食醋与其他物质的许多化学反应。在许多有关道教炼丹的著作中，记载了食醋对某些有色金属及矿物的溶解、置换作用以及醋与碱的相互作用。道士们还给食醋起了一个非常好听的名字叫作“华池佐味”。同时，食醋也成了炼丹中的必备之物。古人炼丹用醋不仅扩展了醋的用途，而且客观上提高了醋的酸度、浓度，并相应推动了食醋酿造质量的发展。可以说，炼丹技术对食醋的酿造起了推波助澜的作用。

古代人和我们现在一样吃“盐”吗

古代的人吃盐吗？回答是肯定的。只是那时候的人把天然的盐叫作卤。古代最早人工采制的盐可能是海盐。古籍记载,炎帝时的宿沙氏发明了用海水煮盐的方法,史称“宿沙作煮盐”。宿沙氏应该是传说中的人物,实际上,最初的煮盐方法应该是生活在海边的老祖先们经过了长期的探索和实践而得来的。也许,是宿沙氏将煮盐的方法提升并推广开来,后人也就将采制海盐的发明权归到了他的头上。

除了海盐以外,古代的人还吃湖盐。湖盐又称池盐。由于天气和气候的原因,内陆的盐湖结晶出了盐,而这种盐又被祖先们拿来食用了。历史上古老的河东盐,又称“解盐”“潞盐”,就是河东盐池在风和太阳的蒸发作用下自然生成的食盐。河东盐池出现在很早的史籍中,由此推断,盐池采盐的开端可能并不比海盐晚。

古代有“冷饮”吗

不要认为吃冷饮是外国人的专利,早在三千多年前,我国就开始用最原始的方法制冰了,如《诗经》中就有奴隶冬日凿冰储藏以供贵族们夏季享用的记载。到了周代,出现了专门管理制冰和用冰的官员,称为“凌人”。春秋末期,“冰镇米酒”已经开始在诸侯们的宴席上出现。

唐代人造冰诞生,发展到宋朝的时候,就出现了冷饮,并开始在市场上销售了。人们把果汁、牛奶、药茶、冰块等混合调制成冰冻的饮品,名叫“冰酪”。由于当时冷饮业的迅速发展,冷饮不再是贵族享用的专利,享用人群由官宦贵族扩展到了平民百姓。

元朝时,商人们又在冰中加入了蜜糖和珍珠粉。元朝忽必烈执政时,开始生产冰淇淋,为了独享这种新型的饮食,元朝统治者还颁布了一道除王室外禁止制造冰淇淋的敕令。13 世纪,意大利旅行家马可·波罗离开中国时,把冰淇淋的制作方法带到意大利,以后又传到法国和英国乃至全世界。

清明节那天有什么饮食风俗和忌讳吗

每年的阳历4月5日是我国传统节日之一的清明节。既然是一个传统节日，那么除了扫墓、祭祖之外，吃也是很重要的，而且还是丰富多彩的。

清明时节，江南一带有吃青团子的风俗习惯。青团子是用一种名叫“浆麦草”的野生植物压出汁，用这种汁与晾干后的糯米粉拌匀揉好，然后制作而成的。青团子油绿如玉、糯韧绵软、清香扑鼻，吃起来甜而不腻。

清明时节还有吃馓子的习俗。“馓子”是一油炸食品，口感香脆且外观精美，古代叫“寒具”。现在流行于汉族地区的馓子有南北方的差异。北方馓子外形大方洒脱，以麦面为主料；南方馓子外形精巧细致，多以米面为主料。

清明时节，正是螺蛳肥美的最佳时令，所以还有少数地方有吃螺蛳的习俗。

此外，我国南北各地在清明节时，还有吃鸡蛋、蛋糕、夹心饼、清明粽、清明粑等多种食品的习俗，这些都是十分有意思的。那么，你在清明节时，会吃些什么呢?

你知道“年糕”是怎样得来的吗

如今，年糕已经成为中国人日常所食用的食品了，而且是过年必备的节日食品。那么它是怎么来的呢?要说起年糕的来历，还要从一个故事说起。

在春秋战国时期，苏州是吴国的国都。那时战火连年，吴国为防敌国进袭，修筑了一道坚固的城墙，君臣认为有了坚固的城池便可以高枕无忧了。

见此情景，国相伍子胥深感忧虑。他叫来贴身随从，嘱咐道：“满朝文武如今都以为高墙可保吴国太平。城墙固然可以抵挡敌兵，但同样也会制约住我们。如果敌人围而不打，那吴国岂不是作茧自缚？倘若我有不测，吴国受困，粮草不济，你可去相门城下掘地三尺取粮。”随从以为伍子胥酒喝多了，胡言乱语。不久，国王驾崩，夫差继位，听信谗言，赐伍子胥自刎。越王勾践便举兵伐吴，对吴国都城围而不攻，吴军困守城中，渐渐断了粮草，不仅城内的百姓，就连士兵也马上要断粮了。这时那位随从记起伍子胥从前的嘱咐，便急忙召集邻里一起来到相门外掘地取粮，当挖到城墙下三尺深时，才发现城砖是用糯米粉做的。最后，正是这些糯米做的砖救了全城老百姓。人们为了感谢伍子胥，纷纷朝着城墙下跪、拜谢。

此后，每逢过年，家家户户都用糯米粉做“城砖”，这就是年糕的由来。

“东坡肉”是怎样被成就的你知道吗

东坡肉是杭州传统风味菜肴中的一道名菜。此菜具有色泽红艳、汁浓味醇，肉酥烂而不碎，味香酥而不腻的特点。说起“东坡肉”的来历，还流传着一段有趣的故事。

当年，苏东坡触犯了皇帝，被贬到黄州。闲下来的苏东坡经常亲自烧菜，并与朋友们一同“品尝”。后来新皇帝即位，苏东坡被重新起用调到杭州做官，此时西湖已被葑草淹没了大半。他发动数万民工除葑田、疏湖港，把挖出来的泥堆筑成长堤，也就是后来的“苏公堤”。为了感谢苏东坡对当地所作出的贡献，杭州的老百姓逢年过节就给苏东坡送猪肉。苏东坡收到猪肉后，就叫家人把肉切成方块，用自家的烹调方法烧制，连酒一起按照民工花名册送给每家每户。但家人烧制时，把“连酒一起送”听成了“连酒一起烧”，没想到这样烧制出来的红烧肉味道更加鲜美，吃到的人都赞不绝口，后来这种红烧肉就被人们命名为“东坡肉”了。

月饼是从何时开始与中秋相关联的

有人以为吃月饼和送月饼自古以来就与中秋节有关，其实，情况并非如此。月饼，最初起源于一种犒赏三军的食品。唐高祖年间，大将军李靖征讨匈奴得胜，于八月十五凯旋。当时，有经商的西域人向唐高祖献饼祝贺胜利。高祖李渊接过饼盒，拿出圆饼尝了一口，笑指空中明月说：“应将胡饼邀蟾蜍。”说完便把饼分给大将军李靖一起吃。

月饼真正与中秋节有联系是在明代。当时，北京城里有一种用水果做馅的食品，人们在中秋节这一天自己亲手制作这种食物，用于食用和赠送亲朋好友，以表达团圆和祝贺之意。那时的月饼大小和形状没有一个统一的规范，名称五花八门。

月饼的制作技术在明代已达到很高的水平，一些月饼的饼面上已出现“月中蟾兔”之类的装饰图案。其设计之精良，构图之美妙，花纹之灵细，均反映了中华民族的灿烂文化。

“立冬进补”的说法有什么讲究

中国人在传统观念中有“立冬进补”的习俗。每逢立冬，南北方的人们都会以不同的方式进补山珍野味，说是只有这样，到了寒冷的冬天，才能抵御严寒的侵袭。在传统观念中，“冬”就是终止、结束的意思。中医学认为，这一节气到来时，阳气潜藏，阴气盛极，万物活动趋向休止，为来年春天的生机勃发作准备。

我国最早的医学经典著作《黄帝内经》详细讲解了精神调养、起居调养以及饮食调养的方法，并根据自然界的变化，引入人体冬季养生的原则。我国古人认为，冬天是天寒地冻、万木凋零的季节，人体的阳气也会潜藏于体内而不外露出来。因此，冬季养生应顺应自然界闭藏之规律，以敛阴护阳为根本。在精神调养上，要做到尽量安静，控制自己的情绪，保持精神的畅快，避免烦扰，从而使体内的阳气得以潜藏。也就是说，在寒冷的冬季，不要因扰动阳气而破坏人体阴阳转换的生理机能。由此可知，冬季早睡晚起，保证充足的睡眠，有利于阳气潜藏、养精蓄锐。

为什么山西的“刀削面”是用“刀”砍出来的

山西刀削面和山西老陈醋一样闻名于世，然而关于刀削面的来历，却有一个颇为有趣的传说。

据说，蒙古侵占中原建立元朝后，为防止汉人造反起义，将家家户户的金属全部没收，并规定十户只能用一把厨刀，切菜做饭轮流使用，用后再交回官府保管。一天中午，一位老婆婆和好了面，让老汉去取刀。结果不巧的是，刀被别人取走了，老汉只好返回，在出大门时，脚被一块薄铁皮碰了一下，他顺手拣起来揣在怀里。回家后，全家人等刀切面条，可刀却没取回来。于是，老婆婆开始絮叨老汉。老汉一生气就取出怀里的薄铁皮说：“就用这个铁皮切面吧！”老婆婆一看，嘟囔着说：“这样的东西怎能切面条？”老汉气愤地说：“‘切’不动就‘砍’。”一句话提醒了老婆婆，她把面团用左手端起，右手持铁片开始在开水锅边“砍”面，而且以后再也不用去取刀切面了。就这样，这个方法一传十、十传百，传遍了晋中地区。

这种“砍面”流传于世间，又经过多次改革，就演变为现在的刀削面。

“石子馍”是怎样一种食物

石子馍是陕西关中地区非常流行的一种风味小吃。从名字来看，大家就会知道石子馍与石头有联系。这种小吃是将饼坯放在烧热了的石子上烙制成的，故而得名，又称砂子馍、饽饽、干馍等。

由于这样的加工方式具有一定的原始气息，因此石子馍被称为我国小吃中的活化石。石子馍具有明显的石器时代“石烹”遗风。据说，这种食品在神农氏的时候已经有了。周代的石子馍是由远古的“燔黍”演变而来的，后来又经历了一个不断改进的过程。在唐代，石子馍叫作“石鏊饼”，并被作为贡品向皇帝进贡。由于这种饼很抗饿，因此当时被抓去坐牢的人都会带不少。到了清代，石子馍传入金陵，称为“天然饼”。

由于石子馍是以烧热的石子作为炊具烙烫而成的馍，并且油酥咸香，耐放，因此很受人们的喜爱。

“三杯鸡”的名字由何而来

“三杯鸡”的历史久远，在赣中南等地广为传播。

据说，很久以前，万载县城康乐城郊，有姐弟二人相依为命。有一年，大旱引发饥荒，弟弟提出要外出谋生。他离家那天，姐姐把家中仅剩的一只三黄鸡杀了为他送行。穷家也找不出什么调料，就把橱里仅剩的食油、酱油、酒，同鸡块一起放在砂锅里烧焖。让人意想不到的是，这样做出来的鸡吃起来鲜美无比。后来，弟弟发迹了，开了一家酒店，但他念念不忘当年离家时姐姐做的那道菜，要求姐姐重做一遍。后来，这道菜经过加工整理，成了店家的招牌菜。

后来，三杯鸡的做法广泛传播开来了，并且进入了寻常百姓的家中，流传数百年的三杯鸡就成了赣菜的一道经典菜肴。其实，所谓的“三杯”，就是一杯油、一杯酱油以及一杯米酒而已。但是，现在这道菜的关键并不是只有这“三杯”，还要混合由适量麦芽糖和冰糖熬制六七个小时而成的糖汁。这道菜，吃完后盆底不剩下任何汁水的才是正宗。

为什么中国人在立春时要吃“春饼”

立春代表着春天的开始。在中国古代，立春是一个相当隆重的节日。古代立春时，帝王常常率领群臣举行隆重的迎春大典，有的还要亲自扶犁耕一块地，表示对农耕的重视。除迎春大典外，民间还有打春牛、喝春酒、吃春饼的习俗。这些习俗一直延续到近代。

到了现在，立春的仪式逐渐被淡化，但通常在立春这天，不少老百姓习惯上还要吃春饼，名曰“咬春”。春饼是北京民俗应节食品，又称薄饼，是一种用白面擀成圆形的、烙得很薄的面饼。北京人在立春时吃春饼的习俗历史悠久，可追溯到晋朝，兴于唐朝。《关中记》说唐朝时期人们就开始吃春饼了。《明宫史·饮食好尚》里也记载着立春的时候，无论是穷人还是富人，在这一天都要嚼萝卜，名曰“咬春”，并且，还要互相宴请，吃春饼和菜。明、清时期，随着烹调技术的发展和提高，春饼又演变为小巧玲珑的春卷，不仅是民间的小吃，还成为宫廷的糕点之一，从而登上了大雅之堂。

南方人和北方人在“冬至”时吃的一样吗

冬至是古人十分重视的节日，因此在这天大多边塞闭关，商旅停业，朝廷不理事，官衙放假，亲朋好友之间还要相互宴请，从而产生了如“吃冬至肉”“献冬至盘”“供冬至团”“馄饨拜冬”等习俗。

“吃冬至肉”是南方冬至扫墓后同姓宗族祠堂按人丁分发“胙肉”的古老食俗。当然，这样的习俗也有很多讲究。分肉的时候，要按照地位、学识的高低来分，用这样的方法来鼓励知识分子。同时，还要优先照顾老人，以示敬重。冬至肉用祠堂公积金或富家捐款购置，由族长主理其事。

“供冬至团”这种习俗流行于江南地区。冬至团是以糯米粉为面团，内包肉、菜、糖、果、赤豆沙、萝卜丝等蒸成。冬至团主要用来做供品，同时也是冬至宴上的必备食品之一。

“馄饨拜冬”是北方的一种冬至习俗。《帝京岁时广记》里说，之所以选用馄饨拜冬，是因为“夫馄饨之形有如鸡卵，颇似天地混沌之象，故于冬至日食之”。

为什么少数民族地区的人们会有喝“奶茶”的传统

奶茶是我国北方少数民族日常生活中不可缺少的饮料。哈萨克族、蒙古族、维吾尔族、乌孜别克族、塔塔尔族、柯尔克孜族等民族都非常喜欢喝奶茶。

其实，这些少数民族同胞爱喝奶茶是有原因的。其一，在这些地方，人们吃的肉食较多，蔬菜较少，需要用奶茶来帮助消化；其二，由于北方少数民族地区的气候多为冬季寒冷、夏季干热，冬季大量饮奶茶有助于驱寒，夏季则可以驱暑解渴；其三，在广袤的牧区，牧民有时候外出放牧或办事，口渴时不容易找到居民点，所以离家前一般要喝足奶茶，再自带些干粮以备路上用，这样即使长时间没有水喝，也不会感到口渴和饥饿；其四，奶茶里有茶和奶，有时还放一些酥油、羊油或马油，是一种十分可口且富有营养的饮料。

由于以上原因，所以居住在北方少数民族地区的人们对奶茶格外青睐。

中国各个地方在“大暑”时节有什么不同的习俗

在大暑这一天，不同地域的人们，饮食习俗也不一样。

大暑时，按福建莆田地区的习俗，家家户户都要吃荔枝，叫作“过大暑”。荔枝是莆田特产，民间有“在大暑吃荔枝，营养价值和人参一样高”的说法。按照习俗，大暑到了，亲友之间常以荔枝作为互赠的礼品。

鲁南地区，有在这一天“喝暑羊”的习俗。所谓的“喝暑羊”，也就是人们所说的喝羊肉汤。

在广东，有大暑吃仙草的习俗。仙草又名凉粉草、仙人草，是唇形科仙草属草本植物。这是一种既可以当食物，又可以入药的植物。由于具有消暑功效，因此其被称为“仙草”。

大暑节，台湾省周围的海域大多布满暖水鱼群。比如，其东北海域有鱿鱼，基隆市的外海有小卷、赤宗，彰化市的外海则有黄鳍鲷等。在大暑节气，台湾还有吃菠萝（凤梨）的习俗，因为这个时候的菠萝是最好吃的。

除了吃，在浙江台州沿海，大暑有送“大暑船”的活动。“大暑船”完全按照旧时的三桅帆船缩小比例后建造。大暑这天，人们要举行一系列祈福仪式，随后把“大暑船”点燃，让它在海上沉浮，以表达人们希望五谷丰登、生活安康的美好愿望。

“山珍海味”在古代都有哪些东西

山珍海味，主要是指由产自山野和海洋的名贵珍稀食材制成的菜肴，如熊掌、燕窝、鱼翅、海参等。

孟子曾说过，“舍鱼而取熊掌者也。”煮好的熊掌，酥烂滑润，自有其耐人寻味处。在古代，扒熊掌是食谱上的名菜。

杜甫在《丽人行》一诗中就是以驼峰和银鳞这两道菜作例子，来描绘唐玄宗和杨贵妃饮食生活的豪奢。《红楼梦》写庄头乌进孝向贾府交年租年礼，所开礼单的第一宗便是大鹿（全鹿）三十只。鹿尾、鹿舌、鹿筋、鹿肉、鹿血、鹿鞭既是美食又是补品。

金丝燕在闽粤海滨悬崖上筑起的巢叫燕窝，它是金丝燕吞食鱼虾、海藻经胃液消化后吐出的黏液筑成的，营养丰富。

鱼翅是加工干制后的鲨鱼鳍。海参是海里的一种棘皮动物。古代隆重的喜庆筵席多以鱼翅或海参作为主菜，称为翅子席（鱼翅席）或海参席。

我国古时著名的山珍海味除了以上几种，还有鱼肚、鱼唇、干贝、对虾、野鸡崽子、凫脯、哈士蟆（黑龙江林蛙）、猴头蘑、银耳等。至于宫廷食谱中的“龙肝凤髓”之类，不过都是用来表达帝王饮食的名贵、珍异罢了。其中，“龙肝”是用白马的肝脏代替的，“凤髓”则是锦鸡的骨髓。

你知道中国的“八大菜系”是如何形成的吗

菜系是指在一定区域内，由于气候、地理、历史、物产及饮食风俗的不同，经过漫长历史演变而形成的一整套自成体系的烹饪技艺和风味，并被全国各地所承认的地方菜肴。我国的菜系有很多流派，通称有“八大菜系”。那么，这些菜系是怎么形成的呢？

我国的传统菜肴在烹饪中有许多流派。清代的时候，中国饮食分为京式、苏式及广式。民国年间，各地的饮食文化有了相当大的发展，分为华北、江浙、华南及西南四个流派。后来，华北流派分出鲁菜，成为八大菜系之首；江浙流派分为苏菜、浙菜及徽菜；华南流派分为粤菜、闽菜；西南流派分为川菜、湘菜。鲁、川、苏、粤四大菜系形成历史较早,后来,浙、闽、湘、徽等地方菜也逐渐出名,从而形成了“八大菜系”。

“鲁菜”是如何成为八大菜系其中之一的

鲁菜在全国各大菜系中素有菜系之首的说法。鲁菜的形成和发展,与山东地区的文化历史、地理环境、经济条件以及生活习俗有关。鲁菜的历史极其久远。据《尚书·禹贡》记载,在夏朝,山东已经开始使用食盐,因此鲁菜的发展史遥遥领先其他菜系。山东地区远在周朝的《诗经》中已有食用黄河的鲂鱼和鲤鱼的记载,而今糖醋鲤鱼仍然是鲁菜中的佼佼者,由此可见其源远流长。

秦汉时期,山东的经济繁荣带动了餐饮行业的繁荣。后来历经隋、唐、宋、金各代的加工和精炼,鲁菜逐渐发展为北方菜的代表。到元、明、清时期,鲁菜又有了新的发展。此时的鲁菜开始大量进入宫廷,成为御膳的珍品,从而借宫廷的光,开始在北方地区流传开来。乾隆皇帝曾八次驾临孔府,第五次驾临孔府时,将女儿下嫁给孔子第 72 代孙孔宪培,并赏赐一套“满汉宴银质点铜锡仿古象形水火餐具”给孔府。这对鲁菜向更高层次的发展起到了推波助澜的作用,促使其成为菜系之首。

“德州扒鸡”是什么样的一种鸡

德州扒鸡在菜系分类上属于鲁菜,其历史也较为悠久。由于德州扒鸡的外形看起来很像人们常见的烧鸡,因此人们会问:“它是不是把烧鸡改进了一下而得来的呢?”

其实,德州扒鸡的确是由烧鸡演变而来的。据《德州市志》和《德州文史》记载，韩记为德州扒鸡的首创者。韩记扒鸡的出现始于公元1616年(明朝万历43年)，世代相传至今。清朝乾隆皇帝下江南，在德州逗留时，点名要品尝韩记做的德州扒鸡，而后龙颜大悦，称赞说德州扒鸡是“食中一奇”。此后，德州扒鸡便成了宫廷菜肴。

1911年，韩世功总结韩家世代做扒鸡的经验，制作出具有独特风味的“五香脱骨扒鸡”，因此社会上都习惯把韩世功称为第一代扒鸡制作大师。

“九转大肠”中的“九”字有什么意义

“九转大肠”是鲁菜中的一道名菜。据说，这道菜是清朝光绪年间，由济南“九华楼”酒店首创。“九华楼”酒店是济南富商杜氏和郜氏所开。

由于“九华楼”酒店的店主对“九”字有着特殊的爱好，因此他开的店铺字号都冠以“九”字。当初，“九华楼”酒店在济南东巷北首，规模不大，但由于厨师均是名师高手，并对烹制猪内脏菜很是讲究，因此在当时小有名气。其中，“红烧大肠”(“九转大肠”的前身)就很出名，做法也别具一格，制作时先煮、再炸、后烧，出勺入锅反复数次，直到烧煨至熟。所用调料有名贵的中药砂仁、肉桂、豆蔻，还有大葱、生姜、大蒜以及料酒、清汤、香油等。

有一次，掌柜的用这道拿手菜来宴客，众人品尝这道佳肴都赞不绝口。其中有一位文人提议应该为这道美食起一个响亮的名字，众人立刻表示赞同。于是，这位客人一方面为迎合店主喜欢“九”的嗜好，另一方面为赞美厨师的高超手艺，取名为“九转大肠”。同坐的人都问他为什么这样叫呢？他说道家善炼丹，有“九转仙丹”之名，这道菜可与仙丹媲美。从此，“九转大肠”之名声誉日盛，流传至今。

川菜为什么被称为“巴蜀美味”，它是怎么形成的

川菜是一个历史相当悠久的菜系，其发源地是古代的巴国和蜀国。川菜系的形成时间，大致在秦始皇统一中国到三国鼎立之间。当时，四川政治、经济、文化中心逐渐移向成都，同时也把中原地区先进的生产技术带到了成都，这对川菜的发展起到了巨大的推动和促进作用。

三国时，魏、蜀、吴鼎立，刘备以成都为“蜀都”。虽然全国范围内处于分裂状态，但蜀中相对稳定，为商业包括饮食业的发展创造了良好的条件，使川菜在形成初期便有了坚实的基础。

到了唐代，川菜已是脍炙人口。至宋代，川菜已经形成流派，当时的影响已达中原。诗人陆游就有“玉食峨眉木耳，金齑丙穴鱼”的诗句赞美川菜。元、明、清建都北京后，随着入川官吏的增多，大批北京厨师前往成都落户，经营饮食业，从而使川菜得到了进一步发展，逐渐成为我国的主要地方菜系。

“宫保鸡丁”这道菜是怎样得来的

“宫保鸡丁”是川菜中的一道名菜，其来历，一般认为与清光绪年间四川总督丁宝桢有关，而且还有三种不同的说法。

第一种说法：丁宝桢很喜欢吃辣椒与猪肉、鸡肉混在一起爆炒的菜肴。在山东任职时，他就命家厨制作“酱爆鸡丁”等菜，很合胃口。调任四川总督后，每有宴客，他都让家厨用花生米、干辣椒及嫩鸡肉炒制菜肴，其肉嫩味美，很受客人欢迎。后来，由于他戍边御敌有功，被朝廷追赠为“太子少保”，

人称“丁宫保”,而他的家厨烹制的炒鸡丁,也就被称为“宫保鸡丁”。

第二种说法:丁宝桢在四川任总督期间,大兴水利,为民造福。百姓为了感其恩德,就献给他最喜欢吃的炒鸡丁,并命名为“宫保鸡丁”。

第三种说法:丁宝桢在四川任总督期间,经常微服私访。一次,他在一家小饭馆吃饭,吃到以花生米炒的辣子鸡丁,感觉其味道很是鲜美,便叫家厨仿制,并命名为“宫保鸡丁”。

“夫妻肺片”这道菜和“夫妻”有什么关系

“夫妻肺片”也是川菜中比较有名的一道菜,其菜名就很是吸引人们的眼球。很多人在听到这个名字后,都会问:“为什么要取名‘夫妻肺片’呢?”据说,由于这道菜是一对夫妻发明的,因此才取名“夫妻肺片”。

相传在20世纪30年代的成都少城,有一名叫郭朝华的男子,与妻子一道以制卖凉拌肺片为生。他们夫妻俩亲手操作,走街串巷,提篮叫卖。由于精选材料,精细制作,他们所做凉拌肺片的味道在其他各家之上,使人一见便心生好感,从而忍不住想要购买品尝。久而久之,人们为了区别于其他店家做的凉拌肺片,便称郭氏夫妇所售的凉拌肺片为“夫妻肺片”。1933年,郭氏夫妇在成都半边桥街设店,其店名即为“夫妻肺片”。

今天的“夫妻肺片”已成为某集团企业旗下一个杰出的品牌,在成都市拥有大型酒楼、小吃中心、餐馆、熟食外卖、酒楼等多种经营模式的门店,其中历史最悠久的门店距今已有50余年。

“粤菜”是如何形成并发展起来的

粤菜,即广东地方风味菜,是我国著名八大菜系之一,它以特有的菜式和韵味,独树一帜,在国内外享有盛誉。“粤菜”由广州菜、潮州菜、东江菜等组成,而以广州菜为代表,有着悠久的历史。

粤菜系的形成和发展与广东的地理环境、经济条件和风俗习惯密切相关。广东地处亚热带,濒临南海,雨量充沛,四季常青,物产富饶。故广东的饮食,一向得天独厚。

早在西汉《淮南子·精神篇》中就载有粤菜选料的精细和广泛,由此可以想见千余年前的广东人已经对用不同烹调方法烹制不同的美味游刃有余。在此以前,唐代诗人韩愈被贬至潮州,他在诗中描述潮州人食鲎、蛇、蒲鱼、青蛙、章鱼、江瑶柱等数十种异物,感到很不是滋味。但到南宋时,章鱼等海味已是许多地方菜肴的上品佳肴。粤菜在配料和口味方面,采用生食的方法。到后来生食猪牛羊鹿已不多,但生食鱼片,包括生鱼粥等的习惯保留至今。而白切鸡则以仅熟,大腿骨带微血为准,于今仍是如此。将粤菜的刀工精巧,配料讲究相得益彰,口味注意清而不淡诸特点。

粤菜还善于取各家之长,为我所用,常学常新。苏菜系中的名菜松鼠鳜鱼,饮誉大江南北,但不能上粤菜宴席。虽粤人喜食鼠肉,但鼠辈之名不登大雅之堂。粤菜名厨运用娴熟的刀工将鱼改成小菊花型,名为菊花鱼。如此一改,能一口一块,用筷子及刀叉食用都方便、卫生,苏菜经过改造,便成了粤菜。

“麒麟鲈鱼”中的“麒麟”有什么说法

在粤菜里面,有一道菜叫“麒麟鲈鱼”。第一次看到这个菜名的人都会产生这样的疑问,“一条鱼怎么会和麒麟扯上关系呢?”

麒麟是古代神话传说中的一种动物,形状像鹿,头上有角且全身长满鳞甲,古人多视其为吉祥的象征,也借喻杰出的人才。因此,在北京的故宫、颐和园等皇家宫殿的大门旁，都有金光闪闪的麒麟镇守。

“麒麟鲈鱼”这道菜是因为菜肴中鲈鱼的形状很像麒麟鳞甲而得名。在制作这道菜时，大厨将几种食材切成片状装饰鱼身，它们颜色不同、均匀有序，使之犹如身披鳞甲的麒麟，悦目诱人。这就是这道菜取名为麒麟鲈鱼的原因。

是谁发明的“白云猪手”这道菜

猪手，就是大家常说的猪蹄。“白云猪手”是一道历史悠久的粤式名菜。但令人惊奇的是，这道菜最初竟然是一个小和尚发明的。

相传古时候，白云山有座寺庙，寺庙后有一股长流不息的清泉，泉水甘甜异常。寺庙里有个小和尚，调皮而且馋嘴，从小就喜欢吃猪肉。出家后，他先打杂、煮饭。有一天，他趁师父外出，偷偷到集市买了些猪蹄，正准备下锅煮时，师父回来了，小和尚慌忙将猪蹄扔到寺庙后的清泉里。

过了几天，小和尚总算盼到师父又外出了，他赶紧到山泉边将那些猪蹄捞上来，却发现一个奇怪的现象：这些猪蹄不但没有腐臭，而且更白净。小和尚将猪蹄放在锅里，再添些糖和白醋一起煲。熟后拿来一尝，这些猪蹄不肥不腻，又爽又甜，美味可口。小和尚又惊又喜，此后他不但自己开了荤，还引得其他和尚也破了戒斋。

后来，这种猪蹄的做法传到民间，由于这座寺庙叫“白云寺”，所以人们就给这道菜起名为“白云猪手”。

“苏菜”的形成有什么历史渊源吗

苏菜，其实就是今天大家所说的江苏菜，它起始于南北朝时期，唐宋以后，与浙菜并称成为“南食”两大主菜系。

江苏省是中国名厨荟萃的地方。我国第一位典籍留名的职业厨师和第一座以厨师姓氏命名的城市均在这里。彭祖制作野鸡羹供帝尧食用，而被封为大彭国，亦即今天的徐州，古名彭铿，又名彭祖。

春秋时，齐国的易牙曾在徐州传艺，由他创制的“鱼腹藏羊肉”千古流传，是为“鲜”字之本。专诸为刺吴王，在太湖向大和公学“全鱼炙”，其中之一就是现在苏州松鹤楼的“松鼠鳜鱼”。汉代，淮南王刘安在八公山上发明了豆腐，尔后便在苏、皖地区流传。

南宋时，苏菜和浙菜同为“南食”的两大台柱，吴僧赞宁所作《笋谱》中，总结了食笋的经验，并且称豆腐、面筋、笋、蕈为素菜的“四大金刚”，而这些美食的发源都与江苏有关。

“松鼠鳜鱼”和“松鼠”有关系吗

“松鼠鳜鱼”是苏州地区的传统名菜，江南一带将此菜列为宴席上的上品佳肴。这道菜的来历跟一段有趣的传说有关。

据说，当年乾隆皇帝下扬州时，广游扬州的名胜美景，心情十分高兴。他微服走进了松鹤楼，见神台上放有鲜活的元宝鱼（鲤鱼），执意让随同拿下做好供他食用。但在旧时，神台上的鱼是用来敬神的，是绝对不可食用的。

因为提出要求的是乾隆皇帝，掌柜无可奈何，便与厨师商议如何处理此事。厨师发现鲤鱼的头很像松鼠的头，而且想到本店招牌的第一个字就是个“松”字，顿时灵机一动，计上心来，决定将鱼做成松鼠形状，以回避宰杀神鱼之罪。

菜做好后，端给乾隆皇帝。乾隆细细品尝，感到外脆里嫩、酸甜可口，于是赞不绝口，重赏了厨师。自此以后，苏州官府传出乾隆皇帝来松鹤楼吃鱼的事，此处的这道松鼠鱼便闻名于世了。

后来，厨师们改用鳜鱼制作此菜，故改名为“松鼠鳜鱼”。

“狮子头”的名字是如何得来的

“狮子头”，即扬州话说的“大斩肉”，北方人把它叫作“大肉丸子”或“四喜丸子”。据说它的“远祖”是南北朝《食经》上所记载的“跳丸炙”。

史书记载，当年隋炀帝带着嫔妃随从，乘着龙舟和千艘船只沿大运河南下时，看了扬州的葵花岗等四大名景十分留恋。回到行宫后，吩咐御厨以上述四景为题制作四道菜肴。御厨们在扬州名厨指点下，费尽心思终于做成了“葵花斩肉”这道菜。隋炀帝品尝后，十分高兴，便赐宴群臣，一时间淮扬菜肴风行朝野。

到了唐代，随着经济的繁荣，官宦权贵们也开始讲究饮食。有一次，郇国公韦陟宴客，府中的名厨韦巨元也做了扬州的这四道名菜，并伴以山珍海味、水陆奇珍，令宾客们大为赞叹。当“葵花斩肉”这道菜端上来时，只见那巨大的肉团子做成的葵花心精美绝伦，有如雄狮之头。宾客们趁机劝酒道：“郇国公半生戎马，战功彪炳，应佩狮子帅印。”韦陟高兴地举酒杯一饮而尽，说：“为纪念今日盛会，‘葵花斩肉’不如改名‘狮子头’。”一呼百诺，从此扬州就增添了“狮子头”这道名菜。

“浙菜”的形成和发展历史你知道吗

《黄帝内经 · 素问 · 异法方宜论》中说：“东方之城，天地所始生也，渔盐之地，海滨傍水，其民食盐嗜咸，皆安其处，美其食。”《史记 · 货殖列传》中也有“楚越之地……饭稻羹鱼”的记载。由此可见，浙菜已有几千年的历史。

春秋末年，越王勾践为了复国，加紧军备，并在今天绍兴市的稽山（过去称“鸡山”）办起了大型养鸡场，为前线准备粮草用鸡。因此，浙菜中最古老的菜要首推绍兴名菜“清汤越鸡”。

南北朝以后，江南几百年免于战争，经济的发展，贸易的往来，无不为烹饪业的发展和崛起产生巨大的推动力，使当时的宫廷菜肴和民间饮食等烹饪技艺得到了长足的发展。

南宋建都杭州，浙菜在“南食”中占主要地位。被称为中华民族第二次迁移的宋室南迁，对进一步推动以杭州为中心的南方菜肴的创新与发展起到了很大作用。并且，在此次大迁移中，北方的达官贵人和劳动人民把北方的烹饪文化带到了浙江，使南北烹饪技艺广泛交流，南方饮食业兴旺繁荣，烹饪技术不断提高，名菜名馔应运而生。

关于“西湖醋鱼”有一段感人的传说你知道吗

“西湖醋鱼”是杭州最负盛名的菜肴之一。据古籍记载，西湖醋鱼一菜源于南宋一段感人的“叔嫂传珍”的传说。

相传在南宋时，有宋氏兄弟两人，靠打鱼为生。当地有一赵姓恶霸，为了霸占年轻貌美的宋嫂，便害死了宋兄。

为了报仇，叔嫂一起到衙门告状，哪知官府与恶势力勾结，他们告状不成，反遭毒打。告状无门，宋嫂只能让弟弟远逃他乡。叔嫂分手时，宋嫂特用糖和醋烧了一碗鱼，对兄弟说：“这菜有酸有甜，希望你出头之日，不要忘了今日的辛酸。”

宋弟外出后就去当了兵，后来抗金卫国，立了功劳，升了官。他回到杭州后，惩办了恶霸，但却一直查找不到嫂嫂的下落。一次外出赴宴，宋弟席间又吃到了糖醋鱼，连忙打听烧鱼人，方知嫂嫂隐姓埋名在这里当厨工，就这样叔嫂终于又见面了。后来，“西湖醋鱼”这道菜肴就在民间流传开来。

“闽菜”有什么独特之处吗

闽菜，中国八大菜系之一，是中原汉族文化和当地古越族文化混合、交流而逐渐形成的。根据闽侯县甘蔗镇恒心村的昙石山新石器时代遗址中保存的新石器时期福建先民使用过的炊具陶鼎和连通灶，可知福州地区在很久之前就已从烤食时代进入煮食时代了。

福建是我国著名的侨乡，海外华侨从国外引进的新食品和新调味品，对丰富福建饮食文化，充实闽菜的内容，也曾发生过不容忽视的影响。经过福建人民与海外、特别是南洋群岛人民的长期交往，海外的饮食习俗也逐渐渗透到闽人的饮食生活之中，从而使闽菜成为一种具有开放特色的独特菜系。

晚唐、五代时期，河南光州固始的王审知兄弟带兵入闽建立“闽国”，这对福建饮食文化的进一步开发、繁荣产生了积极的促进作用。

闽菜在继承传统技艺的基础上，博采各路菜肴之精华，逐渐朝着精细、清淡、典雅的风格演变。

“佛跳墙”和“佛”有什么关系

“佛跳墙”原名为“福寿全”，是福建的传统名菜，至今已有百余年的历史。关于这道菜的来历，在福州民间主要有这样一种说法。

某次，福州官钱局一官员宴请福建布政使周莲，他为巴结周莲，令内眷亲自主厨，用绍兴酒坛装鸡、鸭、羊肉、猪肚、鸽蛋及海产品等十多种原、辅料，煨制而成，取名福寿全。周莲尝后，赞不绝口。后来，衙厨郑春发学成烹制此菜方法后加以改进，到郑春发开设“聚春园”菜馆时，即以此菜轰动榕城。有一次，一批文人墨客来尝此菜，当福寿全上席启坛时，荤香四溢，其中一秀才心醉神迷，触发诗兴，当即曼声吟道：“坛启荤香飘四邻，佛闻弃禅跳墙来。”从此，福寿全改名为佛跳墙。

“吉利虾”的名字是怎样得来的

“吉利虾”也是闽菜中一道久负盛名的菜肴，尤其是它的名字，很是吸引人们的注意，甚至有人吃这道菜就想图个吉利。那么，“吉利虾”这个名字到底是如何来的呢？

据传，很早以前，有两家人为逃避兵乱，辗转来到厦门海滨搭寮定居。这两家，一家姓“吉”，另一家姓“利”；一家有个男孩，另一家有个女孩。两个孩子从小常在一起玩儿，可谓青梅竹马。两人到了弱冠及笄之年，便山盟海誓结成夫妻。

婚宴前，新郎新娘想起两人热恋时，曾在海滩各捕到一只活蹦跳跃的虾，当时就以此为喻，祈求神灵保佑他们能成双结对，永不分离。

为了纪念此景此情，他们要求掌厨师傅做一道以对虾为主料的菜肴。厨师得知了他们的意愿，就借两家姓氏之巧合，以桔汁、栗子（桔与吉、栗与利谐音）调味饰配，烹制了意趣双关的“吉利虾”。众人尝后，无不称赞其菜名和美味。从此，“吉利虾”这道菜便流传开来，并相传至今。

“西施舌”这道菜的名字是怎样取的

闽菜里面有一道名叫“西施舌”的菜。人们都知道西施是四大美女之一,可为什么单单取名“西施舌”,而不是其他三位美女的“舌”呢?对于为什么取名为“西施舌”,这里有一个传说。

春秋时,越王勾践借助美女西施之力,用美人计灭了吴国。就在越王正想接西施回国的时候,越王王后怕西施回国会受宠,威胁到自己的地位,便叫人绑一巨石于西施背上,将她沉入江底。西施死后化为一种名叫“沙蛤”的贝壳,一旦有人找到她,她便吐出丁香小舌,尽诉冤情。后来,人们便把这种“沙蛤”叫作“西施舌”。

对此还有人说,男人在吃“西施舌”时,想的并不是西施的冤情,而是自作多情,幻想自己与西施的香舌纠缠不休。不过,这些说法只是为了给这道菜增加一点传奇色彩罢了。

“徽菜”独具一格的特色是什么

徽菜就是徽州菜,徽菜的形成与江南古徽州独特的地理环境、人文环境以及饮食习俗密切相关。绿树成荫、沟壑纵横、气候宜人的自然环境,为徽菜提供了取之不尽,用之不竭的原料。同时,徽州名目繁多的风俗礼仪、时节活动,也促进了徽菜的形成和发展。

唐宋时期,中原大批移民南迁至徽州一带,聚族而居,建祠修谱,形成严密的宗族制度。他们在一年一度的祭拜活动中,集中展示了中原人所精心烹制的数百碗供品,同时也造就了一代代民间烹饪家,这为徽菜的发展打下了坚实的人力资源基础。

明代晚期至清代乾隆末年是徽商的鼎盛时期,徽菜也伴随着徽商的发展逐渐声名远扬。哪里有徽商,哪里就有徽菜馆。

在悠久的历史长河中,徽菜经过历代徽厨的辛勤劳动、兼收并蓄、不断总结、不断创新,以底蕴深厚的特点而成为雅俗共赏、南北兼宜、独具一格、自成一体的著名菜系。

“逍遥鸡”和“赤壁之战”有联系吗

“逍遥鸡”是安徽省合肥市的美食一绝，为历史名菜。它用整鸡制作，入口香酥麻脆，食后留香长久，并且风味独特。

相传在赤壁大战前夜，曹操突然卧病不起，只得在逍遥津暂作休息。眼看破吴在即，曹军却群龙无首，曹操军中上下个个焦急万分。曹军在曹操亲自指挥作战过的“教弩台”下，日夜加紧操练。这天正演习时，忽有个庐州人献上“秘方”。随行军中的大厨师根据“秘方”，捉来一只斤半大小的当地“伢鸡”，配中药和好酒卤制后送给丞相吃。曹操已多日吃不下饭，勉强支撑进食。然而，曹操吃了第一口后，顿时觉得此鸡肉味美无比，不觉食欲陡增，竟一口气吃下大半只鸡。而后，厨师连做三次，曹操都吃个精光，身体很快恢复了健康。

此后，曹操行旅所到之处，必定专请厨师餐餐准备此鸡，并且不住地向身边人夸赞说：“真乃美味逍遥鸡也。”“逍遥鸡”因此出了名。

“盐焖荷叶鸡”是谁研究出来的

盐焖荷叶鸡，是阜阳名厨卢其林制作的一道具有浓郁地方特色的佳肴，历史悠久，风味独特，在阜阳久享盛誉。关于它的由来，有这样一段趣闻。

在抗日战争时期，国民党第一战区副司令长官汤恩伯去临泉县郭寨巡视，路过界首县时，当地驻军徐司令闻讯，立即安排接待。

为了讨好汤恩伯，徐司令便指派专人请来当时的名厨卢其林，为其做一桌筵席。备菜期间，卢其林买来20斤大盐，被徐司令发觉，不问情由，将其大骂一通。然而，卢其林却不分辩，只顾干活。只见他手持一只宰杀好的鸡，抹酱油，淋料酒，又在鸡膛内放进各种调料，用鲜荷叶包好，放进热盐堆里熏焖。

宴会将临结束前，汤恩伯正想离席，突然闻到一股荷叶清香，又见人端上一道别致的荷包鸡。汤恩伯吃后大加赞赏，徐司令品尝后也眉开眼笑。汤恩伯询问菜名，主厨卢其林答道："盐焖荷叶鸡。"汤恩伯听后，便到处宣扬，这道菜由此传扬开来。

"湘菜"的特色之处你知道吗

湘菜，是我国历史较为悠久的地方风味菜系。此菜系早在汉朝就已经形成，其烹调技艺在当时已有相当高的水平。

春秋战国时期，湖南主要是楚人和越人生息的地方，此地多民族杂居，饮食风俗各异，祭祀之风盛行。每次祭祀活动总是宴饮伴随着舞乐，祀天神、祭地祇、享祖先、庆婚娶、办丧事、迎宾送客都要聚餐，对菜肴的品种也有严格要求，在色、香、味、形上都很讲究。

秦汉两代，湖南的饮食文化逐步形成了一个从用料、烹调方法到风味风格都比较完整的体系，其使用原料之丰盛，烹调方法之多彩，风味之鲜美，都是比较突出的。从湖南长沙市马王堆中轪侯妻辛追墓出土的随葬遣策上可以看出，在两千多年前的西汉，湖南的精肴美馔已近百种。例如，仅肉羹一项就有5大类24种。其中，用纯肉烧的叫太羹，是羹中最好的，共有9种，且均为浓汤。

从出土的西汉遣策中可以看出，汉代湖南饮食生活中的烹调方法与战国时代相比已有进一步的发展，发展到羹、炙、煎、熬等多个品种。而烹调用的调料则有盐、酱、韭、梅、桂皮、花椒、茱萸等。由于湖南物产丰富，素有“鱼米之乡”的美称，所以自唐、宋以来，尤其在明、清之际，湖南饮食文化的发展更趋完善，使湘菜逐步成为全国八大菜系中一支具有鲜明特色的菜系。

“狗肉”为什么不能上正席

说到狗肉，大家都觉得其味道诱人，让人百吃不厌，可偏偏有句俗语：“狗肉不上正席。”这究竟是为什么呢？

其实，这是个误会，在中国古代是没有这个说法的。当年，勾践欲灭吴国，出台了奖励生育的政策，即“生男子，二壶酒，一犬；生女子，二壶酒，一豚（猪）。”由此可见，在当时，狗的地位尚在猪之上。并且，战国末期的著名刺客荆轲也有个好朋友是“燕市狗屠”；而东汉开国皇帝刘秀也曾经杀狗卖肉。可见那时，狗肉是一种常用的食材。

那么，是从什么时候开始，狗肉就不再成为一种大众化的肉食了呢？这主要有两个原因。一个是自唐朝开始，佛教在中国大为兴盛，尽管在早期佛教并不完全禁食肉类，但由于佛教认为狗肉是大荤不洁的，因此提出狗肉不可食用。就像《水浒传》，鲁智深不守戒律，是吃了狗肉喝了酒以后，才醉打山门。

另一个最重要的原因为宋徽宗属狗，有个叫范致虚的大臣拍马屁说：“陛下属狗，但京都居然有人杀狗为业，这是对陛下的大不敬，应予禁止。”于是，宋徽宗马上降旨，严禁民间以狗为食，更不许杀狗来卖。同时，为了保证这一禁令落到实处，宋徽宗还专门拨了两万钱，鼓励举报违禁者。

“馒头”在最早时候不是给人吃的吗

说到馒头，大家都觉得没什么稀奇的。可是，它最初并非是让人食用的。

相传三国时期，蜀南的南蛮洞主孟获总是不断来袭击、骚扰蜀国。于是，诸葛亮亲自带兵去征伐孟获。由于泸水一带人烟极少，瘴气很重且泸水有毒，诸葛亮手下就提出了一个主意，即杀死一些“蛮兵”的俘虏，以他们的头颅去祭祀泸水的河神。诸葛亮当然不会同意杀俘虏，但为了鼓舞士气，他想出了一个办法，即用军中带的面粉和成面团，再捏成人头的模样蒸熟，当作祭品来代替“蛮兵”的头颅去祭祀河神。

从此，民间也开始用“蛮头”来祭祀神灵。后来，这种面食传到了北方。由于称为“蛮头”实在太吓人了，因此人们就用“馒”字代替“蛮”字，写作“馒头”，而这种面食也渐渐成了北方人的主食。

“腰带面”和“腰带”有什么关系呢

所谓“腰带面”，是关中人的一种叫“biǎng—biǎng 面”的面食。现代汉语字典上查不到这个字，而这个字则来源于关中方言。关中当地人所做的这种面和通常城里人所吃的扯面还是有一定区别的。正宗的“biǎng—biǎng 面”，一根面条宽度可达 2 ~3 寸，长度则在 1 米上下，厚时与硬币厚度差不多，薄时却如同蝉翼。

关中人吃面，喜欢将面和硬、揉软、擀厚、切宽。这种面煮熟以后，捞在碗里，无论是浇臊子还是泼油辣子，吃起来都光滑、柔软、筋道、热乎。这种面食的最大特点就是耐得住饥饿。人们脖子一伸一缩，呼噜噜吞进肚里，吃饱吃胀，饱嗝一打，顿时浑身上下都是力气，拉架子车、上山扛石头，干上五六个小时也不会觉得饿。

“饺子”这个名字是如何得来的

我国北方人有一种习俗，逢年过节，迎亲待友，总要包顿饺子吃。其实，现在的人不知道，在古代，“饺子”也叫“角子”。

早在三国时期，张揖所著的《广雅》中就提到这种食品。它是一种融合几个朝代的“偃月形馄饨”和“燥肉双下角子”制作发展而来的，距今已有一千四百年的历史了。

“饺子”在其漫长的发展过程中，名目繁多，古时有“牢丸”“扁食”“饺耳”“粉角”等名称；唐代则形象地称为“汤中牢丸”；元代称为“时罗角儿”；明代，称为“粉角”；清代，称为“扁食”。

清代有史料记载说，每年初一，无论贫富贵贱，都要用白面来做饺子吃，举国上下无一例外。不同的是，富贵人家暗以金银小锞藏之饽饽中，以借喻顺利，家人食得者，则终岁大吉。由此可见，新春佳节人们吃饺子，寓意吉利，以示辞旧迎新。

是张仲景发明了“饺子”这种食物吗

饺子是我国人民喜爱的传统食品，其皮薄馅嫩，味道鲜美，形状独特，人们百吃不厌。但你知道吗，其实，饺子的原名叫“娇耳”，是我国医圣张仲景发明的。

东汉末年，各地灾害严重，很多人身患疾病。张仲景在长沙为官时，就常为百姓除疾医病。

有一年，长沙地区瘟疫盛行，他在衙门口垒起大锅，舍药救人，深得长沙百姓的爱戴。张仲景从长沙告老还乡后，走到家乡白河岸边，见很多穷苦百姓忍饥受寒，耳朵都冻烂了，心里非常难受，决心救治他们。他仿照在长沙的办法，叫弟子在南阳东关的一块空地上搭起医棚，架起大锅，在冬至那天开张，向穷人舍药治伤。

张仲景的药名叫“祛寒娇耳汤”，其做法是用羊肉、辣椒以及一些祛寒药材在锅里煮熬，煮好后再把这些东西捞出来切碎，用面皮包成耳朵状的“娇耳”，下锅煮熟后分给乞药的病人。每人两只娇耳，一碗汤。人们吃下祛寒汤后浑身发热，血液通畅，两耳变暖。吃了一段时间，病人的烂耳朵就治好了。

张仲景舍药一直持续到大年三十。大年初一，人们庆祝新年，也庆祝烂耳康复，就仿“娇耳”的样子做过年的食物，并在初一早上吃。人们称这种食物为“饺耳”“饺子”或“扁食”，在冬至和年初一吃，以纪念张仲景开棚舍药和治病救人的日子。

是中国人发明了“冰糖”吗

今天的人们喝菊花茶时，都喜欢放一两块冰糖。很多人都以为“冰糖”是个外来物。其实不然，冰糖最早就是中国人发明的。

相传清朝康熙年间，有一个名叫扶桑的姑娘，是四川内江的一个大糖坊主张亚先家的丫环。有一次，她趁张亚先不在，便舀了一碗糖浆，正要喝时，张亚先来了。扶桑连忙把糖浆倒进猪油罐，将它藏进柴堆里，并在上边放些谷糠盖住。

过了几天，当扶桑捧出猪油罐时，罐里却长满了许多水晶般的东西，敲碎入口，坚脆而甘甜，其味道胜过普通白糖。扶桑把这一奇怪现象讲了出去，许多人如法炮制。因制出的糖形似冰、味如蜜，人们就把它称作冰糖。

"狗不理"包子和"狗"有关系吗

"狗不理"包子，不仅是天津，也是全国闻名的传统风味小吃。说到它的来历，还得追溯到一百多年前的清朝同治年间，一个叫高贵有的14岁孩子身上。

高贵有因为幼年性格倔强，父母给就他起了个"狗不理"的小名。后来，他从武清县杨村老家来到天津，当了刘家蒸食铺的小伙计。他人小心灵，做出来的包子大小整齐，色白面柔，咬开流油，肥而不腻，味道鲜美，很快就受到了食客们的称赞。

他十六七岁时，用自己所积攒的钱在附近开起了包子铺，人家喊惯了他的小名"狗不理"，久而久之，就把他做的包子叫"狗不理"包子了。当时，慈禧太后吃了袁世凯送的"狗不理"包子，便经常派专人到天津去买。从此，"狗不理"包子的名声就更大了。

由此可见，狗不理包子和狗是没有任何关系的。

为什么会有"天上龙肉，地上驴肉"的说法

民间有"天上的龙肉，地下的驴肉"的谚语，以此来形容驴肉之美。为什么要这么说呢？这种说法有什么科学根据吗？

驴肉肉质细嫩，远非牛羊肉可比，且有补气、补虚之功，是较为理想的保

健食品之一。据《本草纲目》记载，驴肉可以补血、养血，治积年劳损。而研究表明，驴肉含蛋白质25.2%、脂肪4.03%，可见驴肉是高蛋白质、低脂肪食品，而且脂肪中不饱和脂肪酸含量特别高，是真正的健康食品。驴皮含有丰富的胶原蛋白，是世人皆知的补血、补气、养颜、护肤佳品。驴三件（鞭、宝、肾）滋阴壮阳，强肾壮腰，是滋补佳品。

虽然世界上并没有所谓的龙肉，但为了体现驴肉的营养价值之高，人们就想到了用传说中的龙肉来作比较，这也许就是"天上龙肉，地上驴肉"这句话的由来吧。

王致和发明"臭豆腐"的故事你知道吗

"闻着臭，吃着香"的北京臭豆腐是王致和发明的。那么，王致和到底是怎样发明北京臭豆腐的呢？看了下面的故事你就全明白了。

相传，当年王致和金榜落第，欲返归故里，但因交通不便，盘缠皆无，最后只得在京暂谋生计。王致和幼年曾学过做豆腐，便在安徽会馆附近租赁了几间房，做起了卖豆腐的生意。

时值夏季，卖剩下的豆腐很容易发霉，无法食用，但又舍不得丢弃。他苦思对策，就将这些豆腐切成小块，稍加晾晒，而后放在一口小缸里用盐腌了起来。因为当时的王致和一心想考取功名，所以他的豆腐店不久便歇伏停业，他一心读书，早把腌制的豆腐抛在了脑后。

秋后考完，王致和重操旧业，再做豆腐来卖。他蓦地想起那缸腌制的豆腐，赶忙打开缸盖，一股臭气扑鼻而来，取出一看，豆腐已呈青灰色，用口尝后觉得臭味之余却蕴藏着一股浓郁的香气，虽非美味佳肴，却也耐人寻味，送给邻里品尝，都称赞不已。

王致和自从创造了独一无二的北京臭豆腐以后，又经多次改进，逐渐摸索出一套臭豆腐的生产工艺，生产规模不断扩大。清末，臭豆腐传入宫廷。据说，慈禧太后在秋末冬初也喜欢吃它，还将其列为御膳小菜，但嫌其名称不雅，便按其青色方正的特点，取名为“青方”。

“火锅”是怎样出现并发展到现在的

现在全国各地都有经营火锅的餐馆，“四川火锅”“重庆火锅”等随处可见，并且很多人也都非常喜欢吃火锅。那火锅是怎么发展来的呢？

火锅，古称“古董羹”，因食物投入沸水时发出的“咕咚”声而得名。它产生的时间很早，具体是在什么时候不得而知。大约几千年前，人们煮食用陶制的鼎，只要是能吃的食物，统统丢入其中，然后在底部生火，让食物煮熟，而这可能就是最早的火锅了。

西周时，铜与铁的发明使“火锅”有了很大的改观，锅用铜与铁制造，与近代的锅非常相近，其导热性更好，更轻便。铜制的锅与陶制的砂锅，到现在还是最实用、最普遍的火锅器皿。

三国时期，魏文帝所提到的“五熟釜”，是可以分几格的锅，可以同时煮各种不同的食物，和现今的“鸳鸯锅”差不多。到了南北朝，“铜鼎”是最普遍的器皿，也就是现今的火锅。演变至唐朝，火锅又称为“暖锅”。到了宋代，火锅的吃法在民间已十分常见，南宋林洪的《山家清供》食谱中，便有同友人吃火锅的介绍。元代，火锅流传到蒙古一带，用来煮牛羊肉。清代，火锅不仅在民间盛行，而且成了一道著名的宫廷菜。

看似简单的火锅，经历了数千年的演变，从形式到内容并没有发生太大的改观，是当今老少皆宜的大众饮食。

“元宵”和“汤圆”一样吗

一到元宵节，大家都知道要吃“元宵”。在南方地区，“元宵”又叫“汤圆”。那么，汤圆和元宵是同一种食品吗？

从史料来看，元宵作为欢度元宵节的应时食品应该是从宋朝开始的，而汤圆也起源于宋朝。当时，民间兴起用各种果饵做馅、外面用糯米粉搓成球的一种食品，煮熟后，吃起来香甜可口。因为这种糯米球煮在锅里一会儿浮起一会儿沉下，所以它最早叫“浮圆子”。

但在宋朝之前，还没有将元宵节里吃的特殊食品统一命名为“元宵”或“汤圆”。直至明朝永乐年间，人们才以“元宵”来称呼这种糯米团子。

在南方，人们习惯将元宵称为汤圆。实际上，南方的汤圆与北方的元宵相比，还是有着一定的区别。北方人做的元宵，是以馅为基础制作的。其江米粉层很薄且表面是干的，下锅煮后江米粉才吸收水分变糊。南方人做汤圆的方法有点儿像北方人包饺子，但汤圆馅的含水量比元宵馅多。汤圆表皮因含有足够的水分，很黏，不易保存，最好现做现煮了吃。

“涮羊肉”这种美味是怎样发明的

现在最流行的说法是，“涮羊肉”的起源与元世祖忽必烈有关。据说，当年忽必烈统帅大军南下，一天，忽必烈人困马乏、饥肠辘辘时，他想起了家乡的美食——清炖羊肉，便立即吩咐厨师杀羊烧火。正当伙夫宰好羊的时候，南宋军来袭，厨师急中生智，飞刀切下十多片薄肉，放在沸水里搅拌几下，待肉色一变，以最快的速度捞入碗中，撒上一点细盐，让忽必烈吃。忽必烈吃后觉得非常可口，于是连吃几碗，随后精神大振，翻身上马迎敌，获得胜利。

在庆功酒宴时，忽必烈特别点了那道羊肉片。厨师选了绵羊嫩肉，切成薄片，再配上各种作料，将帅们吃完之后都纷纷称赞。忽必烈问厨师这是一道什么菜，厨师忙迎上前说："此菜尚无名称，请赐名。"忽必烈笑着说："我看就叫'涮羊肉'吧！"于是，"涮羊肉"就这样诞生了。

是朱元璋发明出来的"酸梅汤"吗

关于酸梅汤的发明，这里面有一个故事。元朝末年，湖北荆襄一带闹瘟疫。当时，朱元璋只是一个卖乌梅的。当他走到襄阳时，正赶上瘟疫流行，自己也被传染，病倒了。有一天，朱元璋去旅店库房取乌梅，闻到了乌梅的酸气，精神马上就好了起来。然后朱元璋又煮了些乌梅汁来喝，令人想不到的是，病竟然好了。由于这个故事，因此有很多人说，酸梅汤是朱元璋发明的，即使在民国时期，在很多专门卖酸梅汤的小店里还能看到朱元璋的画像，店家还要定期上供祭拜。

其实，我国很早以前就有酸梅汤。古籍中所载"土贡梅煎"，就是一种最古老的酸梅汤。南宋《武林旧事》中所说的"卤梅水"，也是类似酸梅汤的一种清凉饮料。由此可见，酸梅汤并不是在元末才出现的，而是很早就有了。

哪些食品被合称为"京八件"

"京八件"不是八件物件，而是八样京味食品。"京八件"是指八种形状、口味不同的宫廷糕点，是在宫廷"大八件"的基础上发展而来的。

新开发的"京八件"，产品既继承了老北京糕点制作的艺术特色，又融合了西式糕点的工艺，选用了营养、绿色、健康的玫瑰豆沙、桂花山楂、奶油栗蓉、椒盐芝麻、核桃枣泥、红莲五仁、枸杞豆蓉、杏仁香蓉八种馅料，并配以植物油、蜂蜜等辅料。

传统的“大八件”有以下八种：象征幸福的“福字饼”；象征高官厚禄的“太师饼”；象征长寿的“寿桃饼”；方形带有双“囍”字的“喜字饼”；象征财富的“银锭饼”；像一卷书的“卷酥饼”；谐音“吉庆有余”的“鸡油饼”；寓意年轻夫妇早生贵子，而且要有男有女的“枣花饼”。这八种食品分别象征福、禄、寿、喜、财、文等，所以称“大八件”。

“小八件”则是做成各种水果形状的糕点，有小桃，俗称寿桃；小杏，谐音幸运、幸福；小石榴，象征多子；小苹果，寓意平平安安；小核桃，寓意和和美美；小柿子，谐音事事如意；小橘子、枣方子也各有寓意。“小八件”块儿小，重量比“大八件”要轻。此外，还有酒皮“细八件”，用料更讲究，做得更精细。

由此可见，“京八件”不仅味道美，而且寓意丰富，因而受到了人们的喜爱。

“驴打滚”和驴有关系吗

其实，“驴打滚”就是豆面糕，是北京小吃中较为古老的一个品种。由于“驴打滚”是以黄豆面为主要原料的，故又称为豆面糕。但是，在民间，为什么大家喜欢叫它为“驴打滚”呢？关于驴打滚这道小吃这里有一个生动的传说。

据说，慈禧太后吃烦了宫里的点心，想尝点儿新鲜玩意儿，便吩咐御膳房准备。御膳房的大厨左思右想，决定用江米粉裹着红豆沙做一种新点心。新点心刚一做好，一个叫小驴儿的太监来到了御膳厨房。谁知，这小驴儿一不小心把刚刚做好的点心碰到了装着黄豆面的盆里，这可急坏了大厨。此时再重新做又来不及，没办法，大厨只好硬着头皮将这道点心呈到慈禧太后的面前。

慈禧太后一吃这新玩意儿，觉得味道还不错，就问大厨："这东西叫什么呀？"大厨想了想，都是那个叫小驴儿的太监闯的祸，就跟慈禧太后说："这叫'驴打滚'。"从此，便有了"驴打滚"这道小吃。

其实，仔细琢磨就会发现，"驴打滚"就是一种形象比喻，制得之后放在黄豆面中滚一下，如郊野的真驴打滚扬起灰尘，故而得名。

"牛肉"在古代具有"造反"的象征吗

在今天普通人家的餐桌上，牛肉已经是一种很平常的肉食。但是，在我国古代，牛肉却是一种具有造反象征的食物，这是为什么呢？

其实，中国人早先是吃牛肉的，但到春秋战国时期，由于牛是提高农业产量的重要生产资料，因而成为国家战略物资，不许私自宰杀。因此，当时各国都禁止食用牛肉。

宋代立法明确严禁杀牛，杀牛者罪可处死。《宋刑统》规定："今后应有盗官私马牛杂畜而杀之，或因仇嫌憎嫉而潜行屠杀者，请并为盗杀。如盗杀马牛，头首处死，从者减一等。""如有盗割牛鼻，盗斫牛脚者，首处死，从减一等，创合可用者，并减一等。"宋真宗时下诏："自今屠耕牛及盗杀牛，罪不至死者，并系狱以闻，当从重断。"

正因为牛肉是违禁食品，因而吃牛肉就代表了一种造反的精神。

"粥公粥婆"的养生粥是怎么发展而来的

关于"粥公粥婆"的故事，有这样一个传说。

清康熙十六年，康熙皇帝第五次下江南，他微服私访至广州，路上染了风寒，广东地方官吏下文通告岭南各路名医为其治病，却不见成效。

后来，官员听说梅州乡下有一对阿公阿婆擅长熬粥，他们用家传秘方配制粥料，既有美味，还能养生健体、消病祛疾。于是，地方官派专人把这对阿公阿婆接到官府，并按阿公阿婆的要求架起了柴锅土灶，精选岭南特有的乌梅为主料，配以其他辅料及若干味中药，经过若干时辰的文火慢熬，一锅飘着药香的养生粥熬制完成。康熙皇帝尝了一口，不但味道鲜美，而且感觉神清气爽。没多久，康熙皇帝的身体便康复了。于是，阿公阿婆熬粥的名声就传了出去。后来，这种养生粥在民间广为流传，被人们赋予"粥公粥婆"的美誉。

传说自然有夸张的成分，但在粥中加入适当的滋补药物，确实有很好的养生保健效果。

什么东西被称为"生命力最强的饮食器皿"

你知道中国历史上生命力最强、流传最长久的饮食器皿是什么吗？对了，也许有人已经猜到了，那就是碗。碗的形状像盘子，但是比盘子要稍微深一点，形体也稍小，它是中国炊食用具中最常见、生命力最强的器皿。

最早的碗产生于新石器时代早期，种类繁多。商周时期，稍大的碗在文献中称为"盂"，它既用于盛饭，也用于盛水。碗中较小或无足者称为"缽"，或写作"钵"，也是盛饭的器皿，后世专以"钵"指称僧道随身携带的碗，是佛教梵文"钵多罗"的简称，故有"托钵僧"之称。

碗有时或写为"盌"，如同"缽"写作"钵"一样，反映了同一类用具制作材料的不同。直到今天，"碗"依旧是人们不可缺少的饮食器皿。

“鼎”在古时候是用来做饭的吗

古代人用鼎做饭,这听起来有些夸张,但这却是事实。古代用作炊具的鼎,是用来煮肉或盛肉的炊具,最早是用陶鼎,后来多用青铜鼎。其实,用鼎来做饭,是与古代的饮食习惯分不开的。古代的肉食并不像现在这样切成小块,而是将牲畜整只或解为若干部分放入鼎中煮,如解为二块、七块或二十一块,随场合而定。一般情况下,贵族每餐都要有好几种肉食,分几个鼎来煮,这叫作“列鼎而食”。然而,列鼎的数目要按等级来定,如周礼规定,天子九鼎,诸侯七鼎,卿大夫五鼎,士三鼎。春秋战国之际,诸侯已不再遵守这些规定,用鼎的数目逐步升级,如诸侯九鼎,卿大夫七鼎;同时,贵族进餐时还要鸣钟奏乐,因此就有了“钟鸣鼎食”一词。

“瓢”在古时候是做什么用的

古代的瓢是将整个葫芦一分为二,这样被分成的两半就是两个瓢,所以俗语说“依葫芦画瓢”。由此可见,最早的瓢应是圆形带柄,并且是木质的,后来才有了陶质和金属质的瓢。

汉代的“瓢”为平底方形的,这样既可舀水,又可用来吃饭,一般称为“魁”,其中较小者称为“蠡”。古语有“以蠡测海”,是说其工作之艰巨,或谓不自量力之意。瓢魁之类,既然可舀水进食,当然也可用来喝酒。可以说,“瓢”在古代的用处非常多。

古人管“勺子”叫什么你知道吗

在古代，“勺子”从功能上可分为两种。

一种是从炊具中捞取食物盛入食具的勺，同时可兼作烹饪过程中搅拌、翻炒之用，古称“匕”，类似今天的汤勺和炒勺。

另一种是从餐具中舀汤入口的勺，形体较小，古人把它叫做“匙”，即今天所俗称的“调羹”。但早期的餐勺往往是兼有多种用途的，专以舀汤入口的小匙的出现应是秦汉以后的事。考古发现最早的餐勺距今已有七千余年的历史，属新石器时代。当时的勺既有木质、骨质的，也有陶质的。

夏商周时期出现的铜勺带有宽扁的柄，勺头呈尖叶状，即所谓的“匕”，勺头展平后形如矛头或尖刀，而“匕首”即指似勺头的刀类。自春秋战国起，勺头由尖锐变为圆钝，柄也趋细长，此形态一直为后代沿袭。秦汉时，流行漆木勺，做工华美，并分化出“匙”。此后，金、银、玉质的匕、匙日渐增多，餐桌上的器具随着食具的多样而更加丰富了。

古代人做饭都使用哪些“炊具”

我国古代的炊具主要有灶、鼎、鬲、甑、釜、甗、鬵、斝八种。

最原始的灶是在地上挖成的土坑，直接在土坑内或再于其上悬挂其他器具进行烹饪。秦汉以后，绝大多数炊具必须与灶相结合才能完成烹饪，因此灶成为烹饪的必备设施。

鼎主要是用来煮肉和调和五味的。秦汉时期，鼎作为炊具的意义已大为减弱，逐渐演化成标示身份的随葬品。

陶鬲是炊具，青铜鬲则同时也作为祭祀用的礼器而存在于夏商周时期。

甑就是底面有孔的深腹盆，是用来蒸饭的器皿，今天的厨房器具中仍能见到它的遗风。

釜在古代写作鬴，实际就是圆底的锅。它产生于新石器时代中期，商周时期有铜釜，秦汉以后则有铁釜，带耳的铜釜或铁釜叫鍪，釜是放置在灶上使用的。

甗是一种复合炊具，上部是甑，下部是鬲或釜；下部烧水煮汤，上部蒸干食。陶甗产生于新石器时代晚期，商周时期有青铜甗，秦汉之际有铁甗，但在东汉之后，甗基本消失，因此现代汉语中没有相关的语汇。

鬶是中国古代炊具中个性最为鲜明独特的一种，只见于新石器时代晚期的大汶口文化和山东龙山文化，其他地域罕有发现。同鬲一样，鬶也是利用空袋足盛装流食而烹煮的，但它因有可以外泄的流和鋬而显得功能更加齐全。

你知道怎样用“竹筒”烧茶做饭吗

人们日常做饭基本都是在锅里，烧茶都是在茶壶里，且至少要在铁壶里才能烧茶。但是，生活在云南西双版纳傣族自治州及其附近地区的基诺族，过去世世代代都是用竹筒烧茶煮饭，这种“炊具”看起来挺简陋，做出饭菜的味道却别具风味。

用竹筒来烧茶做饭，是将一根新鲜竹子砍成约50厘米长的竹筒，先要刮掉青竹皮，这样放到火上烧不着，可以连续使用4～5天。竹筒上还要切一个斜口，用起来方便。这样的竹筒用来烧茶时，只放进茶叶和水就行了。煮饭是用芭蕉叶包好大米塞入竹筒，然后再灌进适量的水。烧饭时，在火塘里立两根杂木棍，中间横架一根木棍，然后将几截竹筒架在上面烧烤就行了。有趣的是，这些竹筒无论怎么烧都不会开裂。

“筷子”是怎样被发明出来的

筷子是怎么发明的，现今已无从考证了。相传大禹在治理水患时都在野外进餐，有时时间紧迫，为了赶时间，兽肉刚烧开锅就要迅速吃完。但是，刚出锅的肉烫得不能用手来抓，于是有人就想到了折树枝夹肉的方法，这恐怕就是筷子的雏形了。

在公元6～7世纪时，筷子被称为“箸”。“筷”这个称呼是怎么出现的呢？据文献记载，江南一带的人“箸”和“住”的发音是一样的。由于在江边行船的人很忌讳“住”，因此就取其反义叫“箸”为“快”。到公元10世纪的宋朝，由于筷子大都用竹子做成，人们又在“快”上加了“竹”字头。于是，中国人发明的这种餐具就有了现在大家都知道的名字——“筷子”。

“茶道”起源于哪里

今天，不少日本人认为茶道起源于日本，因此引发了世界上不少有关茶道起源的争论。

实际上茶道最早起源于中国。中国人至少在唐或唐以前，就在世界上首先将茶饮作为一种修身养性之道，唐朝《封氏闻见记》中就有这样的记载：“茶道大行，王公朝士无不饮者。”这是现存文献中对茶道的最早记载。在当时的社会，茶宴是一种很流行的社交活动。

唐吕温在《三月三茶宴序》中对茶宴的优雅气氛和品茶的美妙韵味，作了非常生动的描绘。在唐宋年间，人们对饮茶的环境、礼节、操作方式等饮茶仪程都很讲究，有了一些约定俗成的规矩和仪式，茶宴已有宫廷茶宴、寺院茶宴、文人茶宴之分。

从唐代开始，中国的饮茶习俗传入日本。到了宋代，日本开始种植茶树和制茶，直到我国明代时，独具特色的日本茶道才真正形成。因此，所谓的“茶道起源于日本”的说法是不符合历史事实的。

“茶叶”的故乡在中国哪个地方

对于每一个中国人来说，茶绝对不是一个陌生的东西，但问到茶叶的故乡在哪里，估计知道的人并不多。

据《史记》记载，湖南的茶陵是茶叶最古老的故乡，其岁月之久远几乎无可追溯。《史记》上讲到的炎帝陵寝所在的茶山，便是茶陵那广袤的茗茶之山。清代嘉庆年间的《茶陵州志》则说得更为详细，它说《史记》所载的“茶山”，就是茶陵毗邻江西的景阳山，因“林谷间多生茶茗故名”。陆羽的《茶经》里也讲到茶陵，说此地因“陵谷生茶茗焉”。

茶陵城外有座紫薇峰，古人称此地“可以避世，可以隐居”，文人墨客多喜欢到这里寻古览胜，黄庭坚的题留诗越千年而墨迹犹香，徐霞客也曾顶风冒雪畅游此处。

“斗茶”是怎样的一种风俗习惯

“斗茶”，又叫“斗茗”“茗战”，是古时候有钱人的一种“雅玩”。说得更明白点，所谓“斗茶”，就是比茶的优劣，是惠州传统民间风俗之一。

“斗茶”开始于唐代，据考证，“斗茶”最早见于因出产贡茶而闻名于世的福建建州茶乡，是每年春季新茶制成后，茶农、茶客们比较新茶优良次劣，由此决定排名顺序的一种比赛活动，有比技巧、斗输赢的特点，富有趣味性和挑战性。一场“斗茶”比赛的胜败，犹如今天一场球赛的胜败，为众多百姓所关注。

宋代“斗茶”以游艺的形式出现在文人雅士之间。“斗茶”的茶室一般为二层建筑，当时称作“茶亭”。客人先在楼下“客殿”等候，待到茶亭主人邀请，再到二楼“台阁”斗茶。“台阁”四面有窗，可眺望户外景色。室内的屏风上挂著名家的画，屏风前的桌上铺着织锦，上面放着香炉、花瓶和烛台。西厢房内放置一对饰柜，里面堆满奢华的奖品，胜者即可成为奖品的主人。“斗茶”采用“四种十服”方法，参赛者每人饮十服四种茶，然后说出茶的“本非”和“水品”，按得分多少决定胜负。

与“郑板桥”有不解之缘的是哪种茶

久有报国之心的郑板桥，中进士的那一年已经四十四岁，由于他秉性刚直，不知为官之道，致使他苦苦等了六年之久才被皇帝召入京中“候补官缺”。

程羽宸可以说是郑板桥最好的朋友，自从他第一次在玉泉街“珍茗斋”与郑板桥相识，之后的四十年交往中，程羽宸每年必从家乡选备雨前松萝茶相赠，使郑板桥与松萝茶结下了一生的缘分。1763 年中秋，正值郑板桥七十大寿，四方好友纷至沓来，为大师恭庆寿辰。

据史料记载，前来祝寿的有各界名流，当然还有“年年不忘带松萝”的程羽宸。这一天，板桥先生心情特别兴奋，特地用程羽宸馈赠的松萝茶款待宾朋老友，并即席吟诵了“不风不雨正晴和，翠竹亭亭好节柯，最爱晚凉佳客至，一壶新茗泡松萝”这一美妙诗句，赢得了满堂喝彩，使寿宴欢快之情达到高潮。

其实，与其说郑板桥和松萝茶有不解之缘，还不如说郑板桥把松萝茶当成了他与程羽宸之间友情的见证。

林语堂的“喝茶三泡”是怎么回事

林语堂素以闲适、幽默、性灵、平和著称，茶是他生活中必不可少的一部分。在林语堂的一生当中，关于茶的记忆，应该从他小时候就开始存在。在林语堂笔下的家乡“东湖”，他的父母经常招呼过往的行人、樵夫喝茶、聊天。那时候，作为交往的工具也好，作为体现热情的方式也好，林语堂对父母的泡茶、喝茶已经有了无法磨灭的深刻印象。

对于林语堂来说，茶已经不是纯粹用于解渴的饮料，而是社交上的一种不可缺少的工具。

林语堂对家乡泡闽南功夫茶的过程作了详尽的描述，这样的泡茶过程镌刻在他的记忆深处，才有了“喝茶要三泡，第一泡譬如一个十二三岁的幼女，第二泡为年龄恰当的 16 岁女郎，而第三泡则已是少妇了”这样著名的“三泡说”。

“茶”与“婚姻”有联系吗

茶，因其不能移植，而被用来形容女子的忠贞。在《红楼梦》一书中，王熙凤就曾对黛玉开玩笑说：“你都吃了我们家的茶，怎么不给我们家做媳妇……”其中，吃茶就是喝茶的意思。

在中国传统婚俗中，“吃茶”意味着许婚，即旧时女子受聘于男家。据陆游的《老学庵笔记》载，“辰沅靖州蛮男女未婚娶者，聚而踏歌。歌曰：‘小娘子，叶底花，无事出来吃盏茶。’”其中的“茶”即带有试探女子是否真心愿意嫁给男方的意思在内。在浙西地区，媒人奔波于男女双方之间的说合，俗称为“食茶”，而女家应允婚事后，应立即给媒人泡茶、煮蛋，这既是热情款待，也是表示许婚。

四川羌族婚俗中，“吃茶”也有着特殊的含意。川西北阿坝藏族羌族自治州的羌族婚俗中的茶礼，运用得十分独特而富于情趣。在女家许婚后，男家来迎亲时，“吃茶”的礼仪沿着迎亲队伍所到之处多次进行，村村吃一遍茶，寨寨都有人出来给迎亲队伍献茶和祝福。沿途茶吃够了，祝福也满载着……“吃茶”的人，远非女方一人或女家及媒人几个人，而是包括了送亲、迎亲的浩浩荡荡的队伍。借助“吃茶”之一婚俗，沿途许多人家都在祝福这一对青年男女的婚姻大事，充分体现出了羌族婚俗中的群体参与的原始遗风。

文人为什么视饮茶为一件雅事

从古至今，文人们大多都把饮茶视为一件雅事，而且对茶叶、水、茶具都非常讲究。比如，大文豪苏东坡嗜茶成癖，无论是品茶、烹茶、种茶均在行。他对茶史、茶功也颇有研究，还留下了大量关于茶的文学作品。可以说，他对茶的喜爱简直到了痴迷的程度。

文人雅士饮茶，为的是追求一种境界。唐诗人卢仝的《走笔谢孟谏寄新茶》中说：“一碗喉吻润，两碗破孤闷。三碗搜枯肠，唯有文字五千卷。四碗发轻汗，平生不平事，尽向毛孔散。五碗肌骨清，六碗通仙灵。七碗吃不得也，唯觉两腋习习清风生。蓬莱生，在何处？玉川子，乘此清风欲归去……”这段话说的就是喝茶的各种境界。

一人独坐，一碗香茶喝下去，进入某种境界，品味隽永余味，真是一种陶冶情操的绝好办法。

“杜康”是怎样和“酒”联系到一起的呢

晋代江统著的《酒诰》中有这样的记载,“酒之所兴,肇自上皇,或云仪狄,一曰杜康。有饭不尽,委之空桑,郁结成味,久蓄气芳,本出于此,不由奇方。”其中说到,杜康将未吃完的剩饭放置在桑园的树洞里,剩饭在树洞中发酵,有芳香的气味传出。由此,杜康看似是酿酒的鼻祖。

自从曹操写出“何以解忧,唯有杜康”之后,几乎所有的人都认为酒就是杜康所创的。

据明清时期的《白水县志》中记载,历史上确有杜康其人。杜康,字仲宇,相传为陕西省白水县康家卫人,善造酒。尽管杜康的出生地等均系“相传”,但据考古工作者在这一带发现的残砖断瓦判断,商、周之时,此地确有建筑物,而这里产酒的历史也颇为悠久。

中国从何时在何地开始酿造“白酒”的

中国人都知道白酒是我国劳动人民创造的一种特殊饮品,千百年来经久不衰,并不断发展提高。在我国古代社会,白酒仅次于盐、铁,是国家财政收入的重要来源之一。但是,若问中国的白酒最早产生于什么时代,估计知道的人就很少了。

古时候,商王武丁和他的大臣有“若作酒醴,尔维曲蘖(酒曲)”的对话,这里的“曲蘖”就是指酒曲。由此可见,距今三千二百多年前,我们的祖先就掌握了利用酒曲酿酒的技术了。

北魏时,贾思勰所著的《齐民要术》中记载:“用神曲一斛,杀米三石;笨曲一斛，杀米六升。”这说明酿酒所用的酒曲量在不断下降，同时也说明酿酒技术在不断提高。

我国的白酒是世界著名的六大蒸馏酒之一，其色、香、味备受人们的青睐，有着广阔的国内和国际市场，在国民经济中占有十分重要的地位。

管李白叫“酒仙”，那他的酒量好吗

唐朝大诗人李白是一个多才而又嗜酒的人，有“李白斗酒诗百篇”之说。然而，就当时情况而言，李白还算不上海量，这是为什么呢？

据说在距今四五千年以前，我国古代劳动人民就已经懂得用谷物和水果酿酒，其中谷物酒占的比重比较大。秦汉时期，用糵造酒的技术仍然沿用，但是人们已经开始大量使用酒曲。

宋应星在《天工开物》一书中说道：“古来曲造酒，糵造斗。后世厌醴味薄，遂致失传，则并糵法亦亡。”由此可见，斗是一种比酒更淡的饮料，估计其酒精度数还不如今天的啤酒高，因此李白还算不上海量。

我国古代有多少种酒器

我国酒的历史源远流长，而用来盛酒的器具也是五花八门、形状各异。那么，我国古代不同时期的酒器有哪些种类呢？

(1)尊：古代用于盛酒的礼器，用于祭祀或宴享宾客之礼，后泛指盛酒器皿。出现在周代。

(2)壶：古代用以盛酒或粮食，后也用于盛其他液体。后世多用“箪食壶浆”来指犒劳军队。

(3)觯:用陶、木、兽角或青铜等材料制成。形状不一,通行者多为圆腹,圈足有盖。盛行于商代及周初。

(4)角:青铜制,形似爵而无柱与流,两尾对称,且有盖,多用以温酒和盛酒。出现在商代和西周初期。

(5)觥:古代酒器。刚开始用兽角,后多用青铜、玉、木、陶等制作。

(6)杯:椭圆形,是用来盛羹汤、酒、水的器物。杯的质料有玉、铜、银、瓷器,小杯为盏、盅。

古代酒器的种类、形状真的是太多了。除了上述所说的几种之外,还有许多酒具,是今人所无法考证的。我国酒文化的博大精深,由此可见一斑。

“饮酒”也可以养生吗

古人对饮酒与养生的关系早就有所认识。在《诗经·豳风·七月》中就有:“为此春酒,以介眉寿……称彼兕觥,万事无疆。”意思就是说酒可以助人长寿。当然,这里并不是说酒是长生不老的灵丹妙药,而是说酒具有一定的养生功效。古人饮酒养生的经验,可以概括为以下几点:

(1)适当饮用质量好、度数低的酒。古人对酒的品质十分讲究,酒以陈者为上,放的时间越久,酒的味道就越好。暴酒(指仓促酿成的酒)切不可饮,饮必伤人。

(2)饮法得当。饮酒是一种境界颇高的享受,有许多学问在其中。特别是在古代,人们不仅注重酒的质量和强调节制饮酒,而且还十分讲究饮酒的环境和方法,如什么时候能饮酒、什么时候不宜饮酒、在什么地方饮酒、饮什么酒、如何饮酒等,都有许多规矩和讲究。

(3)饮时心境要好。古人认为,酒不能乱饮,只有在身体和情绪正常的情况下才能饮用。身体不适、过分忧愁或盛怒之时都不能饮酒,否则会损害身体健康。

(4)温酒而喝。古人饮酒多温热了喝。商周时期的温酒器皿等,便是有力的证明。

(5)空腹勿饮。这是因为,酒进入人体后,乙醇是靠肝脏分解的。然而,肝脏在分解过程中又需要各种维生素来维持辅助,如果此时胃肠中空无食物,那就很容易造成肌理失调、肝脏受损。所以,饮酒时应佐以营养价值比较高的菜肴、水果。而这也是饮酒养生的一个窍门。

“酒令”是从何时开始兴起的

“酒令”是酒桌上的一种助兴游戏,一般是指席间推举一人为令官,其余的人听令轮流说诗词、联语或其他类似的游戏,输了的人或是违令的人就会被罚酒。

“饮酒行令”是中国人特有的一种饮酒方式。“酒令”由来已久,开始时可能只是为了维持酒席上的秩序而出现的。到了汉代,则出现了“觞政”,就是在酒宴上执行觞令,对不饮尽杯中酒的人实行处罚。在远古时代的射礼中,为宴饮而设的称为“燕射”,也就是通过射箭的形式来定胜负,输的人就会被罚酒。古人还有一种被称为“投壶”的饮酒习俗,源于西周时期的射礼。现在最通行的行酒令就是“猜拳”了,在“猜拳”中输了的人要饮酒。

总的说来,“酒令”从表面上看是用来罚酒的,但实际上,行“酒令”最主要的目的是活跃酒席上的气氛。

“葡萄酒”是何时开始进入中国人的酒桌的

在很多现代人的意识里,纯正的葡萄酒产地都在外国,而葡萄酒也是外国人最常喝的酒,所以葡萄酒可能是近现代才从国外传到中国的——实际上并非如此,在中国古代已经有很多关于葡萄酒的记载,这说明古代人早已经品尝过美味的葡萄酒了。

有学者认为,在秦汉时期中国境内已经开始酿造葡萄酒。不过它还局限于西北边疆地区,并没有传播到中原一带。《汉武帝内传》中记述,武帝招待西王母时,曾“列玉门之枣,酌葡萄之醴”。这虽然说的是神话,却也是现实的反映。这说明,尽管不能肯定中原地区也已学会了酿造葡萄酒的技术,但是中原社会上层确实喝到了葡萄酒。这也说明至少在这一时期,中国古人已经知道葡萄酒并且已经有人品尝过葡萄酒了。

第2章

古人的起居文化

"几""案""桌"看起来很相似,它们有什么区别

"几"这种家具在四五千年之前就已出现,是"案"与"桌"的雏形。

在床前用来放物用的叫"直几",一般由三块木板榫接而成,几面呈长方形,下竖两块木板为几足。放在榻上让人依靠的称作"凭几",几面较窄,呈弧形条状,下面有三条腿。此外,还有陈设古玩或书籍的"条几"以及"香几""茶几"和"花几"。后来,由"几"发展成较高的"案"与"桌"。因"几""案""桌"形状大体相似,故有"几案""案桌"之说。

"桌"与"案",其外形与结构大致相同,但细细看一下,不难看出其中的差别。一般来说,凡由三块板直角相交而成或者腿足位于桌面四角者叫"桌",凡腿足缩进桌面两端安装者叫"案"。《辞源》里记载:"桌,本作'卓',后人加木,作桌或棹。"以造型分,有圆桌、方桌、半桌、条桌等;以用途分,有酒桌、茶桌、炕桌、书桌等。

北方的"炕"是怎样一种东西

南方人睡床,北方人睡炕。这是因为地域气候不同而致的不同生活习惯。南方炎热而且潮湿,人躺在竹、木床上,上下悬空,利于空气流动,既凉快又不易受潮。北方寒冷,人们多在房中砌一铺大炕。炕的结构远较床复杂,搭法也不尽相同,有洞炕、花炕及空心炕之分。

炕是北方人的"暖床"。尽管在如今的北方城市中,大部分人家已没有炕,但是北方人对炕的那种感情却是难以割舍的。作为一种最原始的取暖方式,"炕"在中华文明的历史长河中也是承载着一种文化的符号。

“臂搁”是古代书房中的奢侈品吗

臂搁也称腕枕，是古代文人用来搁放手臂的文案用具。臂搁的出现与古人的书写用具和书写方式有密切关系。过去，人们用的是毛笔，书写格式自右向左，稍不留意衣袖就会沾到字迹。于是，聪明的明代文人们发明了臂搁。据闻，古代科举考试时，为防舞弊，都是由相关人员誊写考生试卷，十几份试卷抄写下来手臂累得不行，而有了臂搁的帮助就轻松多了。而且，文人墨客们在烈日炎炎的夏日挥毫泼墨时，将臂搁枕于臂下，一来可防止臂上汗水洇纸，二来由于竹子性凉，有祛暑功效。当然，长短与镇纸相近的臂搁，也可充当镇纸，压在上面，防止纸轻易被风掀起。

其实，臂搁只是众多文房用品中的一员，文人书房里的玩意儿很多，如水呈、镇纸、笔架、墨床、砚滴、印盒、印章、香炉、笔筒等都属于案头文房用品。臂搁不是文房中的必需品，不一定每位文人都备有臂搁，笔墨纸砚是书房必备用具，而臂搁只有那些有情趣的、有经济能力的人才会使用、收藏它，臂搁在文房用品中属于锦上添花的东西，所以说它是书房里的奢侈品。

“交椅”和椅子有怎样的关系

“交椅”，顾名思义就是足部呈交叉状的椅子。据说，交椅来源于古代带靠背的马扎。马扎也称马闸或交杌，其模样同大家今天见到的小凳子相似，“杌”就是凳子，如今宁波人仍将小凳子称为“杌子”或“小杌子”。

汉人的马扎又源自北方游牧民族的“胡床”，大约在汉代传入中原。宋人高承在《事务纪原》中首次把“胡床”叫作交椅。到隋朝时，因为忌讳说

"胡"字,而且这种椅子的双脚交叉,张开以后才能平稳,所以人们又把它称为"交床"。大约在唐代以后,人们才把带后背与扶手的坐具称为椅子。宋元时已出现了带靠背的交椅,分为直背交椅与圈背交椅两大类。明代的交椅就是圈背交椅的延续与发展。

古代人没有钟表,他们怎样计时呢

在历史的长河中,老祖先们在不同的时期发明、创造了不同的计时器。这些计时器在给祖先们带来方便的同时,也体现了他们的非凡智慧。在这些计时器中,主要有圭表、日晷、漏刻以及机械计时器等。

圭表是我国最古老的一种计时器,它是利用太阳射影的长短来判断时间的。它由两部分组成,一部分是直立于平地上的测日影的标杆或石柱,叫作表;另一部分是正南正北方向平放的测定表影长度的刻板,叫作圭。在这里,日影可以用来表示时间,那么光阴的"阴",以及用"分""寸"表示时间,就是很合理的了。

在机械钟表传入我国以前,日晷是最常用的计时器。日晷主要由一根晷针和刻有刻线的晷面组成。随着太阳在天空运行,晷针的投影像钟表的指针一样在晷面上移动,就可以指示时辰。

圭表和日晷都是用太阳的影子计算时间的,然而遇到阴雨天或黑夜便失去作用了。于是,一种白天黑夜都能计时的水钟便应运而生,这就是漏刻。漏刻由漏壶和标尺两部分构成。漏壶用于泄水或盛水,前者称泄水型漏壶,后者称受水型漏壶。标尺用于标记时刻,使用时置于壶中,随壶内水位变化而上下运动。

除上述几种主要的计时器外,还有一些简单方便的计时方法,比如古典小说上常常写道"一炷香的时间",那么一炷香究竟是多长时间呢?实际上由于受到环境、风力、香的长短、香料干湿等诸多因素的影响，一炷香的燃烧时间并不完全相同，但一般约为半个时辰，即一个小时。古代除了用一炷香来计时，还可以用一盘香、一炉香、一盏茶、一壶酒、一顿饭等来计时。

古人用什么方式来表示时间

现今人们用时、分、秒来计时，那么我国古人用什么来计时呢？

在我国古代，人们一般用时、更、点、刻等来计时。他们把一昼夜分为十二个时辰，用十二地支表示。而一个时辰大约是现在的两个小时。

古代人还将夜里的时间分为更和点。一夜等分为五更，一更也大约等于现在的两小时，从相当于现在所说的晚上七时开始起更。一更指晚七时至九时，二更指晚九时到十一时，以此类推。一更等分为五点，一点合现在的二十四分钟。比如，古人所说的“三更四点”，就是指夜里十二时三十六分。

在古语中，“顷刻”是指很短的时间。古人将一昼夜等分为一百刻，一刻合现在的十四分二十四秒。

“一炷香”和“一盏茶”到底是多长时间

武侠小说上经常提道“一炷香的工夫”，高手比武时，也常以“一炷香”为限。这是为什么呢？原来，古人通常是以香燃烧的时间长短来计量时刻的。虽然古代计时需要借用日晷、漏壶等工具，但是古人认为燃香计时是一种比较简单的计时方法。

那么“一炷香”究竟是多长时间呢？由于受环境、风力、香的材料、香料干湿等诸多因素的影响,“一炷香”的燃烧时间并不完全相同,大概相当于现在的一个小时。

“喝一盏茶的工夫”,就是一碗茶凉到可以入口到喝完所用的时间。夏天大概要15分钟,而冬天则10分钟都用不了。按照古人的推算方法,“喝一盏茶的工夫”相当于现在的10分钟。

“马”是古代人最主要的交通工具吗

在我国古代,马似乎是人们出行的主要交通工具,就是现代,马还是游牧民族不可缺少的代步工具。其实,我国古代的出行交通工具不只有马这一种。

商族的先公相士乘马出行,而王一级的人物则用牛驾辕驱车出行。到商汤之时,马车已作为战车用于征战。从甲骨文中的“舟”字来看,商代已经出现了木板船。因此推断,在当时,牛车和船是人们出行的主要交通工具。

汉代的车子除了前代所有的,又出现了运输辎重的大车、人力手推的独轮车,以及人力抬行的编舆、板舆、小辇等。魏晋南北朝时,人们出行主要依靠牛车和船。

隋唐时,南北大运河贯通,水上交通繁荣起来。内海航运和远洋海运较之从前也都有了不小的进步,船的使用更为普遍。明清时,造船业有了雄厚的基础,造船技术极为高超,并且在淮南、山东都出现了规模较大的造船厂。由此可见,马在古代并不是主要的交通工具。

“左”和“右”,到底哪边为上首席位

我国古代的“左”和“右”,哪边才是上首席位呢？如今的很多人都弄不

清楚这一点。若想解释这个问题，就要从道教的“三清”说起。“三清”为道教最高的神，第一位，元始天尊；第二位，灵宝天尊；第三位，道德天尊。

元始天尊，象征着混沌之前道气未显的第一世纪；灵宝天尊，象征着混沌初判阴阳分明的第二世纪，灵宝天尊的出现比道德天尊早，所以“辈分”肯定要比道德天尊高；道德天尊，就是大家所熟悉的老子。

把“三清”弄清楚了，“左”和“右”哪边为上首席位，就有了依据。在道观中一般都供奉着这三位神仙，中间为元始天尊，左侧为灵宝天尊，右侧为道德天尊。历史上流传下来的“三清挂图”都是按照这个次序排列的。由此判断，在中国古人的心日中，左肯定为上首席位。

另外，“左出贵人”的理念在中国人心目中根深蒂固的。基于这个理念，也可以说，左应该是上首席位，是尊贵的位子。

古人是怎样把尊卑思想体现在座次排序中的

由于在我国古代，座次是分别尊卑的重要标志，因此，古人十分重视座次的排序。《仪礼》《礼记》都有关于座次尊卑的规定。如《仪礼》中的夫妻对席礼，夫坐西面东，妻坐东面西，这一座次就体现出了夫尊妻卑。

在封建官场中，一个人座位的方向代表了其官阶大小。如皇帝聚会群臣，皇帝的座位是坐北向南的。因此，古代常把称帝叫作“南面”，而把称臣叫作“北面”。

我国古代贵族的房屋一般都是堂室结构的，它坐北朝南，前堂后室。在堂上举行的礼节活动，以向南的座位为尊；而在室内，则以向东的座位为尊。由于古代大量的日常活动一般都在室内进行，因此这种室内的礼节性位次尊卑影响也就更为广泛。

诚然，以上所说的只是位次尊卑的一般形式。在历史的长河中，由于时

代的变迁，位次尊卑也会发生变化。

屏风的作用是用来挡风的吗

屏风有着悠久的历史和丰富的形式，它作为传统工艺品领域里的一枝奇葩而流传，为大众所喜欢。

最早的屏风是专门安放在天子宝座后面的，称为“斧钺”。它以木为框，上面裱有丝绸，并画上斧钺，象征着帝王的权力和威严。西周早期的屏风叫作“邸”，是为了挡风和遮蔽之用，后来不断发展，品种趋于多样化，不仅有高大的屏风，也有较矮小的屏风。这个时候的屏风就不只是帝王所独有的东西了，而成为了普通老百姓家中实用且具有一定装饰效果的陈设品。

汉唐时期，几乎有钱人家都使用屏风。汉代以前屏风多为木板上漆，加上彩绘。自从造纸术发明以来，屏风就多是用纸糊了。同时，屏风的种类也丰富起来，如玉屏风、雕镂屏风、琉璃屏风、云母屏风、绨素屏风、书画屏风等，不一而足。明代以后出现了挂屏，屏风逐渐成为一种装饰品。

古代人用什么洗衣服你知道吗

古时没有洗衣粉，如果衣服脏了是怎么来清洗的呢？其实，古人的洗涤用品远比大家想象的多。

古人洗衣服时，一般使用草木灰浸泡的溶液，即“灰水”。这是因为，草木灰中含有碳酸钾，能去污。到了魏晋时候，就出现了形状和现在的香皂相似的洗涤剂——皂角。当时还有一种洗涤剂叫“澡豆”。后来，人们又在澡豆的制作工艺方面加以改进，在研磨猪胰时加入砂糖，又以碳酸钠（纯碱）或草木灰(主要成分是碳酸钾)代替豆粉,并加入熔融的猪脂,混合均匀后,压制成球状或块状,这就是“胰子”了。胰子的化学成分和今天的香皂极为相近。

古代的“熨斗”是什么样的

现在的电熨斗是美国人亨利·W·西于1882年发明的,所以,国内不少人认为,熨斗是从国外传入我国的。然而,实际情况并不是这样的。

我国在晋代就出现了熨斗。晋代杜预就曾在自己的作品中写道:“药杵臼、澡盘、熨斗……皆民间之急用也。”由此可见,熨斗已是那时民间的一种普通家居用品。汉魏时期的熨斗是用青铜铸成的。

当然,古代的熨斗不是用电,而是把木炭烧红以后放在里面,使熨斗底部烫了之后再使用,所以熨斗又叫作“火斗”或“金斗”。其中,“金斗”是指制作非常精细的熨斗,这不是一般的民间用品,只有贵族才能享用。

总而言之,在我国古代,人们已经开始使用熨斗了。

为什么古代人要行“跪拜礼”

在一些反映古代历史的戏剧和电影中,大家经常能看到古代人行跪拜礼。那么,跪拜礼是用来体现等级差别吗?

我国在汉以前,还没有正式的凳子和椅子。人们在议事、看书时,只是在地上铺一条席子,人就坐在席子上,故称“席地而坐”,就连朝廷的最高统治者也是“席地而坐”。不过,他所坐的东西比普通老百姓要好一些,上面有五彩蒲席和桃枝竹席,左右摆设玉几让其倚靠。

同时,古代所谓"坐"的姿势,与现代人的跪着差不多。坐时,要两膝着地,然后将臀部坐于后脚跟之上,脚掌向后向外。在接待宾客时,每当"坐"着向客人致谢时,为了表示尊敬,往往伸直上半身,也就是"引身而起",使坐变成了跪,然后俯身向下,这样,便逐渐形成了日常生活中的跪拜礼。由此可见,跪拜礼的形成与古人的物质条件和生活习惯密切相关。

古代人"戴眼镜"吗

现在许多人认为,眼镜这东西百分之百是舶来品。如果你这样认为,那就大错特错了。

现在大多数专家学者认为,眼镜出现于中国南宋时期。那时,我国的眼镜是一个椭圆形的透镜,而透镜本身则是用岩石晶体、玫瑰色石英、黄色玉石或紫晶等材料制成的。当时,人们把佩戴眼镜看作是一种尊严的象征。这是因为,制作眼镜镜框的玳瑁被认为是一种神圣和珍贵的动物,而透镜的制作材料又是非常稀有的宝石,价格异常昂贵。所以,那时的人们佩戴眼镜的功用主要是求得好运和显示富贵。正是因为当时的人们只重视眼镜的价值而不注意它的实用性,所以在平常百姓中并不流行。

古代人是怎样实现"远距离通信"的

古人传递信息主要通过飞鸽、烽火、快马等方式,此外,还有暗号、手语、书信、旗报等。

在周代,我国就已经有了利用烽火传递信息的方法。在边境线上,每隔一定距离就筑起一座烽火台,内储柴草。当敌人入侵时,便一个接一个地点火报警，各路诸侯见到烽火，马上派兵相助。

竹简在造纸术发明之前，一直是文字的主要载体。竹简用的是皮薄而节长的竹子，先将圆竹锯成一定的长度，再切成一定的宽度，削光整平后，即成为简片。然后再用丝绳、麻绳、细皮条等分上下两道编连简片，这样就制成了竹简，使人们可以在上面刻字或写字。

旗报，通常由专人扛着旗帜骑在马上，将消息传递给沿途的军民，多用来鼓舞士气。牌报是写在木牌上的新闻传播工具。而揭帖则是类似传单的一些印刷品，可供四处散发，类似于我们今天所说的传单。

报房起于清代，主要集中在北京。早在清代初期，北京城内就有以私人名义从事抄报活动的人，且多为低层文吏，他们以刊刻抄邸报为副业。到清代中晚期，报房演变成私营报纸。

古代的“枕头”是用什么做的

我国古人的枕头，其材质可谓是五花八门。1957 年，我国考古工作者在河南信阳长台关的一座战国楚墓中发掘出了一个竹枕，这是迄今为止我国发现的最早的古代枕头。这个竹枕也说明我国在春秋战国时期，人们已经开始使用竹子来制作枕头。从汉代出土的文物中，我们发现了木制和麻制的漆枕。

到了唐代，出现了木枕。随着瓷器的问世，出现了始于唐、流行于宋元时期的瓷枕。这个时期的人们认为瓷枕具有“清凉心肤，爽身怡神”的作用，并且具有养生的功用，因此在当时十分流行。

另外，从清末名人杨度的隶书对联“抱琴看鹤去，枕石待云归”中得知，古代人也有以石头当枕的。

随着社会的进步和医学的发展，人类认识到枕头过硬会伤及大脑，于是硬枕逐渐被软枕所代替。

“冠礼”是用来做什么的

冠礼，是古时跨入成年人行列的男子的加冠礼仪。古代的“冠礼”代表着一个人走向成年，并且是对成年人婚姻资格的一种道德审查。按照《礼记》所记述的，不懂礼仪的人不能算作一个完全意义上的人，而不举行冠礼，则一生难以“成人”。

冠礼是从氏族社会开始盛行的成丁礼演化而来，一直流传至明代。仪式上，受礼者在宗庙中将头发盘起来，戴上礼帽。由于要穿戴的服饰很多，包括冠中、帽子、幞头、衣衫、革带、鞋靴等，于是分为三道重要程序，分三次将不同材料制成、代表不同含义的帽子一一戴上。冠三次以后，要由父亲或其他长辈、宾客给受礼者取一个“字”。古代男子只有通过这一过程，才能算是一个真正的成年男子。

唐朝人喜欢用“香料”来建房子吗

香料在古代是人们生活中稀有的用品，一般人难以有长期使用的机会。然而在唐朝，香料却被达官贵人们用来建造房子。

根据《唐书》和唐人笔记载录，奢侈的唐朝人竟然用香料建造亭台楼阁，当然，这种情况也只出现在皇宫和一些达官显贵人家。比如，唐玄宗在兴庆宫里用沉香木为杨贵妃建造了一个沉香亭；杨国忠家里也曾用沉香木建造了一座楼阁。

令人更为惊讶的是，用香料建造房子还是当时上层社会中的一种十分流行的风气，而不只是个别现象。《资治通鉴》记载，唐朝人对沉香取材的认识已经形成一套理论。

其实，唐朝人能用香料建造房子并非偶然，它与唐朝发达的贸易有直接关系，这也从一个侧面反映出了唐朝在当时世界上的地位。大约自唐朝中期开始，海路交通超越陆路而发达，海船可以直接往来于中国南海与波斯湾之间，使得这些地方的香料大量涌入中国。《大唐和尚东征传》就记述，在广州珠江水面上云集着各国的海船，而这些船上香料堆积如山。由此可见，在唐朝，香料不像其他朝代那样稀奇难得。虽说香料来源充足，但用香料来建造房子，实在是今人所无法想象的。

“扇子”是怎样发展并流传到今天的

据说，舜帝为了广纳天下英才为自己服务，曾制作“五明扇”。“明”，意即广达圣明，“五”代表东、西、南、北、中五个方向。

战国时期，出现了一种半规形的“便面扇”，它的形状好似单扇门，故又称“户扇”，成为当时扇子的主流。秦汉以后，扇子的面料采用丝织的绢。从汉代开始，扇子加工技术更成熟，不仅品种多，而且工艺精致。这时候的竹扇，不仅成为人们随身的装饰品，还成为馈赠的礼物。西汉以后，出现了少量的纸扇。北宋时，出现了携带极为方便的折扇。到了南宋，随着折扇工艺的不断成熟，出现了扇铺和画商。宋以后，折扇更加流行。明清时期，扇面除圆形外，还有椭圆形、扁圆形、方圆形、梅花形、葵花形、腰形、马蹄形等。这个时候的扇子工艺性强，并逐渐突出了它的实用性，装饰性功能日渐弱化。

最初的“雨伞”是用来遮雨的吗

古人从头顶一片大荷叶冒雨行走受到启发，发明了雨伞。中国是世界上最早发明雨伞的国家，从发明之日到现在至少有三千五百多年的历史。

后魏时期，伞被用于仪仗队伍当中，称作“罗伞”，官阶大小不同，罗伞的大小和颜色也有所不同，而且这种伞没有任何实用功能。皇帝出行时，要用黄色罗伞，表示“荫庇百姓”。

伞在我国诞生之后，随着对外开放和交流的日益扩大，逐渐传到了国外。唐朝时，日本先后向我国派出了 19 批“遣唐使”，共计 500 余人。他们把制伞工艺带到了日本，然后传到了亚洲其他地区乃至全世界。

总而言之，雨伞最早出现在中国。

古代的女子“化妆”吗

对于中国古代的女子是如何化妆的，很多人都会感到好奇。那么，下面大家就来见识一下中国古代女子最常用的三种化妆品。

(1)妆粉。古代女子擦的粉多选自“米粉”。除了米粉之外，还有铅粉。这些粉都可以让皮肤看起来更白。即使铅粉有毒，但女人们为了美丽，不惜每天用微量的铅粉达到美白的效果。

(2)黛粉。在古代，没有专门用来画眉毛的材料，因此女人们都用柳枝烧焦后画眉毛。随后出现了“黛”这种用来画眉毛的藏青色矿物。使用前必须先将黛放在石砚里磨成粉状，加水调和后才能使用。

(3)胭脂。古代的口红原料是一种叫“红蓝”的花朵，与妆粉调和后也可当胭红使用。后来,人们在这种红色颜料中加入了牛髓、猪胰等物,使其成为一种稠密的脂膏。

当然,除了上述常用的三种化妆品外,中国古代女子还有不少配饰妆。

古代有“身份证”吗

身份证并不是现代人的专利,古代的人已经开始使用类似于今天身份证的凭证了。

早在隋唐时期,朝廷便发给官员一种“鱼符”,它是用木头或金属精制而成的。由于形状像鱼,因此叫“鱼符”。“鱼符”上面刻有官员姓名、任职衙门以及官居品级等。

当时,高官的“鱼符”都是用黄金做成的,显示其品位、身份之高;低一级的官员的“鱼符”是用银子做成的;更低一级的官员,则是用铜做成的了。“鱼符”的主要用途是证明官员的身份,便于应召出入宫门验证时使用。

到了明代,改用“牙牌”,这是用象牙、兽骨、木材、金属等制成的板片,其实际用途与“鱼符”没有什么区别,它与现代意义上的卡片式身份证已经非常接近了。明代“牙牌”的用处已不仅局限于官员们,开始向中下阶层发展了。

由此可见,虽然古人没有身份证,但是证明其身份的方式却是多种多样的。

古人是如何存储食物的

现在人们为食物保鲜,一般都会使用冰箱。那么,古人是如何为食物保鲜的呢?

在古代,中国就已有了“冰箱”,但并不是我们现在这样的电冰箱。古人把当时的“冰箱”叫做“冰鉴”。《周礼》中就提到了“冰鉴”。它是一个盒子似的东西,内部是空的。只要把冰放在里面,然后把食物放在冰的中间,就可以保存食物了。

明时,王公贵族将“冰箱”作为主要的降温解暑器具,一般用黄花梨木或红木制成。那时的“冰箱”不仅外形美观,而且在功能设计上也十分精巧、科学。冰箱箱内挂锡裹,箱底有小孔。两块盖板中的一块固定在箱口上,另一块则为活板。每当夏季来临,便将活板取下,将瓜果、饮料等放在冰上,以使其达到冰镇的效果。

古代的镜子是什么样的

祖先们常常靠水中映照出来的影像整理自己的仪容,所以,那时候把这种方式称为“鉴于水”。后来,开始出现了一种叫做“水镜”的东西。同时,还出现了一种与镜子类似的器具,叫作“阳燧”,也就是现在的凸面镜。

中国的镜子产生于商代,为铜铸造而成的铜镜。这种镜子,一面磨光发亮,另一面铸刻花纹。因铜镜主要用于照出自己的面容,故也叫“鉴”或“镜鉴”。战国时,铜镜制作工艺日趋成熟。到了汉代,镜子的制作更加精美,花纹也出现了各种样式,如鸟、兽、人物等图案。东汉中期至魏晋时,出现了有浮雕画像的镜子。唐代,制镜工艺更为讲究,出现了形状各异的八棱、菱花、海棠花等镜子。

古代的镜子,大多数都为铜镜,但也有少量的铁镜。清代以后才出现了像人们今天所使用的一样的玻璃镜子。

“马桶”是从古时候就有的吗

要问马桶何时出现，就要从汉代说起了。据《西京杂记》记载，汉朝宫廷里有种叫“虎子”的方便时用于支撑的东西。平时由皇帝的侍从拿着，以备皇上随时方便。“虎子”，就是后人所称的坐便器、便壶，是马桶的前身。

关于“虎子”的来历，据说是西汉时“飞将军”李广射死卧虎，让人做成虎形的溺具，在里面解小便，以表示对猛虎的蔑视。可是到了唐朝，因为李氏祖上有叫“李虎”的，便将“虎子”一词改为“兽子”或“马子”，再往后就俗称“马桶”和“尿盆”了。

你知道其实“蜡”和“烛”是两种东西吗

中国人是什么时候开始使用蜡烛的？这个问题现在已无从考证了，但起码在秦汉之前，中国似乎没有蜡烛这个东西。并且，在汉代古书中，一般将“蜡”和“烛”分开论述，很少把“蜡”“烛”两字连用。

从现在出土的汉代青铜灯来看，在圆形的灯盘正中，有一枚长钉形的火柱，而根据它的形状，考古学上将其分为油灯与烛灯两大类。其实，在汉代，油灯的灯柱就叫做“烛”。“烛”就是说灯柱要浸在动物或植物的油脂里。《齐民要术》中所说的“作烛”“为烛”，都是指点灯，和蜡烛无关。

至于燃料，国内的考古杂志曾提到：“汉墓中，偶有黄蜡饼发现。”由此可见，在一般情况下，汉灯的盏内需要注油脂。但是，燃灯还可以用蜡，而灯内的蜡在融化后可作为油膏使用。总而言之，古时候“蜡”和“烛”是两种不同的东西。

中国古时候有“石油”吗

我国古代有石油吗？答案是肯定的。我国古人在很早以前就已经开始使用石油了。最早提出“石油”一词的文献是我国北宋太宗皇帝命人编纂的《太平广记》。而北宋科学家沈括在其所著的《梦溪笔谈》中，是根据石油“生于水际砂石，与泉水相杂，惘惘而出”的特点为其命名的。在古时候，石油还被称为“石脂水”“猛火油”“石漆”等。

我国是世界上最早发现和使用石油的国家。公元 1 世纪末成书的《汉书·地理志》中明确记载了在高奴（今陕西延长县）洧水（延河的支流）中的水可以点燃。这说明我国的石油最早是在陕北地区发现的。东汉时，我国甘肃一带已用石油作为润滑剂；北宋时，已使用由石油炼制的“猛火油”，供战争之用。

古人为何要在门前放“石狮子”

在古代，狮子被中国人视为吉祥之物。古代的官衙庙堂、豪门巨宅大门前，都摆放一对石狮子，用以镇宅护院。直到现代，许多建筑物大门前，还会安放一对石狮子。那么，用石狮子把门的这种习俗是如何形成的，又起源于何时呢？

在汉代以前，中国并没有狮子。后来，张骞出使西域，才将狮子引入中国，从而进入了中国人的民俗生活之中。在民间，狮子颇受礼遇，还被尊为“瑞兽”，抬到了与老虎不相上下的地位。

将石狮子作为看门护院的神兽的习俗大约形成于唐宋时期。然而，把石狮子摆在大门前，到底有何作用呢？

对此，民间流传有四种说法。其一，古人认为石狮子可以避邪纳吉，因此在很早以前就用来镇守陵墓；其二，在民间传说中，狮子有预卜灾害的功能；其三，在宫殿、王府、衙署、宅邸的门前安放石狮子，可以显示主人的权势和尊贵；其四，石狮子是古代建筑物不可缺少的装饰品。

中国古代家具的“三大流派”你知道吗

在我国古代，每个地方都有自己的家具特色，有时甚至在同一个地区内、不同的文化背景下，家具都会有不同风格。其中，产自苏州、广州、北京的古代家具，分别代表着不同的风格特点，是古代家具主要的三大流派。

(1)苏式家具。在明代时，家具制造业还没有流派之分。当时的家具制作，主要集中在以江苏南部为中心的长江下游地区。随着时间的推移，苏州、扬州及松江一带的家具制作水平越来越高，并形成了固定的风格，即“苏式家具”。到了明代，苏式家具成为明式家具的主要流派。由此可知，名扬中外的明式家具，主要是以苏式家具为主。

(2)广式家具。广州是东南亚各国优质木材贸易的主要中转站，具有得天独厚的物质条件。东南亚各国出产的优质木材在这里汇集，使得广式家具在短时间之内得以迅速发展。在清朝时，广式家具迅速取代了苏式家具的主流地位，成为当时宫廷的主要家具来源。

(3)京式家具。所谓京式家具，就是北京地区清代上层社会的家具流派。现代史学家一般公认的京式家具多为清宫宫廷作坊(如造办处、御用监)在京制造的家具，以紫檀、黄花梨等几种硬木家具为主。在清代家具流派中，京式家具是一个重要的组成部分，与苏式家具、广式家具并称于世。

中国古代家具的造型有哪些特点

我国古人的起居方式可分为席地而坐和垂足坐两种方式，因此我国古代家具的造型变化主要围绕着矮型家具和高型家具这两大系列展开的。

秦汉时期，由于人们多席地而坐，因此所用的家具一般为矮型家具，如席子、漆案、漆几等。并且家具大都随用随置，没有固定的位置。

到了三国时期，从少数民族地区传入了高型家具——胡床。慢慢地，中原地区就出现了高型家具，如圆凳，方凳等。同时，作为卧具的床、榻等，也渐渐变高、但此时占主导地位的仍然是矮型家具。

进入隋唐时期，多数人垂足而坐，高型家具迅速发展到完全定型的阶段，形成了新式高型家具的完整组合。典型的高型家具已经出现，如椅子、凳子、桌子等，并且在上层社会中流行。但直到宋代，高型家具才完全普及。

中国古代家具发展到明清时代，基本定型为高型家具，而且能够依据人体的不同身形而制订家具的造型。此时，中国古代家具已经完全发展成熟。

今天，随着人们生活水平的提高，各式各样的新式家具也应运而生，古典家居则逐渐退出了人们的生活，但仍有不少人将其作为艺术品来收藏。

古时候的“床”是用来睡觉的吗

“床”对于今天的人们来说，已经是生活中必不可少的一件家具。那么，当你每天在软绵绵的大床上消去一天的疲劳时，是否想过这样的一个问题：古时候的床只是用来睡觉的吗？

“床”的起源很早，传说是上古时代的神农氏所发明。商代的甲骨文中，已有像床形的文字，说明商代已有床。然而，最初的床却不是用来睡觉的。

距今最早的床是在信阳长台关的一座大型楚墓中发现的。上面刻绘着精致的花纹，周围有栏杆，下有6个矮足，高为19厘米。春秋以来，“床”通常是人们写字、读书、饮食的地方。晋代著名画家顾恺之在《女史箴图》中所画的床，其高度已和今天的床差不多。

在汉代，“床”字已经开始广泛使用，除卧具外，连坐具也称床，如梳洗床、火炉床、居床、册床等。在当时，没有专门用于坐的家具，“坐卧之具”也就是像炕头一样的东西，白天可以盘腿而坐，晚上则可以躺下睡觉。后来，出现了一种可以折叠的轻便家具，这种家具以坐为主，也可以供人躺下，但不是睡觉的地方。此后，一直到出现了椅子、凳子后，“床”的概念才确定为专门用来睡觉的家具了。因此，在古代的文章中，“床”大都是用来坐的，跟今天的“床”有很大的区别。

“榻”和“床”有什么区别

今天的许多人认为，床和榻是没有什么区别的，其实，古代并不是这样的。

“榻”最早出现于西汉后期，它一出现便被定义为一种坐具，而且与床有着不同的用处。从今天出土的文物来看，榻看起来像是一种低足的平台，有的带有高围屏风，有的在屏风上还挂有帐饰，且大多是供一个人独坐的。后来，随着社会的发展，原先的榻，也随之大型化了，并最终和床基本上没有了分别。对于这一点，大家现在可以从南唐画家顾闳中的《韩熙载夜宴图》中看到。图中有两件榻，其中一件榻上可同时坐五人而绰绰有余。同时，在它的左右与后面都装有围板，其构造基本与后来的明清罗汉榻一致，只是围板要高得多。

为什么不是“上榻”，而是“下榻”呢

在现实生活中，人们一般把客人住宿叫作“下榻”。那么，为什么是“下榻”，而不是“上榻”呢？原来，“下榻”一词的背后是有故事的。

《后汉书·陈蕃传》中记载，陈蕃性格十分耿直，行为端正，是一个不畏权贵的人，被当时人称为“不畏强御陈仲举”，因此，当时讲气节的文人名士都愿意同他交朋友。他任乐安(今山东省博兴县)太守期间，当地有一位品行高洁的名士，曾经拒绝过前几任太守的邀请，但却接受了陈蕃的邀请，并且彼此融洽相处。陈蕃特地准备了一张榻，专门用来接待这位名士；这位名士一离开，陈蕃才就把榻挂起来，而等他来了之后，陈蕃才又把榻拿下来招待他。由此，后人便把礼遇最尊贵的客人称为“下榻”。

古时候有“蚊帐”吗

对于中国人来说，蚊帐是一件在夏季常用的家居用品。早在两千多年前，古人就开始使用蚊帐了，在《庄子·天运篇》里就有关于蚊帐的记载。蚊帐在古时候叫作“幬”。

春秋时期，齐桓公的“翠纱之幬”使饥蚊不得入内，这个记载出自于南朝萧绎撰写的《金楼子·立言篇九》。据郑玄对《诗经·召南·小星》中“肃肃宵征，抱衾与裯”的解释，其中的“裯”就是指蚊帐。

今天人们所用蚊帐中的“帐”字，在秦汉时期才因与“幬帐”连用而同床帐结缘。然而，原来的“帐”字仅指起遮蔽作用的帷帐、营帐、军帐等。也因为此，秦汉之后，便陆续出现了“蚊幮”“蚊幌”“蚊幬”“蚊帐”等名称。

“太师椅”的名字由何而来

在现代生活中，太师椅已经逐渐退出了人们的视野，只有少数地方的老年人还喜欢用它。因此，对于太师椅的历史，知道的人也是屈指可数。

东汉末年，西域传入一种新式坐具，能折叠，便于携带，当时称为胡床。后因，隋炀帝忌“胡”字，则改称为交床，后又演变为交椅，而这就是太师椅的雏形。

“太师椅”一词出现在北宋。宋代张端义的《贵耳集》中记载，“今之交椅，古之胡床也，自来只有栲栳样，宰执侍从皆用之。因秦师垣在国忌所，偃仰，片时坠巾。京伊吴渊奉承时相，出意撰制荷叶托着四十柄，载赴国忌所，遗匠者顷刻添上。凡宰执侍从皆用之。遂号太师样。”这里面所提的“秦师垣”，就是当时任太师的大奸臣秦桧。文中记载说，秦桧坐在那里一仰头，无意中头巾坠落。吴渊看在眼里，便命人制作了一种荷叶托首，由工匠安在秦桧的椅圈上，“太师椅”就由此产生，而“太师椅”这一名称也由此流传开来。

古代没有牙刷是怎样做口腔清洁的

“刷牙”是现代人每天必不可少的一件事，那么，古代的人也刷牙吗？在发明牙刷和牙膏之前，古人是怎样刷牙的呢？

在我国辽墓穴中出土过一件用骨头做的牙刷柄，它是迄今发现的世界最早的牙刷实物，因此有关学者认为我国是最先使用牙刷的国家。在元末郭钰的《郭恒惠牙刷得雪字》一诗中所记载的牙刷是：柄如短簪，由玳瑁制成，刷毛是白色马鬃，由白色丝线锁固在刷柄上。当时的人们认为这种东西很新奇,并且十分贵重。

其实,早在这之前,古人就已经掌握了许多护齿方法。根据《礼记》中的记载,中华民族早在两千多年前就已经知道要早晨洗脸、漱口了。而刷牙就是在漱口的基础上发展起来的一种洁牙方法。

除了漱口以外,古代还有咬杨枝清洁口腔的习惯。根据佛教经典记载,僧侣们“每日旦朝,须啮齿木,揩齿刮舌”,即依靠咬嚼一种叫做“齿木”的枝条,摩擦牙齿表面,同时还用它刮舌,以确保口腔的卫生。由此可见,古人虽然没有今天的牙刷和牙膏,但对牙齿的清洁还是很有办法的。

“盆景”的由来和讲究你知道吗

盆景是中华民族的优秀传统艺术之一。它以植物、山石、土、水等为材料,经过艺术创作和园艺栽培,在盆中典型、集中地塑造大自然的优美景色,达到缩龙成寸、小中见大的艺术效果,同时,以景抒怀,表现深远的意境,犹如立体的山水画。盆景的主要材料本身就取自于自然,具有天然神韵。另外,植物还具有生命特征,能够随着时间推移和季节更替,呈现出不同景色。盆景是一种有生命的艺术品,是自然美和艺术美有机结合,成为富有诗情画意的案头清供和园林装饰,常被誉为“无声的诗,立体的画”。

第3章

衣裳服饰的发展

秦始皇是第一个穿“龙袍”的人吗

今天,大家时常在一些古装影视剧看到,皇帝在上朝时都要穿龙袍,而且龙袍也是皇帝的专用服装。然而,为什么皇帝在上朝时要穿龙袍?第一个穿龙袍的是秦始皇吗?

其实,秦始皇当年并没有穿过龙袍。中国第一个皇帝秦始皇按水、火、木、金、土(五行)与黑、白、青、赤、黄(五色)分别相配的“五德”说,穿黑色袍服。到了晋代,开始实行金德制度,以赤色为贵,故晋代皇帝着红袍。后来,“五德”说受到挑战,一些皇帝不再以“五德”说作为唯一准则。

中国封建社会的皇帝穿龙袍是从隋朝开始的,隋文帝与隋炀帝着黄袍,黄袍上绣的龙为五爪,而这就是最初的龙袍。到了唐高祖武德年间,开始在百官以及百姓中禁穿有龙图案的衣服,而龙袍则随之成为皇帝专用之服。

龙袍上的龙为什么要绣“五只爪子”

如果仔细观察,大家就会发现中国古代皇帝的龙袍上绣着五爪之龙。一般动物最多也就四只爪,但为什么龙会有五只爪呢?

其实,中国龙并非从一开始就有五爪,而是从三爪、四爪发展到五爪的。中国龙的原型为湾鳄或巨蜥。商中晚期,龙和凤并逢,产生六种以龙为主的徽识。西周继续沿用这种徽识,并将龙的爪子由四只改变为三只。

唐宋时期,龙的形象基本定型,但此时的龙,其爪数仍旧未定,有三爪的,也有四爪的。自元代起,出现了五爪之龙,而且只有皇家才可使用五爪龙的图案,民间只能用三爪龙或四爪龙的图案。

清亡以后，由于封建王朝已经不存在了，因此人们可以按自己的喜好将龙绘制或塑造成三爪、四爪或五爪。

由于历史上五爪龙有过特殊的地位，因此后来不少人偏爱五爪龙的图案，以至现在的影视剧中的皇帝，其龙袍上也多为五爪的龙。

古代帝王的衣袍都是明黄色吗

大家时常在一些古装影视剧中看到这样的现象：古代的皇帝除上朝穿龙袍以外，其他时候都穿黄色的衣服。官员要是能得到一件皇帝御赐的黄色衣服，就会觉得荣耀之至，甚至有的官员把皇帝赐的黄色衣服当作神灵一样供奉。这时，也许会有人问："是不是历朝历代的帝王都穿黄色的袍子啊？"

从周朝至明朝，帝王的正式着装都是黑色的冕服。秦始皇统一六国后，规定皇帝要穿火德之服，但是火德的赤并非现在流行的中国红，而是发黑的暗红。所以一般情况下人们把它视为黑色。

唐代的皇帝，依旧是以黑底十二纹章的冕服为上朝和祭祀的正式服装。宋朝和明朝的皇帝也都要穿火德之服，尤其明朝皇帝姓朱，故以红色为贵，皇帝的日常服装多为红色。以明黄色为贵，并且穿着明黄色衣服的，只有清朝的皇帝。

由此可知，皇帝穿黄袍是清代才形成的。

"衣""衫""裳"之间有什么区别

今天，人们把服装统称为衣裳，但是在我国古代，"衣""衫"及"裳"是有一定区别的。

在古代,“衣”分“上衣”和“深衣”,“衣裳连属,被体深邃。”而且,古代的“衣”是贴身穿的,就像现在的内衣。

“衫”是指大袖单衣,以轻薄纱罗为材料而制成,仅用单层,不用衬里,形制简便,是夏季的穿着。这点倒和人们今天穿的衬衫有几分相似。

“裳”由两片布帛制成,前后各一片,左右各留一道缝隙,主要是用来遮羞。

由此可见,我国古人穿衣服还是很有讲究的,这当然也与我国封建社会的文化有着必然的联系。

用服饰颜色区别官位的品级是从何时开始的

官服分颜色是从唐朝开始的。三品以上,紫袍,佩金鱼袋;三品以下、五品以上,绯袍,佩银鱼袋;六品以下,绿袍,无鱼袋。官吏有职务高而品级低的,仍按照原品服色。比如,任宰相而不到三品的,其官衔中必带“赐紫金鱼袋”的字样;州刺史则不拘品级,都穿绯袍。

宋代崇尚文治,冠服制度渐趋繁缛,并且进行过多次修改。元代是蒙古人入关统治中原的时代,其服饰袭汉制,如皇帝及高官的服饰仿照先秦时代的古制而成;同时,蒙古统治者也推行本族制度,如一般百姓服饰仍是披发椎髻,夏戴笠,冬服帽。元朝初建之时,也曾令在京士庶须剃发为蒙古族装束。蒙古族的衣冠,以头戴帽笠为主,男子多戴耳环。至元大德年间以后,蒙、汉间的士人之服就各认其便了。

明朝的皇帝冠服、文武百官服饰、内臣服饰,有祭服、朝服、公服、常服等,其样式、等级、穿着礼仪可谓繁缛。一般男子服饰以袍衫为主,形式多样;儒生文士则以襕衫、直裰为常衣;妇女服饰主要有袍衫、袄、霞帔、褙子、比甲、裙子等。

清代官服以顶戴花翎显示其不同的身份和地位。官服中的礼冠名目繁多,有朝冠、吉服冠、常服冠、行冠、雨冠等。

古人说的“胄”是什么东西

在我国古代,人们通常把保护身体的用具叫作“甲”,而把保护头部的用具叫作“胄”。所以,“甲胄”一词便成了我国古人对整套护具的称谓。

传说在上古时代,蚩尤部落最先发明了防护头部的用具,战时既能护头,又可触人。新石器时代的“胄”,多是用藤条或兽皮制成的。

用青铜制作的“胄”在商代出现。目前,我国发现最早的青铜胄是河南安阳出土的商代制品。战国时期,“胄”的外形很像当时的饭锅——鍪,所以被称作“兜鍪”。唐宋以后,“兜鍪”才正式叫作“盔”。这种铁制的头盔,作为我国古代军队中普遍使用的护头装备,一直使用到清代末年。其后,西式钢盔传入中国,成为士兵专用的防护装备,但其形状已与古代“兜鍪”大不相同了。

古老的“甲”已成为历史文物,而“胄”却以另一种崭新的面貌演变成大家今天所见到的钢盔,并在现代战争中继续发挥作用。

古代人的“袜子”是什么样的

根据考证,中国人在夏朝时就开始穿袜子了。两周时期,袜子是用熟皮和布帛做的,富贵人家可穿丝质的袜子。袜高一般长约一尺余,上端有带,穿时用带束紧上口。其色多白,但祭祀时所穿的袜子则为红色。讲究的人家多用绢纱做袜子,并在上面绣上花纹。秦汉时,有进门脱鞋袜的习俗。

由此可见,我国缝制袜子的工艺至少已有两千年以上的历史,比欧洲国家要早得多。

"乌纱帽"从由来开始就是官员的专属品吗

东晋时,在都城建康的官府中做事的人,流行戴用黑纱做的帽子,人称"乌纱帽"。到了南北朝时,这种帽子在民间流传开来。这时的"乌纱帽"是百姓们常戴的一种便帽。

隋唐时,天子文武百官都戴乌纱帽。但为适应封建社会的等级制度,隋朝用乌纱帽上的玉饰多少显示官职大小。宋太祖赵匡胤登基后,对乌纱帽的样式进行了改革,即以乌纱帽上的花纹来区别官阶的高低。

明代开国皇帝朱元璋定都南京后,作出规定:凡文武百官上朝和办公时,一律要戴乌纱帽,穿官服,束腰带。另外,取得功名而未授官职的状元、进士,也可戴乌纱帽。从此,"乌纱帽"才成为象征官员的一种标志,而并不是从一开始就代表着官位。

哪个朝代的官服和"衣冠禽兽"有关

现实生活中,人们喜欢用"衣冠禽兽"这个成语来比喻那些伪君子。然而,这个词最早却是来自明朝官服上的图案。

据史料记载,"衣冠禽兽"源出明朝洪武年间,朱元璋定都南京之后,下诏拟订大明官服制度,重点就在于衣服上的"官补",文官绣禽,武官绣兽。由此可见,"衣冠禽兽"在明代就是地位、权力的象征,而毫无贬义。那为何后世要把"衣冠禽兽"作为一个贬义词呢?

原来,明朝中期以后,宦官弄权、外戚干政,曾经广受推崇的“衣冠禽兽”自然也为百姓们所痛恨。明代陈汝元在《金莲记》中第一个将这个词用作贬义,即“人人骂我为衣冠禽兽”。此后,人们渐渐就淡忘了“衣冠禽兽”的本义,而把它用在了贬低别人的话中。

如何从明朝的官服图案中看出官职

经过元代蒙古人的统治之后,明朝恢复了汉族的传统服饰体系,明太祖朱元璋重新制定了服饰制度。

明代太监刘若愚在《酌中志》一书中,就记述道:“制后襟不断,而两旁有摆,前襟两截,而下有马面褶,从两旁起。”由此可见,当时服装所采用的质料和纹样,都有一定的规定。

《明史·舆服志》也记载了,“正德十三年,群臣大红储丝罗纱各一。其服色,一品斗牛,二品飞鱼,三品蟒,四、五品麒麟,六、七品虎、彪;翰林科道不限品级皆与焉;唯部曹五品下不与。”

明代皇帝的常服以黄色的绫罗为主,并且上面绣着龙、翟纹及十二章纹。

如何从清代服饰看官位

清朝的官制在我国古代封建社会中是最具代表性、最完善的,分九品十八级官阶。其官服也是最具特色的,不同的服饰代表着不同的官阶。

文官一般以飞禽图案做补,朝冠上用不同的宝石来显示等级。如一品为仙鹤补,朝冠顶饰东珠一颗、上衔红宝石,吉服冠用珊瑚顶;之后,随官品等级的层次由高到低，二品为锦鸡补，三品为孔雀补，四品为云雁补，五品为白鹇补，六品为鹭鸶补，七品为鸂鶒补，八品鹌鹑补，九品为练雀补。

武官则是用不同的动物来做补，朝冠也用宝石来显示品级。如一品用麒麟图案作补，朝冠顶饰东珠一颗、上衔红宝石，吉服冠用珊瑚顶；而九品则是海马补，朝冠阳文镂金顶，吉服冠用镂花素金顶。

是黄帝的妻子发明的蚕丝吗

蚕丝，乃我国古代文明产物之一，其发现与使用当为极早之事。相传，黄帝的妻子嫘祖来到了一片桑树林，经过观察发现，一条蠕蠕而动的虫子口中吐出的细丝绕织而成白果。嫘祖给这虫子取名为“蚕”，给它织成的白果取名为“茧”。自此以后，栽桑养蚕缫丝织绸做衣就在嫘祖的领导下开始了。后人为了纪念嫘祖的功绩，尊称她为“先蚕娘娘”，有的地方还建庙祭祀她。

虽然这只是一个美丽而动听的传说，但至少也可以说明，我国最早是用野蚕丝织造丝绸的，后来才改用家蚕丝。丝绸的出现比棉布要早得多，大约在上古时代，就有了原始的蚕丝纺织技术。

据考古发现，约在4700年前中国已利用蚕丝制作丝线用来编织丝带和简单的丝织品。商周时期的人们用蚕丝织制罗、绫、纨、纱、绉、绮、锦、绣等丝织品。

蚕丝中用量最大的是桑蚕丝，其次是柞蚕丝，其他蚕丝因数量有限未形成资源。蚕丝质轻而细长，织物光泽好，穿着舒适，手感滑爽丰满，用于织制各种绸缎和针织品，并广泛用于工业、国防及医药等领域。

哪个朝代开启了"丝绸之路"

由于唐朝在中国历史上有着非常大的影响,尤其是在与西域各国的贸易方面。所以,今天不少人就认为丝绸之路始于唐朝。

其实,"丝绸之路"有广义与狭义之分。广义的"丝绸之路"是古代中西方商路的统称,狭义的"丝绸之路"仅指汉唐时期的通往西域各国的贸易之路。"丝绸之路"的起始时间在史学界尚无定论,但在公元前5世纪,中国丝绸已从陆路传入波斯,再被转贩至罗马帝国。

汉武帝刘彻于建元二年(公元前139)派张骞出使西域,探索通向西域各国的道路。元狩四年(公元前119)张骞再度出使西域,其副使分赴大宛(今费尔干纳)、康居(今阿姆、锡尔两河流域)、大月氏(今阿富汗中西部)、大夏(今阿富汗北部)等地,从此开通"丝绸之路"。

新莽时期丝路中断。至东汉,班超在重开"丝绸之路"中功绩卓著,曾派甘英使大秦(罗马帝国),至条支(今伊拉克)遇西海(今波斯湾)而返,这是汉代人沿"丝绸之路"西行最远者。隋唐时期,"丝绸之路"空前繁荣,胡商云集东都洛阳和西京长安,定居者数以万计。

"丝绸之路"的开辟是人类文明史上的一个伟大创举,也是古代东西方最长的国际交通路线。

为什么中国古代女性"不穿裤子"

在一些古装影视剧中,古代女子的衣服除了裙子就是长袍,从来没有一个像今天的女子一样穿裤子的。这是为什么呢?

《易经》里有句话,“黄帝、尧、舜,垂衣裳而天下治”。我国古时候,男人上衣下裳,女人就只穿长袍或裙子。当然,裙里面也不是光溜溜的两条腿。裙里面所谓的裤称作“胫衣”,只是用来遮住两条小腿。当然,古代女子只穿裙子,主要还是和我国封建社会的文化传统有关。

倒是南北朝时期的胡女,穿着到臀部的短褶,腰间束带,下身是裤口很宽的大口裤,显得十分精神。胡服热潮席卷唐初风尚,不少女子穿翻领长袍,束带,穿紧口裤和皮靴。

“拜倒在石榴裙下”这句话是怎样得来的

在今天的社会中,人们常常把男子对女子的爱慕或崇拜笑称为“拜倒在石榴裙下”。可是,人们为什么会这样说呢?它有什么特殊的来历呢?其实,这句话的来历与唐朝的杨贵妃有关。

传说杨贵妃非常喜爱石榴花,并喜欢穿着绣满石榴花的彩裙。唐玄宗投其所好,在华清池西绣岭、王母祠等地广栽石榴树。每当石榴花竞放之际,唐玄宗便会设酒宴于“炽红火热”的石榴树下。后来,由于唐玄宗过分宠爱杨贵妃,不理朝政。大臣们不敢指责唐玄宗,便迁怒于杨贵妃,对她拒不施礼,杨贵妃对此很是无奈。

一天,唐玄宗设宴召群臣共饮,并邀杨贵妃献舞助兴。可是,杨贵妃端起酒杯送到唐玄宗嘴边时,向他耳语道:“这些臣子大多对臣妾侧目而视,不行礼、不恭敬,我不愿为他们献舞。”唐玄宗闻之,感到宠妃受了委屈,便立即下令要求所有文官武将,见了杨贵妃一律行礼,拒不跪拜者,以欺君之罪严惩。

众臣无奈,凡见到杨贵妃身着石榴裙走来,无不纷纷下跪行礼。于是,“拜倒在石榴裙下”的典故便流传下来,成了用于形容男子爱慕或崇拜女子的一句俗语。

古人为什么管女人的小脚叫作“金莲”

讲到“三寸金莲”，人们不禁要问，妇女因缠裹而形成的小脚为什么会被称为“金莲”？“金莲”与小脚是怎样联系起来的？长期以来，虽然人们对这个问题倍感兴趣，却没有得出一个令人满意的答案。

对此，有学者认为，小脚之所以称为“金莲”，应该从佛教文化中的莲花方面加以考察。莲花出淤泥而不染，被视为清净高洁的象征。佛教传入中国后，莲花作为一种美好、高洁、珍贵、吉祥的象征也随之传入中国，并为中国百姓所接受。在中国人的吉祥图案中，莲花占有的地位也说明了这一点。因此，以莲花来称妇女小脚当属一种美称。

为什么要在“莲”前加一个“金”字呢？这其实是出于中国人传统的语言习惯。中国人喜欢以“金”修饰贵重或美好的事物，如“金口”“金銮殿”等。在以小脚为美的封建社会中，“莲”字旁加一“金”字而成为“金莲”，也属一种表示珍贵的美称。

古代的“嫁衣”真的很绚丽吗

古代婚礼，对于女子出嫁所要作的准备，光是从其嫁衣上便可以见其复杂程度。

新娘服饰，以江苏吴县一带最为讲究。按当地俗规，凡新婚女子必须有三套服装在举行婚礼时和婚礼后穿戴。第一套：棉裤，俗称“贴肉棉袄夹裤”，是男方迎亲时送给新娘穿的。第二套：头上戴珠冠，粉红色绣凤穿牡丹等花纹的花衣、花裙，是与花轿一起租来的，并且，这一套仅在花轿上和举行婚礼仪式中穿戴。第三套:土布衣,靛青色土布包头巾,靛青色土布夹衫、蓝底白花印花土布裤,靛青色土布长襦裙,裹小腿的桃红色印花土布卷绑,蓝印花土布袜,绣花板趾头鞋,这一套在婚后劳动时穿戴。

在浙江富阳一带,当花轿抬到女家,放在簸箕上面时,新娘才开始化妆换衣,换好小衫裤后,要立在蒸桶上面穿红棉袄和红棉裤。有趣的是新娘头上戴好凤冠,准备穿大红裙时,要拿 12 个鸡蛋从裤腰里放下去,并从裤脚下滚出来,相传这样可使新娘婚后不论哪个月生孩子都能又快又顺利。

陕北一带旧俗中,新娘子的打扮很是有趣。准备上轿的新娘,穿上红衣、绿裤、花鞋,并在头上戴鲜花,可是俗规要用锅黑把新娘漂亮的脸蛋涂得黑漆漆的,与鲜艳、漂亮的服装形成了巨大的反差。传说,假若不这样做,新娘在迎娶途中会被鬼怪截去。

由此可见,古代女子的嫁衣具有浓厚的地域色彩,同时也体现出了我国不同的地域文化之间的差异。

女子是从什么时候开始流行佩戴耳坠的

耳坠是女子耳饰中不可缺少的一部分,随着时代的进步,耳坠的种类也越来越多。

在北京周口店的中国猿人遗址,就已经发现有用石头、兽牙或贝壳制成的耳饰。在古代,人们把耳饰叫作“珥”“瑱”“珰”。在出土的汉代文物中,有不少用石、玉、水晶、玛瑙制成的耳饰。由此可见,古人戴耳坠有着悠久的历史。

相传古代有一位姑娘因为眼病导致了双目失明。后来,一位周游各地的医生用闪闪发光的银针在她两侧耳垂中各刺一银针后,奇迹出现了,姑娘重见光明。姑娘非常感激,便请银匠制作了一对耳环戴在耳上,以示永不忘记那位医生的恩德。

当姑娘戴上银耳环后，不但眼睛好了，而且愈发漂亮了。这件事情传开以后，很多姑娘和妇女都纷纷效仿，而女子戴耳坠的习俗便由此流传开来。

为什么唐代女子“以胖为美”

当今社会，瘦身几乎成了所有女子追求美的一种首选方式。为了拥有所谓的骨感美，有的女孩甚至不惜以自己的生命为代价。然而，在中国古代，尤其是唐朝时期的女子，却以胖为美。这是为什么呢？

首先，因为唐代在中国历史上是个比较繁荣昌盛的时代，人们丰衣足食，拥有健康丰满的体格。其次，唐代的国力强盛与文化发达，使唐人充满自信，所以当时的人们追求的是体态丰满。最后，统治者的血统，也决定了唐人对健硕体魄更加欣赏。唐代开国皇帝李渊的外祖父是鲜卑族人，有着健硕的体魄。因此，唐朝历代国君，均宠爱体态丰满的女性。

当时所崇尚的“丰肥浓丽”，并不单纯是指女性体态上的肥瘦。可以说，这种审美取向是一种全方位的审美理念，所体现的是一种力量型的、开放的文化视野。

唐人喜爱牡丹，而牡丹的花形正是高贵丰满；唐人塑造的骏马形象，都是膘满臀圆；唐代影响最大的颜体书法更是肥硕、庄严、浑厚。韩愈有诗道：“书贵瘦硬吾不取。”也体现了唐人的价值取向。由此可见，唐人以胖为美的审美观念也是当时社会文化的一种体现。

古代人穿内衣吗？他们管内衣叫什么

在不同的时代，语言上就会有不同的特征。就像同一个物品，古今却有着不同的名称。当然,这里所说的内衣也不例外。

古代人对内衣的称呼可谓是多种多样,不同的时代有不同的叫法。在古代,对于内衣,较早的称谓是"亵衣"。其中,"亵"意为"轻薄、不庄重",这也体现了中国人的思想自古就比较含蓄。

汉朝人把内衣叫"抱腹""心衣"。两者的共同点是背部袒露无后片。魏晋时期,人们把内衣叫"两当"。"两当"与"抱腹""心衣"的区别在于它有后片,"两当"最初是北方游牧民族的服饰,后来才传入中原。

唐代以前的内衣肩部都缀有带子,但在唐代,则出现了一种无带的内衣,称为"诃子"。宋代人把内衣叫"抹胸"。"抹胸"穿着后上可覆乳,下可遮肚,整个胸腹全被掩住,因而又称为"抹肚"。元代,内衣叫"合欢襟";明代叫"主腰";清代则叫"肚兜"。

一件小小的内衣就有这么多的名称,可见我国的文化真是博大精深。

旗袍是满族人创造出来的服饰吗

大家在很多有关清代的古装影视剧中看到,满族人把自己称作是旗人,而这很容易让大家联想到旗袍。难道旗袍就是旗人的衣服,它是满族人创造的吗?

其实,"旗袍"的形成是在民国时期,而它也的确是由满族女子所穿长袍演变来的。由于满族人又称为"旗人",故将满族女子所穿的长袍称为"旗袍"。在清代,女式服饰可谓是汉满并存。清初,满族女子以长袍为主,而汉族女子仍以上衣下裙为时尚。清中期,汉满互有仿效。到了清代后期,满族效仿汉族的风气日盛,甚至出现了"大半旗装改汉装,宫袍截作短衣裳"的情况,而汉族仿效满族服饰的风气,也于此时在一些达官贵妇中流行起来。

到了20世纪20年代,受西方服饰影响,经改进之后的旗袍逐渐在广大妇女中流行起来。这种旗袍是汉族人在吸收西洋服装样式后,并通过不断汉化和改进,才进入千家万户的。

唐朝人穿的衣服和现在的“唐装”一样吗

现在的不少人认为唐装就是我国唐代男子所穿的服饰样式。其实,这种看法是错误的,现在的“唐装”并不是唐代男子所穿的服装样式。

在唐代,“幞头纱帽”和圆领袍衫才是男子最主要的服饰。“幞头”是一种包头用的黑色布帛。传统的冠冕衣裳,也就是人们所说的正装,只有在隆重的场合才穿,如祭祖的时候。在唐初至开元年间这一百多年的时间里,袍服的用途非常广泛,上至帝王,下至百官,礼见宴会均可穿着,甚至将其用作朝服。

现在人们所称的“唐装”,其实只是清末的中式服装。由此可见,现在的“唐装”并不是唐代男子所穿的服装样式。

古代未婚女子和已婚女子在装束上要有所区别吗

早古代,人们从一个女子的装束就可以看出她是未婚还是已婚。下面就来介绍一下古代已婚和未婚的女子装束。

在古代,女子满 14 岁要行及笄之礼,就是通过发式的改变来标示一个成熟阶段的到来。古人认为女子到 14 岁的时候会来月经,从这时起女孩儿就不再留刘孩儿发型,而要把头发盘起来,也就是“发髻”。媒婆一看就知道可以给这个姑娘提亲了。

由此可见,当看到一女子头发盘起,而且还插了簪子,这就说明她已经为他人妇。

为什么僧人要穿“袈裟”

“袈裟”一词，来自梵语，汉译为坏色、秽色、赤色等，指缠缚于僧众身上的法衣，又称作袈裟野、迦罗沙曳、迦沙、加沙。袈裟是僧人最重要的服装。

“袈裟”的制作方法，是先把布料剪成一些碎块后，再缝合起来。因此，也可以把“袈裟”叫作“杂碎衣”或“割截衣”。又根据《四分律》第四十和《四分律删补随机羯磨疏》可知，“袈裟”是由阿难尊者奉佛指点，模拟水田的阡陌形状缝制而成。

“冠”是什么东西？和帽子一样吗

人们的生活离不开帽子，有时是为了漂亮，有时则是为了遮风挡雨。可是，你知道古代的帽子是什么样吗？古人把帽子还称作什么？

在古代，帽子的别称就是冠。但是，冠的形状和现在的帽子并不一样。

先秦时代，冠是用来显示贵族身份的服饰标志。在封建社会中，有资格戴冠的除了统治阶级外，还有服务这个阶级的士。在汉代，冠分十几种之多，以供不同身份的人在不同的场合使用。

那么，当时的老百姓又戴什么呢？经专家学者考证，当时的老百姓经常会用巾包头或扎发髻。所谓的巾，就是用丝或麻织成的布。汉末黄巾起义军的农民战士，他们没有冠，只用黄巾包头。直到现在，西南人民仍用“帕子”包头，而这就是古代“巾”的遗风。

你知道有用"鱼皮"做的衣服吗

说到用兽皮制作衣服，现在的人都觉得那是原始社会的事情了，哪还有现代人直接穿兽皮的呢？事实上，这种现象就是在现代社会也是存在的。

中国东北的赫哲族是一个古老的民族，他们世世代代以捕鱼为生，以鱼肉为粮食，甚至以鱼皮为服装，以鱼骨为装饰品。这种独特的鱼文化在中国各民族中恐怕是绝无仅有的，难怪赫哲族在历史上曾被称为"鱼皮部"。

在《桦川县志》《西伯利亚东偏纪要》《皇清职贡图》等古代典籍中，都对赫哲族人的服饰有所记述，足见赫哲族人制作鱼皮服饰的历史非常久远。

赫哲族人制皮用的鱼，都是重达几十斤甚至几百斤的大鱼。制皮时，先将鱼皮整张剥下，去鳞后晒干，再经过揉搓、木槌捶砧等"熟皮"工序，使鱼皮变得像布料一样柔软；然后，用红、黄、蓝、绿等色彩鲜艳的植物染料染色，这样才可以加工成各种衣服。

然而，兽皮衣服却不是赫哲族人所独有的，东北地区许多民族都有制作兽皮衣服的高手，其中，鄂伦春族人制作兽皮衣服的技艺更是胜人一筹。他们喜爱的兽皮衣服有狍皮男女袍、鹿皮裤、狍头皮帽、狍皮袜、各式狍皮手套等。

苗族的服饰文化有何独特之处

走进贵州、广西的苗岭山寨，人们不仅会被这里山清水秀的景色和质朴淳厚的民风所吸引，更会对苗家千姿百态、瑰丽多彩的服饰发出由衷的赞叹。

由于苗族人大多居住在较为高寒的山区，因此男女的服饰宽大庄重、粗犷厚实、花纹繁多、色彩艳丽。男子一般青布包头，上着大襟或对襟短衣，下穿长裤。女子的服饰与男子相比，则更为多样，有穿大襟右衽上衣和宽脚裤的，也有穿无领上衣和绣有宽大花边衣裤的，更有穿长短不一的百褶裙的，式样非常多。

苗族姑娘人人善于织布、绣花以及制作衣服，并且，还喜欢用自己手织的布料缝制节日和婚事的盛装。苗族的家织布多蓝紫、乌亮，且结实耐用，它是用蓝靛染料反复染、漂、捶、蒸而成。在家织布缝制的衣装上，勤劳聪慧的苗族姑娘用刺绣、挑花、蜡染等多种技艺点缀上五彩缤纷的民族纹饰，如蝶、鸟、龙、凤等动物纹样，朴实庄重的牛角纹样，以及双狮滚球、瓜瓞绵绵等传统图案。

为什么中国的“孝服”用白色

穿着洁白的婚纱，和自己心爱的男人携手步入婚姻殿堂是不少女孩梦寐以求的事情。在西方文化中，洁白的婚纱代表着纯洁、高贵、神圣。然而，在中国，“白色”却是丧服的主要颜色。这是为什么呢？

首先，在中国文化中，“白色”是枯竭而无血色、无生命的表现，象征着死亡与凶兆。古人信奉阴阳五行学说，西方为白虎，属于刑天杀神，主肃杀之秋，因此古人常在秋季征伐不义、处死犯人，以顺应天时。

古人在服丧期间要穿白色孝服，丧事也被婉转地称为“白事”。此外，主家还要设白色灵堂，吃“白饭”（米饭），出殡时打白幡、洒白钱。和白色有关的词组，也带有了不吉利的意味，比如将带来厄运的女人叫作“白虎星”。甚至，白色还象征奸邪、阴险，如戏剧中奸邪之人一般扮为“白脸”。

正是因为中西方文化对于白色的不同理解，才使得白色被用在了截然相反的场合。

“苏绣”是凭借什么而闻名天下的

“苏绣”的发源地在苏州吴县一带，现已遍衍江苏省的无锡、常州、扬州、宿迁、东台等地。为什么苏州出产的刺绣就那么有名呢？

“苏绣”的产地——江苏土地肥沃，气候温和，桑蚕业发达，自古以来就是丝绸之乡。优越的地理环境，绚丽丰富的锦缎，五光十色的花线，为“苏绣”的发展创造了有利条件。据西汉刘向《说苑》记载，早在两千多年前的春秋时期，吴国已将“苏绣”用于服饰。三国时代，吴王孙权曾命丞相之妹手绣《列国图》。这些都说明“苏绣”的悠久历史。

“苏绣”在工艺上的独到之处，是其他刺绣所不能及的。据《清秘藏》记载，“宋人之绣，针线细密，用线一、二丝，用针如发细者为之。设色精妙，光彩射目。”由此可见，在宋代，“苏绣”艺术已具有相当高的水平。

现在，“苏绣”的工艺仍具有极高的水平，深受国内外消费者的欢迎。2006 年 5 月 20 日，“苏绣”经国务院批准列入第一批国家级非物质文化遗产名录。2007 年 6 月 5 日，经国家文化部确定，江苏省苏州市的李娥瑛和顾文霞为该文化遗产项目代表性传承人，并被列入第一批国家级非物质文化遗产项目 226 名代表性传承人名单。

第4章

民间风俗的流传

为什么在东北地区，不少妇女喜欢叼着大烟袋

昔日东北农家的炕上，有两样东西是不可缺少的，一个是妇女做针线活的“针线篓”；另一个便是装旱烟的“烟笸箩”。抽烟和做针线活一样，是每家日常生活中必不可少的。待嫁出阁的大姑娘，本应是最文静、娴雅的，但在过去也时不时地叼着大烟袋，这的确让人感到很惊奇。

在古代，烟草进入我国的路线主要有两条，一是从菲律宾传到我国东南沿海地区；另一条就是从俄罗斯进入我国东北地区。又由于东北地区的土地很适合烟草生长，所以久而久之，“关东烟”就闻名天下了。

一般情况下，不同年龄段女子吸烟所用烟具是不同的。年轻女子吸烟一般是在家里，习惯用细长的烟袋杆，烟锅也相对小，称为“坤烟袋”。“烟荷包”是年纪较大的妇女用的，多为扁圆形。然而，老太太用的烟袋杆特别长，一般在二尺以上，这样的烟袋装好烟后，通常由自己的晚辈帮忙点着，或者自己伸到灶火和炕上的火盆里点着。在东北民间，手拿长烟袋成了老太太的标准形象。

虽然，在外人看来姑娘叼着大烟袋是一种不文雅的行为，但是在东北地区，由于当地的人文环境和民俗习惯，此现象是被人们所认可的。

新娘出嫁的时候为什么要盖红盖头

新娘头上的红盖头，来源于一个神话传说。据唐朝李冗的《独异志》记载，传说在宇宙初开的时候，天下只有女娲兄妹二人。为了繁衍人类，兄妹俩商议，要配为夫妻。但是，他们俩又觉得害羞，便一起向上天祈祷说：“天

若同意我兄妹二人为夫妻，就让空中的几个云团聚合起来；若不让，就叫它们散开吧。”话一落音，那几个云团冉冉近移，终于聚合为一。于是，女娲就与兄成婚。但即使这样，女娲还是觉得不好意思，很难为情。为了遮盖羞颜，便结草为扇用来遮盖，而这也许就是盖头最早的雏形了。然而，以扇子遮脸，终不如丝织物轻柔、简便、美观，因此后来就被柔软的丝织物所代替了。

孩子周岁时为什么要“抓周儿”

我国民间小孩满周岁时要举行“抓周儿”礼的风俗，始于宋代，并一直流传至近代。虽然清末民初时的“抓周礼”没有了古代那种复杂的礼仪，但亲朋好友还是要循例往贺，聚会一番。

古人的“抓周儿”仪式一般都在中午吃“长寿面”之前进行。一些讲究的富户都要在床前陈设大案，上摆印章、儒释道三教的经书以及笔、墨、纸、砚、算盘、玩具等。如是女孩“抓周儿”还要加摆铲子、勺子（炊具）、剪子、尺子（缝纫用具）、绣线、花样子（刺绣用具）等。但是，在一般人家，这样的排场是讲究不起的，仅用一铜茶盘，放上《三字经》或《千字文》一本、毛笔一枝、算盘一个、烧饼油果一套。如果是女孩就再放上铲子、剪子、尺子各一把。由大人将小孩抱来，令其端坐，不予任何诱导，任其挑选，视其先抓何物，后抓何物，以此来测卜其志趣、前途以及将要从事的职业。

那么，古人为什么要“抓周儿”呢？古人认为通过小孩“抓周儿”，在客观上反映了母亲对小孩的启蒙教育是怎么样的。因此，有些家长虽然并不迷信，但是仍然主张让小孩“抓周儿”。而这也是此风俗得以持久在民间流传的原因之一。

“五色丝线”系臂的习俗你知道吗

中国古代崇拜五色，以五色为吉祥色。端午节的清晨，大人们起床后的第一件事就是在孩子手腕、脚腕、脖子上拴五色丝线。并且，在系线时，禁忌儿童开口说话。五色丝线不可任意折断或丢弃，只能在夏季一场大雨或第一次洗澡时，抛到河里。据说，将五色丝线扔到河里，意味着让河水将瘟疫、疾病冲走，儿童由此可以保安康。

在古代，用五色丝线系臂是一种很流行的习俗。应劭的《风俗通》里记载，五月五日用来系臂的五彩丝线，又叫作“长命缕”“续命缕”“五色缕”“朱索”“百索”等，后来发展成为端午节必备的物品。现在，由于绣花用的丝线，颜色多且艳丽，用色比较灵活，端午节这一天，人们用它代替古时的五色丝线系在小孩臂上。

年画中的老寿星为什么都是大脑门

寿星，又称南极仙翁，他是由一颗星辰转化而来的，这颗星在天文学里的名字是船底座 α 星，位于南半天球南纬 50 度左右，在中国北方地区其实很难看到。司马迁《史记 · 天官书》中记载，秦朝统一天下时就开始在首都咸阳建造寿星祠，供奉寿星。

历史上也流传着寿星一词来源于老子的说法。老子姓李名聃，字伯阳，楚国苦县曲仁里人，是我国古代的哲学家，后被神化为道教始祖。《神仙传》中说他在周朝已三百多岁，生来满头白发，头顶隆突，广额大耳，长眉宽鼻，方口厚唇，额刻三五纹理，耳有三个漏门，性情恬淡无欲，主张无为而治。后人们以长寿的他为偶像，顶礼膜拜。祝人长寿，常用“寿星”相称。因而后人便按照这种说法描绘出了寿星的“大脑门”。

当然寿星的大脑门儿，也与古代养生术所营造的长寿意象紧密相关。比如丹顶鹤的头部就高高隆起，再如寿桃是王母娘娘蟠桃会上特供的长寿仙果。传说是3000年一开花，3000年一结果，食用后立刻成仙长生不老。或许就是因为这种种长寿意象融合叠加，最终造就了寿星的大脑门儿。

其实不光如此，古代均视“天庭饱满”为福相，而老寿星又无疑是长寿多福的代表人物，因此把额头做得足够丰满也体现了人们对寿星的重视，对长寿多福的无限渴望之情。

为什么本命年要穿戴红色衣饰

本命年的说法在民间非常流行。在南北民俗中，都有通过在本命年挂红来辟邪躲灾的传统。因此，在民间，人们每逢本命年对红色就特别钟爱。

红色是火的颜色，可以用来辟邪，象征着吉祥，这种观念早在原始社会就已经存在。并且，随着时代的变迁，中国人对红色的喜爱程度上升到了近乎崇拜的高度，如新年贴红对联，汉族人结婚用的红嫁衣、红盖头、红蜡烛，以及古时新科的红榜等。因此，不少人在自己本命年来临的年三十，便早早地穿上红色内衣或系上红色腰带，甚至将随身佩戴的饰物也用红丝绳系挂。而这些为本命年辟邪的红色物品，通常被人们称为“本命红”。

你知道“回门”是怎么回事吗

旧时汉族婚俗中，有一种叫作“回门”的婚俗，即成婚后三天、六天、七天、九天、十天或满月，女婿要带着礼品跟着妻子返回娘家，来拜见妻子的父母和亲戚。在这个之后，婚俗仪式才能真正意义上的结束。

其实，这种习俗起于上古，称为“归宁”，其真正的意思是为婚后回家探视父母。后来，在演变的过程当中，不同的时期又有不同的叫法。宋代，称为“拜门”；清代，北方称“双回门”，南方称“会亲”，河北某些地区称“唤姑爷”，杭州称“回郎”；近代，在婚后第三天，又称“三朝回门”。此习俗表示女儿不忘父母的养育之恩赐，女婿感谢岳父母将掌上明珠嫁予自己，以及新婚夫妇恩爱和美等意义。一般来说，回门的这天新娘家要准备丰盛的宴席，而且新女婿要坐在上位，由新娘家的长辈陪着。新婚夫妇通常要在当天回来，或者留住数日。如果需要留住的话，新婚夫妇也不一定要同居一室。

古人饮酒有什么讲究你知道吗

中国人喜欢饮酒，并形成了悠久的酒文化；而我国不少民族尤其喜欢饮酒，他们的饮酒方式多种多样，并都有着自己的特色。

海南等地的黎族人热情好客，通常会用自家酿造的山栏酒来招待客人。他们饮酒主要分三个阶段：第一阶段，叫“腔斧昂”，其间，主人与客人边饮酒边叙情谊；第二阶段，叫“痹熬”，就是主人与客人都要喝得酩酊大醉；第三阶段，叫“吞卓丘”，即主人与客人要对唱当地民歌。

贵州东南一带的苗族人在接待来客时，要敬牛角酒。牛角酒并不是酒的名字，而是当客人到的时候，主人要用外形美观且雕有花纹的水牛角为客人敬酒，同时，还要有几位姑娘在客人胸前挂两三只紫红色彩蛋，表示吉祥如意。而客人则要双手捧住牛角，一饮而尽，然后才能进入苗寨。

藏族人十分好客，远方客人到来时，都会献上青稞酒。藏族人喝酒时尤为讲究，主人斟满一杯，让客人先喝一口，添满再喝一口，这样连添三次、喝三口,最后满杯喝干,这叫"三口一杯"。并且,劝酒时,主人通常要唱祝酒歌,以活跃气氛。如果客人不能喝酒,可用无名指蘸点酒,举手向右上方弹三下,而主人见此也就不会勉强。

生活在甘肃省的裕固族人好酒,而且酒量不小,不少人能一顿喝4斤白酒,有的妇女也能喝上斤把,而以酒待客是则是裕固族人的传统习俗之一。他们通常是先吃后喝,吃饱之后再喝酒。裕固族人喝酒从来不就着菜,只是喝酒,并且,他们还有个老规矩,即用各种名目向客人敬酒,千方百计地把客人灌醉,似乎只有这样才尽到主人之谊。同时,裕固族人敬酒都是敬双杯,即无论在场有多少人、只有两只小酒杯。

此外,裕固族划拳之风甚盛,并且程序复杂、花样繁多,几乎男女老少都会划拳。裕固族划拳有两种,一种是叫拳,与汉族的差不多;另一种是哑拳,是以出指头的先后顺序来确定输赢,并且,如果双方出的是不相邻的两指,则无胜负,需要重出。在日常生活中,只有妇女、小孩或不会划叫拳的人才使用哑拳。

你知道"抢孤"是怎么回事吗

"抢孤"也可以说是一种竞赛活动,只是被人们赋予了一些美好的祝福。"抢孤"是在搭设很高的"孤棚"上摆放供品,让众人抢夺,以吓退鬼魂。由于"抢孤"具有一定的危险性,因此清朝时下令禁止了很长一段时间。后来,部分地区恢复举办"抢孤"活动,并沿用旧习架设"孤棚",但对争夺的方式进行了一定的改善。

在搭建"孤棚"时,有许多禁忌,如上下主普坛的人员必须吃素斋戒,戴孝者不得接近。在活动期间,女性不能碰仪式上的任何器皿,而且要远离活动场地,以防出现危险。"抢孤"在七月的最后一天午夜举行。比赛时,棚柱上涂满牛油，参赛者以叠罗汉的方式，踩在队员肩上向上攀登，登上“孤棚”后再向上攀登“孤栈”，而在攀登过程中所抢下的食物则丢下供棚下的人们捡拾，最后取得栈顶的“顺风旗”就算夺标。民间认为抢得“顺风旗”的人，就可以得到神鬼的保护，而如果将“顺风旗”插在船桅上，就可以保护船上的人一帆风顺。

“鸡蛋用草拴着卖”是怎么回事

在云南的元阳、绿春、金平等山区，“鸡蛋用草拴着卖”的现象随处可见。

“鸡蛋用草拴着卖”与当地的地理环境有关的，云南多山，坡陡谷深，山路崎岖，外出行路不是爬高下低，就是跨沟过坎。因此，山区的运输主要是靠背箩、背筐、背架、背袋及背绳等背具。走在崎岖不平的山路上，就像踩梅花桩一样，一不小心，脚就会卡在石缝里，或者扭了脚脖子。这个时候，别说新鲜鸡蛋，就是煮熟的鸡蛋也会被折腾碎。然而，用草拴的鸡蛋则无一破损，完好如初。

“鸡蛋用草拴着卖”这种买卖方式，计算容易，不以个算，也不计斤两，而是以串论价，十分简便。

“认干亲”的规矩你知道吗

“认干亲”在某些地区也叫做“打老契”“认干娘”，这是民间的一种育儿习俗，流行于河南各地。民间普通百姓的子女，为求其健康成长，父母便将其“认”给人丁兴旺之家做“干儿子”或“干闺女”。周口一带多与刘姓、程姓结干亲，取“留”“成”之谐音，以祝福子女能健康成长，并且长大后能有出息。

这样的仪式通常在干亲确定以后，选择一个良辰吉日举行。干娘拿一个碗、一双筷及一件衣服送至干儿女家，并由其款待一番，随后便结成干亲，讲究之家也有写“承继帖”的。在周口民间，人们举行的“干儿出生”仪式，也是十分有意思的。由干娘缝制一条不连裆的裤子，让所认干儿女从裤裆中钻出，以示干娘亲生。其后每年干娘都要为其干儿女“挂锁”，即用一红线穿一枚铜钱，挂于干儿女脖颈上，一岁穿一枚，且要穿至十二岁。届时，再由干娘为其“脱锁”，即干儿女的亲生母亲用锁将带着铜钱串的儿女拴在桌腿上，然后再由干娘用钥匙打开，从此，干儿女便成为“大人”了。之后，干亲之间逢年过节仍要来往。这种风俗到今天仍然十分流行。

你知道“走百病”的习俗吗

“走百病”是明、清以来流行于北方的民俗活动，多半是在正月十五或十六这两天里举行。这天，妇女们要穿着节日盛装，成群结队走出家门，走桥渡河，登城摸钉求子，并且直到夜半才能回家。这是一种美好的祈福活动。

山东龙口市的妇女在“走百病”的活动中，必须过西关的月牙桥。山东莒县农村男女老少这两天都要到野外走一走，谓之“走老貌”，意思就是说每年走一走，就会让自己青春永驻。山东鄄城的人们一大早就到村外散步，甚至骑上牛、马、驴、骡在大路上奔跑，谓之“跑百令”，意思等同于“走老貌”。

这些说法，虽然只是人们的美好愿望，但是在开春之季，到户外运动一下，总是有益的。

彝族婚礼中的“跳菜”是什么

“跳菜”，看到这个名字时，大家可不要认为此为一道什么菜。其实，它是彝族民间的一种类似于舞蹈的活动。“南涧跳菜”是云南南涧彝族自治县无量山、哀牢山一带彝族群众举行婚丧等活动时必不可少的。逢喜事，以“跳菜”助兴；遇丧事，以“跳菜”化悲。“跳菜”把彝族人粗犷豪放的性格表现得淋漓尽致。

表演“跳菜”的人被称为跳菜师，通常在一个场合只能有两个名跳菜师。跳菜师手里托着托盘，盘中摆满了大碗的菜，在唢呐等乐器声中边跳边舞。近十几年来，乡土气浓郁的“跳菜”经过加工后与更多的人见面，乡土艺术家们从彝家山寨开始走向世界舞台。

为什么古代儿童流行穿虎头鞋

虎头鞋是一种中国传统民间手工艺制作的童鞋，因鞋头呈虎头模样，故称虎头鞋，北方也有地区称其为猫头鞋。在漫长的历史中，这样一件平常的物品，也被人们赋予了不少含义。

虎头鞋的制作工艺非常复杂，仅虎头上就需用刺绣、拨花、打籽等多种针法。鞋面的颜色以红、黄为主，虎嘴、眉毛、鼻、眼等处常采用粗线条勾勒，以夸张地表现虎的威猛。这样的虎头鞋既有实用价值，也有观赏价值。同时，它又是一种吉祥物，用来驱鬼辟邪，保护孩子没病没灾。其实，大家现在知道，一个人的灾病不只是一双虎头鞋所能决定的，但在古代这都是长辈对下一代的美好祝福，也是一种风俗习惯。

什么是“走马灯”你知道吗

正月十五元宵节，民间要挂花灯，而“走马灯”则是其中最重要的一种。

走马灯又叫跑马灯、串马灯制作时,用毛竹编织成马头、马尾,再在其身上糊上颜色鲜艳的纸或丝绸,最后将绘好的图案粘贴其上就成了。燃灯以后,热气上升,纸轮旋转,灯屏上即出现物换景移的影像。

早在宋朝的时候,就已经有了走马灯,当时称"马骑灯",此名字是一个很形象的比喻。元代谢宗可咏走马灯诗云:"飙轮拥骑驾炎精,飞绕人间不夜城;风鬣追星来有影,霜蹄逐电去无声。秦军夜溃咸阳火,吴炬霄驰赤壁兵;更忆雕鞍年少日,章台踏碎月华明。"更是将走马灯描绘得活灵活现。

在过去,走马灯一般在春节等喜庆的日子里才表演,多由二十来个十一到十四岁的少年组成,边跳边唱,并根据节奏的快慢形成不同的队形,有喜庆、丁财两旺、五谷丰登的寓意。

中国古时候有贺年卡吗

在古代,上层士大夫有用名帖互相投贺的习俗,这也许就是中国最早的贺年卡了。宋人周辉在《清波杂志》中描述,在新年贺节的时候,由下人们拿着这种名帖来拜年。当时,士大夫交游广,若四处登门拜年,既耗费时间,又耗费精力,因此有些关系不大密切的朋友就不亲自前往,而是派仆人拿一种用梅花笺纸裁成的卡片(卡片上面写有受贺人姓名、住址以及祝福语)前往自己的朋友家代为拜年。明代人们以投谒代替拜年,如明朝杰出画家、诗人文徵明在《贺年》诗中描述:"不求见面唯通谒,名纸朝来满蔽庐;我亦随人投数纸,世清嫌简不嫌虚。"这里所言的"谒"就相当于现在的贺年卡。

贺年卡用于联络感情和互致问候,既方便又实用,及至今日仍盛行不衰。

古人真的用抛绣球的方式选夫婿吗

在现在的不少古装影视剧中，都会有用抛绣球的方式来选夫婿的场面。但事实上，这种选夫方式，在古代的现实生活中，是行不通的。这只是戏剧、小说家的艺术创作。

封建社会的婚姻讲究父母之命，媒妁之言，同时还要考虑门当户对等因素。因此，家长对自己儿女的婚姻都不能轻率决定，更不要说由儿女自己决定去自由恋爱了。即使，偶有自由恋爱者，也常会受到主流社会的排挤与否定。

正是对封建婚姻制度的不满和对美好爱情的向往，使很多戏剧、小说家将抛绣球的情节写进了自己的文学作品中。但是，这样的情形在古代是没有的，只是他们的一厢情愿罢了。

土家族迎接贵宾的方式你知道吗?

土家族人热情好客，通常一家人家里来贵客，全寨的人都会前来迎接。昔日，凡有贵客到来，都会放铁炮以迎。铁炮如大鞭炮一般大小，竖立于铁匣上，放起来震天动地。如果一时没有铁炮，则会鸣放猎枪表示欢迎。听见炮声，寨里的人如同听见号令一样，一齐出来，迎接贵宾。而主人则立即煨茶、装烟，做油茶汤。席上，要喝大碗酒，吃大块肉，同时，还要请寨上有威望的老人来陪客。

土家族人的火塘，四季不熄。冬天围塘取暖，平时就火用鼎罐做饭。土家族人耿直豪爽，守信如一，有良好的道德风尚。亲朋邻里之间，遇到婚丧嫁娶，或是建房之类的事情，以及天灾人祸，都会互相关照。遇上结婚，全寨人甚至可以三天不开伙，一齐去贺喜，帮着迎亲、过礼、布置新房、做饭安席以及照料客人。从这些风俗习惯中，大家可以看到土家族人基本保留了古代氏族部落的遗风。

苗族有什么特别的婚俗讲究

旧时苗族婚俗，青年男女通常在恋爱、婚姻上比较自由，但是一般在族内异姓间通婚。中华人民共和国成立后，则发展为男女双方自由恋爱成婚为主。苗族的婚姻一般有恋爱、提亲、订婚以及举行婚礼等仪式。

苗族青年男女通过自己参加采花山、跳月等节日活动，在歌舞中寻找自己的心上人。当双方确定真诚相爱后，请媒人向双方父母求亲，并协商定男方向女方送的聘礼数目，并带酒肉给女方姑舅亲友吃，而后才可算作订婚。

在苗族家庭中，一般是男性长者为家长，弟兄长大结婚后可分家，父母年老由幼子供养。婚姻有父母包办和自由恋爱两种形式。在苗族的包办婚姻中，通常为女大男小。并且，此婚姻形式通常在亲戚之间确定，即一般在姑娘几岁时，由男方父母送与幼女衣裙等礼物来议定终身。

发展到现在的自由婚姻，各地苗族所采用的形式不一。但是，基本上都具有青年男女自由恋爱的方式。

无论何种形式，青年男女一般都要通过对唱山歌来选择配偶。求爱山歌多半是随编随唱，而歌词则视对方追求的深度而不断变化。

“轧神仙”和“石湖串月”是什么

传说农历四月十四为八仙之一吕洞宾的仙诞，俗称“神仙生日”。神仙庙在苏州阊门虹桥下塘,即原福济观。旧时,这一天前往神仙庙进香膜拜的人络绎不绝。传说这一天,吕洞宾会混在熙攘的人群之中,而有疑难病症的人,往往有机会得到他的救治。因此,这一天的人特别多,大家都想碰碰运气,得到仙人的恩惠,俗称“轧神仙”。虽然,现在的节日没有了以往的那种寓意,但每逢“轧神仙”之日,神仙庙附近仍然是人山人海,各类日用、观赏的小商品应有尽有,从而成为民间的庙会活动。

每年农历八月十八日,苏州旧有泛舟石湖赏月之俗,称“石湖串月”,也就是平常所说的“游石湖”。石湖位于苏州城西南。在皎洁的月光下,湖光山色,塔影画桥,风帆渔舟,风光旖旎,令人心驰神往。是夜,月光穿过石湖行春桥桥孔映入水中,也有说是月影穿过上方塔铁链环孔,倒影恰成—串。这个时候苏州人出游石湖,盛况空前,大小船只倾城而出,游船、灯船交织如梭,热闹非凡。

客家人为什么对数字“九”情有独钟

散居各地的客家人,对于数字“九”特别钟爱。在客家话中,“九”与“久”同音,故客家人把“九”,视为“吉祥”的象征,有“崇九”风俗。

客家人建新房子,通常要挑选与“九”相关的日子,如初九、十八等。而且,建楼房的层数和房间数也要是“九”的倍数,认为这样可以长久同居共处。“九”在客家人的婚姻嫁娶中显得尤为重要,男女双方相亲、换帖,一般都选与“九”有关的日子,聘金尾数要带“九”,如 1999 元,迎亲的队伍也要凑足 9 人,凡礼品都要 9 方为吉利。客家人做寿,寿粄要做 81 或 360 个,所用菜都暗切成三块、六块或九块,如三鲜汤、炖狗肉(狗偕九)、韭菜豆腐、重阳(九九)寿糕等。

又由于“九”与“韭”谐音,因此小孩破学启蒙都要吃韭菜。客家歌谣也用“韭”谕“九”，如“燕子含泥过九江，妹子送郎出外乡，九月九日种韭菜，两人交情久久长。”客家人对九的重视，还表现在把初九的日子视为良辰吉日。春节后，出门做工、经商的人一般要到初九这天才离家启程，期望在新的一年里吉祥如意、兴旺发达。

纳西族人有哪些待客习俗

纳西族主要聚居于云南省丽江纳西族自治县。纳西族原是中国西北古羌人的一个分支，大约在公元三世纪迁徙到丽江地区定居下来。

早在一千多年前，纳西族就创造了自己的文字——东巴象形文字。东巴象形文字，纳西语叫作“森究鲁究”，被中外学者誉为“纳西族古代的百科全书”。

纳西族人热情好客是世人皆知的，每当猎获归来，凡是路上遇见的行人都可分一份猎物。贵客临门，主人要做六样或八样菜进行款待。纳西族忌讳骑马到寨前不下马，也不能把马拴在祭天堂的地方；不能登踏三脚架，也不能翻弄灶里的灰；进行祭天堂、祖先等仪式的时候，不许外人观看；忌坐在门槛上和用刀斧在门槛上砍东西。有的地方还忌在家里唱山歌；不许杀耕牛、驮马以及公鸡；忌食狗肉。

纳西族主要从事农业、畜牧业，手工业也有发展，“丽江马”闻名全国。纳西族普遍信奉“东巴教”，少部分人信仰喇嘛教。

“入洞房”的传统是怎样来的

中华民族文明史发展到今天，人们仍然把结婚称为“入洞房”，而且就是到现在也没有人把“入洞房”改为“入楼房”。其实，这一习俗是来源于古代原始社会的风俗。

据说，这是轩辕黄帝规定下来的。黄帝战败蚩尤后，建立起部落联盟，制止了群婚，结束了野蛮时代。但是，由群婚制度遗留下的抢婚之风却时有发生，不光男抢女，还有女抢男。时间一长，部族矛盾激化，部落之间面临重新分裂的可能，黄帝经常为这件事愁眉不展。

有一天，黄帝随同一群大臣巡察人民居住的洞穴。突然发现一家人住在三个洞穴，为了防止野兽侵害，周围用石头垒起高高的围墙，只留下一个人能出进的门口。这个现象一下子打开了黄帝的思路。于是，黄帝对群臣说：“今天咱们看了民众们所居住的洞穴，我想到了制止群婚的一个办法，就是今后凡配成一男一女夫妻，结婚时，先聚集部落的群民前来祝贺，举行仪式。然后，再将夫妻二人送进事前准备好的洞穴（房）里，周围垒起高墙，出入只留一个门。今后，凡是部落中结婚入了洞房的男女，这就叫正式婚配，再不允许他人乱抢。为了区别已婚与未婚，凡结了婚的女人，必须把蓬乱头发挽个结。这样，人们一看就知道这女人已结婚，其他男子再不能另有打算，否则就犯了部落法规。”

黄帝讲完这个主张，立刻就得到众大臣的支持。于是，黄帝叫仓颉写个法规，公布于众，而这个法规同样也得到了各个部落人民的支持和拥护。人们都争着为自己儿女挖洞穴（房）、垒高墙，而群婚这一恶习就这样逐渐消失了。

“五福临门”中的“五福”指什么呢

在日常生活中，很多人都知道“五福临门”这个成语，但很少有人知道“五福”指的是什么。

“五福临门”中的“五福”与人们的生活息息相关。其中，第一个“福”是“富贵”，钱财富足、地位尊贵；第二个“福”是“好德”，宽厚宁静、生性仁善；第三个“福”是“长寿”，福寿绵长、命不夭折；第四个“福”是“康宁”，身体健康、心灵安宁；第五个“福”是“善终”，善能久远、有始有终，身无疾病、寿终正寝。

古人认为，如果缺少一个“福”的话，人生就不能算作完整。只有五个“福”合起来，才能成就幸福、美满的人生。比如，有的人富贵而健康情况不佳；有的人虽然长寿却穷困潦倒等。

但是，在现实生活中，谁都不可能拥有十全十美的人生，而“五福临门”只是古人对美好生活的一种向往罢了。

“黄道吉日”中的“黄道”是什么意思

我国古人在很早以前就已经有“二十八宿为日月舍”的认识了。这就是说，早在形成二十八宿体系的时候就已经有黄道的概念了。西汉的《甘石星经》中明确提出了“黄道规”，也就是天球上的“黄道圈”。但“黄道”最初只是古人观察到的太阳在天球上的周年运行的轨道，用以说明日、月、五星的运行和节气的变化。后来，古人把黄道附近按照由西向东的方向，分为十二等分，即为“十二次”。并且，还将这十二等分用二十八宿中某些星宿作标志。

黄道本来只是古人观察到的太阳运动的轨道，并没有吉凶祸福的含义。但是，我国古人非常敬天，以天为乾、为君、为父，认为它“主御群灵，司万物生死”，具有无上的威力，所以称之为“司命”。就这样，我国古人将其神化，甚至说它代表着某一个星宿，也开始对万物的滋长或是人们的出行产生着影响。而太阳以其具体可察的形体，给人类带来光明与温暖，并哺育大地万物，使之发育、长养、成熟，给人类的繁衍提供源源不断的衣食之源。后来，又不知何时，太阳运动的轨道竟变成了天上皇帝居九重之内出入所履之道，并美其名曰“天黄道”。

民间常敬的财神有哪些

每逢新年，家家户户都会悬挂财神像，希望得到财神保佑，以求大吉大利。

财神也因时因地而有所不同。财神，一般认为有所谓的“正财神”赵公明，“文财神”比干、范蠡，“武财神”关羽等。其中，最为人们熟知的财神，则是“正财神”赵公明。

（1）赵公明——专司人间财富之神。在民间奉祀的财神中，影响最大的当推赵公明。旧时年画中，赵公明的形象多为头戴铁冠，手持宝鞭，黑面浓须，身跨黑虎，面目狰狞。因此，人们又称其为“正财神”。

（2）比干——公正无心，纣王之叔。在民间年画中，比干的神像为文官打扮，头戴宰相纱帽，五绺长须，手捧如意，身着蟒袍，足登元宝。

（3）范蠡——生财有道的陶朱公。范蠡是春秋战国之际杰出的政治家、思想家及谋略家，同时，他还是一位生财有道的大商家。范蠡父子在齐国海边耕种土地，勤奋治产不久，就积累家产数十万金。这是天下人所共知的，但范蠡一生艰苦创业，积金数万，善于经营，善于理财，又能广散钱财，故称其为文财神。

（4）关羽——忠诚信义为本的关公。关羽在中国是一个家喻户晓、妇孺皆知的人物。近代以来，越来越多的人把关公作为全能保护神、行业神及财神。

除了以上介绍的这些财神之外，还有偏财神，这是就财神所在的神像位置而言的，多是指被称为“五路神”的财神。

壮族人生小孩有什么习俗

壮族小孩诞生后，曾流行“拜花婆”的习俗。“花婆”又叫“花神”，是壮族的生育之神，也是儿童的守护神。按照当地的传说，一个个可爱的小宝宝，原本是花婆所种神花的花朵，但这些花朵是不会轻易到人间落户。为了让这些花朵早日降临人间，因此壮族人就要在婴儿出生之前举行一种“安花”“架桥”仪式，即给花朵架一座“桥”，好让其平安到达求嗣之家。

“安花”耗费很大，过去柳江壮族人“安花”，要牵来一头黄牛，绑好牵绳，脖子上挂一个花环。道公作法后，一人手持长棍，末端夹的尖凿对准牛头，另一人用长柄木槌猛击凿干，牛当即倒地，然后宰杀大宴宾客，此俗谓之“劈牛”。“架桥”也叫“安桥”，大新县壮族人是用两条竹片在路上搭“桥”。马山县则是用一幅红布，请师公喃摩作法。环江县也用红布，不过“桥”是架在求嗣妇女的卧室门外，另外，还要用纸剪成小孩的形象，以竹竿插在红布边，再以竹片在田野小沟上架竹桥，因此他们一般架的是双桥。壮族人就是以这些方式祈盼“花神”的出现。

为什么古代行刑要在“午时三刻”

大家在影视剧当中经常看到古人行刑总是选在“午时三刻”，那么，古人行刑为什么要在午时三刻呢？

古代的“午时”大概就是现在的中午十一点至十三点之间，午时三刻是将近正午十二点，太阳挂在天空中央，是地面上阴影最短的时候。这在古人看来是一天当中“阳气”最盛的时候。中国古代一直认为杀人是“阴事”，无论被杀的人是否罪有应得，都要避免他的鬼魂纠缠作出判决的法官、监斩的官员以及行刑的刽子手等和他被处死有关联的人员。因此，行刑要在阳气最盛的时候，以压抑鬼魂不敢出现。这应该就是古人习惯在“午时三刻”行刑的最主要原因。

传统婚姻中的“六礼”都有什么

现在的青年男女，感情发展到一定的程度，想要成家，只要符合年龄和相关法律规定，就可以拿到结婚证书。但是在古代，婚姻远没有这样简便，而是形成了一整套繁琐的“六礼”。

一要“纳采”。一个小伙子一旦看中某姑娘，家里也喜欢，那就开始行动了。先由小伙子家请媒人向姑娘家里提亲，并且要用一只大雁向姑娘家正式求婚。这是因为，大雁的配偶是终身专一的，象征着忠贞、和谐。

二要“问名”。现代社交礼仪中是不兴问女士年龄的，而“问名”却是古代婚姻中必不可少的第二道程序，这便是小伙子家让媒人去问清楚姑娘的姓名和生辰八字。

三要“纳吉”。上面的“问名”可不是白问的，小伙子家里要到宗庙里占卜一番看看两个人生辰八字是否合拍，两个人结合是吉兆还是凶兆。

四要“纳征”，又叫“纳币”。这就相当于现在的送彩礼，小伙子家里向媒人和姑娘家送三样礼物——深红和浅红两种颜色组成的衣物，五匹长帛，一对鹿皮。

五要“请期”。这便是要选择一个黄道吉日来举行婚礼。并且，在选好之后，还要由媒人带一只大雁去通知姑娘家。

六要“迎亲”。经过这么多的程序，饱受苦等煎熬的小伙子终于可以带上队伍去姑娘家里迎娶自己的心上人了。

虽然，“六礼”非常严谨，并且步骤明确，但要男方家耗费巨大的财力和精力，这对贫苦人家来说是非常不容易做到的。在今天的婚姻中，“六礼”的遗风还是存在着的，只是表现的形式与古代有所不同罢了。

“幽契”是什么东西你知道吗

古代，死者入土时，会有一些陪葬品，其中，“幽契”是最不可缺少的。中国古代社会是农业社会，人活着离不开土地，死后也离不开土地。那么，活着有地契，死了以后怎么办呢？于是，就产生了一种人与鬼蜮之间的土地契约关系，即“幽契”。

“幽契”又称“墓别”，是葬于墓内的类似于“地契”的迷信品。签订这种“契约”的“人”，实际上并没有拥有什么土地财产，只是得到一种心理上的满足，认为这样可以避免在阴间无立身之地了。“幽契”的内容，除少数的与当时的地契一样，绝大多数的内容充斥着封建迷信的思想。比如，“幽契”说墓地是从“后土”等神灵处买来的，土地四至为“东至青龙，西至白虎，北至玄武、南至朱雀”，土地的总价值是“九万九千九百九十九贯文”，见证人是“西王母、东王母”。

你知道回族地区的集市有什么讲究吗

回族地区的集市通常都是有日期的，有单日集、双日集以及单双日交叉集，如在西北地区一般有“一、四、七”，“二、五、八”，“三、六、九”。到期叫“逢集”，过期叫“破集”。

通常情况下，回族的大集全天，小集到中午就可以散了。一般回族群众都喜欢赶早集，有的路远的还赶五更。集市都有固定的经营区域，并在大区域内根据交易的物品，分成若干小市，如山东、河南、青海、甘肃、宁夏、新疆等地的集市，都有不同的小市，也就是相当于现在所说的牲畜市、皮毛市、发菜市、木材市、蔬菜市等专业市场。

回族人在集市上谈论价格的方式也是独一无二的，不是像汉族人那样大声叫卖，而是采用"掏麻雀"的交易方式。如在西北回民聚居的毛皮市场上，随处可见回族生意人将羊皮搭在胳膊上来回走动，即卖者把羊皮抱在怀里，把手藏在羊皮底下，先用手势开价，买者把手伸到羊皮底下，去摸卖者手里开出的价格，自己再开出还的价。这样讨价还价的方式是一种十分有趣的商业习俗。

为什么中国人结婚时要喝"交杯酒"

喝"交杯酒"，是我国婚礼程序中的一个重要程序，在古代又称为"合卺"（"卺"的意思本来是一个瓠分成两个瓢），古语有"合卺而酳"一说，孔颖达解释道："以一瓠分为二瓢谓之卺，婿之与妇各执一片以酳（即以酒漱口）。"由此可知，"合卺"就是古人在婚礼上用酒来漱口的意思。再到后来，"合卺"则被引申为结婚的意思。

据说，这一习俗源于先秦时期，唐代时除了沿用瓢作酒器的习俗外，也可以用杯子代替。到了宋代，新婚夫妇喝交杯酒时用的是两个酒杯，先饮一半后再换杯共饮，饮完后则将酒杯一正一反掷于床下，以示婚后百年好合。

清末，交杯酒仪式已发展成为"合卺""交杯""攥金钱"三个部分。如今的婚仪中，"按杯于床下"之礼已被革除，"攥金钱"已被"掷纸花"所代替，但是喝"交杯酒"的礼仪仍然实行。

你知道保安族的婚俗吗

保安族的婚礼一般在主麻日（即星期五）举行。婚礼当日由男方率亲朋数十人的迎亲队去迎娶新娘，其中要有两位年轻貌美的妇女参加。在女方家进行祝福仪式时，阿訇要从窗口向院里撒出一盘红枣和核桃，而院子里的年轻人就要开始争抢，表示吉祥如意、早生贵子、夫妻和睦的意思。然后，由新娘村里的年轻人向新郎讨要“奴工木哈”，即羊羔肉。这样做的意思就是向新郎说明，他不能白娶走村里的姑娘，是要付出一定代价的。

当女方家的送亲队送新娘离家时，让新娘从自己的房门到大门外倒退走出，退一步，撒一把用油麦、豆、玉米、茯茶等混合而成的五色粮，以将幸福留给父母。在新婚之夜，全村人会聚集在院内唱“宴席曲”，有问有答，十分热闹。婚礼接近尾声时，人们会跳起舞来，并且边跳边向大门退去。新娘嫁入男方家后三天内，不能吃婆家的饭，而由娘家送来，以示不忘父母的养育之恩。

山西人为什么要在喜庆的日子里“抹红”或“抹黑”

在山西省的运城市、永济县、芮城县等地，流行着一种奇特的风俗，那就是在喜庆的日子里，要给长辈“抹红”或“抹黑”。比如，儿子结婚时，要给父母“抹红”或“抹黑”。在儿子生下小孩以后，也要给小孩的爷爷、奶奶“抹红”或“抹黑”。这种“抹红”或“抹黑”，并不是平常意义上的抹黑，而是带有一种喜庆色彩。

一般“抹红”或“抹黑”时，都由同辈人去完成，而不是由下辈、晚辈去给抹。同辈人抹时,男的给男的的同辈抹,女的给女的的同辈抹。

这种抹,常常是趁其不备而进行的。比如,张大爷的儿子结婚,李大叔前来贺喜,李大叔对张大爷说:“大哥,你们家又添新丁了,恭喜恭喜!”就在说话中间,李大叔已经伸出带着黑色油污的手,趁张大爷不防备,给他抹上去。

无论是“抹红”还是“抹黑”,都有着开玩笑、添彩以及增加喜庆氛围的意味。同时,这种民情风俗,也具有明显的地方特色。

为什么中国人喜欢说虚岁

在通常状况下,中国人有两个年龄——“虚岁”和“周岁”。对于“周岁”是怎么回事,一般人还能说得清楚。而虚岁如何“虚”,却容易让人感到迷惑。

很多人认为,周岁加一岁得出的结果就是虚岁,但这是一个并不准确的说法。其实,很多时候,所谓的“虚岁”一般只用于男人,即“男进女满”,意思是男人按虚岁计算年龄,女人则按实岁计算年龄。照此方法,虚岁也就不只是周岁加一岁那么简单了。

虚岁的具体计算方法是这样的。一个人一出生就算一岁,如果恰好这人出生在农历年年末,那么不但一出生就算一岁,而且一到大年初一又要加一岁。如此算来,这孩子到满实岁一岁时,而虚岁却已经三岁了。

计算虚岁时,春节是一个特别重要的分水岭,每过一个春节,虚岁就得加上一岁。如果一个人的生日是阴历的腊月中下旬,那这个人还没有满月他的虚岁就到两岁了。所以,认为虚岁就是周岁加一岁的这种说法显然是不正确的。

知道了这个道理,大家就会理解,为什么很多老人往往会提前两年过自己的七十大寿、八十大寿。

为什么汉族人会有本命年的说法

本命年就是十二年一遇的农历属相所在的年份，俗称属相年。在传统习俗中，本命年常常被认为是一个不吉利的年份，而在本命年里的人万事都要小心注意。

“本命年”有着悠久的历史传统，而这种传统起源于中国的十二生肖和“崇红”心理。在中国古代，人们用天干地支的组合来记住自己所出生的年份。为了便于记忆和推算，人们就采用鼠、牛等十二种动物来与十二地支相对应的方法，每年用其中的一种动物来作为这一年的属相。而汉族人的本命年就是按照十二生肖循环往复来推算的。一个人出生的那年是农历什么年，那么以后每到这一属相年便是此人的本命年。又由于十二生肖的循环往复，每过十二年，人们就要遇到自己的本命年。

古人的医疗水平不发达，平均寿命比较短，因此人们每度过十二年，就会认为是一个轮回了。又由于我国古人对红色的崇拜心理。因此，便形成非常重视本命年的习俗。

“义结金兰”和兰花有什么关系

“义结金兰”一词来自于《易·系辞上》中记载的“二人同心，其利断金；同心之言，其臭如兰”。其中，用斩断金属的锐利和宛如兰花的香味来形容朋友之间的深厚友情。这样看来，“义结金兰”一词还真是和兰花有关。

有了这些典故，后世就将朋友间情投意合，进而结为异姓兄弟或姐妹的行为，称为“结金兰”（契若金兰）。按照规矩，义结金兰时，还要交换谱帖，称为“金兰谱”或“兰谱”。因此，在民间，结金兰、拜把子又称为“换帖”。在结拜的时候，每人用一张红纸写上自己的姓名、生辰八字、籍贯，以及父母、祖父、曾祖三代的姓名，相互交换。最后，摆上天地牌位，根据年龄的大小，依次焚香叩拜，一起读誓词。

“打牙祭”这个词是怎么来的

“打牙祭”用现在的话来说就是吃好吃的，而古时候则专指吃肉，这是四川人的一种祭祀习俗。此词在四川等地区使用十分广泛，究其来源，主要有三种说法。

一说，旧时厨师供的祖师爷是易牙，每逢初一、十五，要用肉向易牙祈祷，称为“祷牙祭”，后来慢慢就误传为了“打牙祭”。

二说，旧时祭神、祭祖的第二天，衙门供职人员可以分吃祭肉，故称祭肉为“牙（衙）祭肉”。

三说，“牙祭”本是古代军营中的一种制度。古时主将、主帅所居住的营帐前进，往往竖有以象牙作为装饰的大旗，称为“牙旗”。每逢农历的初二、十六，便要杀牲畜来祭牙旗，称为“牙祭”。而这些牲畜的肉（又称为“牙祭肉”），则是被将士们拿来吃掉，称为“吃牙祭肉”。

为什么有些地方结婚要分“红喜蛋”

在江南地区，结婚要分“红喜蛋”，而且不论亲友或陌生人，甚至老年人也可以向新娘子“讨红喜蛋”。而作为新婚家的人,则是笑脸相迎,来者不拒。这一风俗习惯,已有非常悠久的历史了。

结婚分“红喜蛋”来源于一个有趣的传说。“刘备招亲”是东吴都督周瑜用的计谋。周瑜想用假招亲、真扣留的计策,拿刘备当人质交换荆州。不料这一计策早就被刘备的军师诸葛亮识破。诸葛亮设下了“锦囊妙计”,其中有一条就是“红喜蛋计”,即刘备去东吴时,带上大量染成红色的鸡蛋。并且,到了东吴后,逢人便分,一无遗漏。同时,还说这是皇室礼仪,十分隆重。而没分到“红喜蛋”的人,还纷纷到刘备住的驿馆去讨。刘备更是来者不拒,一般来客让手下人分,若是头面人物则亲自动手分,大造了招亲舆论。东吴本来没有这种风俗习惯,都觉得新鲜,便一传十,十传百,弄得家家户户都知道东吴公主孙尚香与皇叔刘备即将成亲了。结果,假戏真做,刘备得个好夫人,而周瑜则落了个“赔了夫人又折兵”的下场。

从此,江南添了个婚俗习惯,每逢结婚便分“红喜蛋”。其实,不管怎么说,“红喜蛋”象征着新婚人家“龙凤呈祥”,是一种美好的祝愿。

“城隍”是用来做什么的

古时候的人把“城隍”看作当地的神,掌管一方事务。城隍是迷信中的一城之主,他的职权范围相当于人世间的县官。道教把城隍当作“剪恶除凶,护国保邦”之神,说他保佑着一方百姓,可以按照地方百姓的请求,旱时降雨,涝时放晴,保证五谷丰登。

其实,在早期的资料记载中,“城隍”不是神,而是指城郊外面的护城河。“城隍”最早的含义是由“水庸”衍化而来的。《礼记·郊特牲》有载,“天子大蜡八,祭坊与水庸。”古人最早信奉的护城沟渠神是“水庸神”,所以在周朝,每当收获之后,或者到了除夕,人们都要祭祀水庸神,也就是城隍神。

自三国时代开始，民间就有了城隍祠。到隋朝时，已有了用动物祭祀城隍的风俗。但当时的城隍神只是一个抽象的神，并没有具体的姓名。

唐朝以后，城隍庙开始发展起来，尤其是到了明朝朱元璋做皇帝时，他对城隍特别感兴趣，并对土地神的上司城隍神格外敬重，便下诏加封天下城隍。至此，城隍才有了现在的“土地神”之意。

“此致”与“敬礼”为什么会在一起使用

大家在写信的时候，通常会在最后写上“此致”和“敬礼”。但大家知道这两个词的意思吗？

要知道这两个词的意思，大家得先从它们在信中的位置说起。比较规整的写法就是在末尾写“此致”，另起一行写“敬礼”。“敬礼”的意思自不必说，这是对收信人的尊重与礼貌。但是，“此致”是什么意思呢？

这就需要大家去了解一下“此”字的用法。在这里，信中的“此”字就是对信里面所说的话的总结之语，是用来概指全文的。“致”字也是有着自己的特殊用法的。大家在一系列会议中总是会听到“请某领导致辞”；写信给某人时，总是会用“致某先生”。从中，大家可以知道这个“致”字就是对尊敬的人毫无保留地给予或呈献的意思。在知道了二者各自的意思之后，大家把“此”“致”二字联系起来就有“上面的话都说给你了”的意思。

第5章

延续的传统节日

我国的二十四节气是怎样划分出来的

早在春秋战国时期，我国就已经开始用土圭来测量正午太阳影子的长短。并且，通过这种古老的方法，我国古人确定了冬至、夏至、春分、秋分四个节气。到秦汉时期，我国则有了完整的二十四节气的概念。

在古代，一年分为十二个月份，每个月份有两个节气。在前的为节气，在后的为中气，后人就把节气和中气统称为节气。从二十四节气的命名，大家可以看得出，古人对节气的划分充分考虑到了各方面的因素和自然现象的变化。立春、立夏、立秋、立冬、春分、秋分、夏至、冬至是用来反映季节的。其中，春分、秋分、夏至、冬至是从天文角度来划分的，反映了太阳高度变化的转折点；而立春、立夏、立秋、立冬则反映了四季的开始。

小暑、大暑、处暑、小寒、大寒五个节气反映气温的变化；雨水、谷雨、小雪、大雪四个节气反映了降水现象，表明降雨、降雪的时间和强度；白露、寒露、霜降三个节气表面上反映的是水汽凝结、凝华现象，但实质上反映出了气温逐渐下降的过程和程度；小满、芒种则反映有关作物的成熟和收成情况；惊蛰、清明反映的是自然物候现象，预示春天的回归。

这些都是我国古人的智慧结晶，为后来的农业发展奠定了良好的基础，也是为后人留下的一笔宝贵的财富。

哪个节气是二十四节气中最早被确定出来的

虽然，古人把一年分为二十四个节气，但毕竟是根据自身对天气的变化的直观感受来划分的，因此其精确度可想而知。然而，夏至却是二十四节气中最早被确定的。

夏至是二十四节气中最为确定的一个节气。公元前七世纪，我国古人采用土圭测日影，就确定了夏至。由于在当时，“土圭”应该是一种比较先进的天文仪器，因此通过它测算出的夏至，就成了二十四节气中最为确定的一个。

夏至从每年的6月21日开始，至6月22日结束。夏至这两天，太阳直射地面的位置到达一年的最北端，几乎直射北回归线，北半球的白昼达最长，且越往北白昼越长。

夏至以后，太阳直射地面的位置逐渐南移，北半球的白昼日渐缩短，民间有“吃过夏至面，一天短一线”的说法。而与此同时，南半球正值隆冬。

为什么人们把春节叫作“过年”

农历正月初一是春节，又叫阴历（农历）年，俗称“过年”。这是中国民间历史最悠久、隆重、热闹的一个古老传统节日。但是，为什么要把春节叫过年？

春节大约有三四千年的历史，原为农历的元旦，即人们通常说的过年。它起源于殷商时期年头岁尾的祭神、祭祖活动。古代的春节又叫作“元日”“新年”“正旦”“岁首”“三元”等。

据考证，将农历大年初一定为“春节”是在辛亥革命以后。1911年10月武昌起义，12月31日革命党人的湖北军政府在发布的《内务部关于“中华民国”改用阳历的通谕》中，明确将（农历的）年节称为“春节”。1949年9月27日，新中国正式成立，中国人民政治协商会议第一届全体会议上，通过了使用世界上通用的公历纪元的提案，把公历的元月一日定为元旦，俗称阳历年；农历正月初一通常都在立春前后，因而把农历正月初一定为“春节”，俗称阴历年。

古时候的人是怎样过春节的

现在的人过春节要走亲访友，而且不同的地方还有不同的风俗习惯。那么，古人是如何过春节的呢？在上古时代，每逢过春节，人们都要杀猪宰羊，祭祀神鬼，祈求新的一年风调雨顺，五谷丰登。

东汉时期，祭祖是春节的重要活动。南朝时期，春节开始有了拜年、饮宴以及娱乐活动的习俗。唐以后至明清时期的春节，人们逐渐开始注重吃的方面。亲朋拜年，主人家必须要准备丰盛的酒宴来招待。《帝京岁时纪胜》记载，普通人家过年，要增添新衣服，还要祭祖祭神，出门迎喜，参药庙，谒影堂，路遇亲友，还要说上几句祝福的话；并且，对于前来拜年春的人，不管是关系好的还是关系不好的，都要和他们喝得酩酊大醉。

汉族人过春节，一般以吃年糕、饺子、汤圆等为主，并且十分注重吃年夜饭。一是，一定要全家聚齐，因为有事而不能来的，要给它留一个座位和一副碗筷，以体现团圆之意；二是，饭食丰盛，把年糕叫“步步高”，饺子叫“弯弯顺”，酒水叫“长流水”等；三是，座次有序，多为祖辈居上，孙辈居中，父辈居下。同时，不分男女老幼，都要喝一些酒。吃饭时，关门闭户，热闹尽兴而止。

为什么春节要放爆竹呢

现在，一般人都认为放爆竹可以制造一种喜庆气氛，并可以给人们带来欢愉和吉利。那么，中国人是从什么时候开始放爆竹的呢？据一些资料显示，古人燃放爆竹是为了驱赶年兽。

据《荆楚岁时记》记载，爆竹在古代是一种驱瘟逐邪的工具，这使得爆竹从产生以来就被披上了迷信的外衣。其实，这完全是由古人的误解所致。据《神异经》说，古时候，人们途经深山露宿，为了煮食取暖，以及防止野兽侵袭，晚上要点篝火。但是，山中却有一种既不怕人也不怕火的动物。人们为了对付这种动物，就想起在火中燃爆竹，用竹子的爆裂声来驱赶这种动物的方法。

到了唐初，瘟疫四起，有个叫李田的人，把硝石装在竹筒里，点燃后产生的浓烈的烟雾驱散了山间的瘴气，制止了疫病流行，这恐怕是爆竹最早的雏形了吧。到了宋代，民间开始普遍用纸筒和麻茎裹火药编成串做成"编炮"（即鞭炮）。到了明清，鞭炮才被运用在了喜庆的场合。

为什么春节要贴春联

在春节期间，贴春联是中国人的一种古老的庆祝方式。

春联，起源于桃符，也就是周朝人悬挂在自家大门两旁的长方形桃木板。据《后汉书・礼仪志》记载，桃符长六寸，宽三寸，桃木板上书"神荼""郁垒"二神。"正月一日，造桃符著户，名仙木，百鬼所畏。"所以，清代《燕京时岁记》上也有记载，"春联者，即桃符也。"

春节贴春联的民俗起源于宋代，并在明代开始盛行。据史书记载，明太祖朱元璋酷爱对联，不仅自己挥毫书写，还常常鼓励臣下书写。有一年除夕，他传旨："公卿士家，门上须加春联一副。"有一次，朱元璋微服出行，看见交相辉映的春联感到十分高兴。当他行至一户人家，见门上没有春联，便很是生气，便命随从去问缘故。

原来这家主人是个杀猪的，不识字，所以写不了春联。朱元璋知道后，并没有怪罪这家人，而是亲自提笔写下了"双手劈开生死路，一刀割断是非根”的春联送给了这户人家。

从这个故事中可以看出朱元璋对春联的大力提倡，也许正是因为他的大力提倡，才推动了春联的普遍盛行。

贴门神的习俗是从何而来

一到春节，家家户户都要贴门神以保平安。但是，对于门神的来历却不是每一个人都能够知道的。

传说泾河老龙王化作人的模样与一个算卦先生打赌，犯下天条。玉皇大帝派魏征在正午三刻监斩老龙。老龙于前一天托梦唐太宗李世民，恳求唐太宗为他说情。唐太宗应允。第二天，唐太宗宣魏征入朝，并把魏征留下来，同自己下棋。但是，在午时三刻，魏征打起瞌睡，在梦中斩了老龙。泾河老龙王的冤魂责怪唐太宗不讲信用，常来索命。为此，唐太宗一病不起，游了阴间，被十阎王谅解，重返阳间。

死里逃生的唐太宗怕泾河老龙王再来索魂，就让秦琼和尉迟恭守门。果然，老龙不敢来闹，平安无事。唐太宗又觉得过意不去，就把二位将军的画像贴在门上，结果照样平安无事。于是，此举亦在民间流传，而秦琼与尉迟恭便成了门神。

是唐太宗发明的“门神”吗

在今天的很多人认为“门神”就是唐太宗为躲避泾河龙王的冤魂而发明的，而且还认为最早的门神就是秦琼和尉迟恭。那么，事实真的如此吗？

其实，“门神”本是道教所奉的司门之神，民间信奉门神，由来已久。据

《礼记·祭法》记载,"王为群姓立七祀,诸侯为国立五祀,大夫立三祀,适士立二祀,皆有'门'……庶士、庶人立一祀,或立户,或立灶。"由此可见,自先秦以来,上自天子,下至庶人,就已经开始崇拜门神。

同时,立何人为门神也是因朝代而异的。比如,汉代把成庆、神荼及郁垒这三位立为门神;唐代是秦琼、尉迟恭以及钟馗;宋以后至明清,门神较多,如祈福财神中的福星、禄星、寿星、禧星以及温峤、岳飞等人。总而言之,唐太宗发明了门神的说法,其实只是民间的一个神话传说而已。

过春节时为什么要吃年糕

年糕又称"年年糕",与"年年高"谐音,意寓人们的工作和生活一年比一年提高。每逢春节,我国很多地区都有春节吃年糕的习俗。但是,这种习俗是因何而来的呢?

年糕作为一种食品,在我国具有悠久的历史。古人对年糕的制作也有一个从米粒糕到粉糕的发展过程。公元六世纪的食谱《食次》就载有年糕"白茧糖"的制作方法,"熟炊秫稻米饭,及热于杵臼净者,舂之为米咨糍,须令极熟,勿令有米粒……"即将糯米蒸熟以后,趁热舂成米糍,然后切成桃核大小,晾干油炸,滚上糖即可食用。

明崇祯年间刊刻的《帝京景物略》一文中记载,当时的北京人每于"正月元旦,啖黍糕,曰年年糕"。由此,不难看出,"年年糕"是北方的"黏黏糕"谐音而来。正是因为人们把对美好生活向往的心态寄托在了食物上,才有了过年吃年糕的习俗。正如清末的一首诗中所云,"人心多好高,谐声制食品;义取年胜年,借以祈岁稔。"

春节吃饺子的习俗是怎样来的

俗话说:“初一的饺子,初二的面。”吃饺子已经成了中国人过年必须要做的一件事,但你知道过年吃饺子的习俗是怎么来的吗?

饺子成为春节不可缺少的节日食品,究其原因:一是,饺子形如元宝,人们在春节吃饺子取“招财进宝”之音;二是,饺子有馅,便于人们把各种吉祥的东西包到馅里,以寄托人们对新的一年的祈望;三是,传说饺子是医圣张仲景发明的,春节吃饺子是为了纪念他。

在今天,人们在包饺子时,常常将糖、花生、枣或栗子等包进馅里。据说吃到吃到糖的人,来年的日子更甜美;吃到花生的人,将健康长寿;吃到枣和栗子的人,将早生贵子。其实,这样做的主要目的还是为了增加节日的喜庆气氛。

古代人是怎样拜年的呢

拜年是中国民间的传统习俗,直至今日仍然是人们辞旧迎新、相互表达美好祝愿的一种方式。那么,你知道古人是怎样拜年的吗?

古时,“拜年”一词的含义是为长者拜贺新年,包括向长者叩头施礼、祝贺新年如意、问候生活安好等内容。遇有同辈亲友,也要施礼道贺。拜年一般从家里开始。初一早晨,晚辈起床后,要先向长辈拜年,祝福长辈健康长寿、万事如意。

长辈受拜以后,要将事先准备好的“压岁钱”分给晚辈。给家中长辈拜完年以后,人们外出相遇时也要笑容满面地恭贺新年,互道“恭喜发财”“四季如意”“新年快乐”等吉祥的话语，左右邻居或亲朋好友亦相互登门拜年或相邀饮酒娱乐。

古时候的春节习俗有哪些现在已经不常见了

春节是我国一个古老的节日，也是全年最重要的一个节日，如何庆贺这个节日，在千百年的历史发展中，形成了一些较为固定的风俗习惯，有许多还流传至今。但现在，随着人们生活条件的改善，物质水平的提高，很多古老的春节习俗便慢慢消失了。

（1）祭灶：糖封灶君嘴。腊月二十三，“小年”这天，传说灶君要上天向玉皇大帝汇报所在的这一家一年来的所作所为，民间都要举行祭灶和送灶的仪式，祈求灶君在玉帝面前多多美言。

（2）扫尘：除旧迎新年。送走灶君后，人们就要开始为春节到来作最后的准备，其中一项就是对家里进行彻底的大扫除。按民间的说法，因“尘”与“陈”谐音，新春扫尘有“除陈布新”的涵义，其用意是要把一切疫病、晦运统统扫出门。

（3）聚财：初一不动扫帚。民间传说正月初一为扫帚生日，这一天不能动用扫帚，否则会扫走运气、破财，还会把“扫帚星”引来，招致霉运。如果非要扫地不可，则必须从外内里扫。并且，在这一天，也不能往外泼水或倒垃圾，怕因此而破财。

（4）婚嫁：百无禁忌赶乱婚。过了腊月二十三，民间认为诸神上了天，百无禁忌。娶媳妇、嫁女儿也就不用选择日子，称为“赶乱婚”。因此，每逢快到年底那几天，举行结婚的人特别多。

在中国的台湾是如何过春节的

台湾地区过年的风俗，基本和大陆相同，但是也有特别之处。

在台湾地区，大年夜全家大小，围坐在火锅周围吃年夜饭，叫做“围炉”。参加“围炉”的人，不论是谁，桌子上的所有的菜都要夹着吃，即使是平日里不喝酒的人，也要象征性地喝一口酒，以讨吉利。

台湾人把拜年叫作“走春”。走春的人每到一家，都会说些吉利话，而主人都会拿出以朱红色木盒或九龙盘盛的糖果，并端甜茶，热情招待，表示主客之间的亲密。客人告辞离去时，主人和客人要向对方的孩子互赠红包。

在台湾地区有一种叫作“避债戏”的娱乐活动。过去，在大年三十晚上，那些欠别人债款而年前又无法还清的人，为了躲避债主上门催债，便会偷偷地跑到庙前的“避债戏”台前“看戏”。这时，如果讨债的人闯进台下来找人要钱的话，那就会引起人们的“公愤”。这台戏，从除夕一直演到新年的早晨。这样，那些躲债的“看戏”者，也就可以安然无恙地回家过新年了。如今，这一习俗在台湾地区的一些乡村里仍然保持，但是早已失去了原来的那种意义。

什么是春节社火

“社火”通常是春节期间各地民间的一种自演自娱活动。它来源于古人对于土地与火的崇拜。

古人认为“社”，就是土地神；“火”，即火祖，是传说中的火神。在以农业文化著称的中国，土地是人们赖以生存的根本，它是人类生存和繁衍生息的基础；火是人们熟食和取暖之源，是人类生存和发展必不可少的条件。

远古时代的人们认为，火是人世间的一种神物，也是具有灵性的东西，所以产生了对火的崇拜，形成了尚火观念。古老的土地与火的崇拜，产生了祭祀社火的风俗。随着社会的发展，人们认识能力的提高，使祭祀社火的仪式逐渐增加了娱乐的成分，成为规模盛大、内容丰富的民间娱乐活动。

农历二月初二这一天有些什么讲究

农历二月初二是我国民间的传统节日——“龙头节”，又称“青龙节”。这一天，人们对年景充满祈盼，并为即将进行的春耕播种而激动，祈求传说中的“龙”能在此时抬头，抖动身子，下一场透雨，以滋润土壤。

这一天，人人都要理发，意味着“龙抬头”走好运，给小孩理发叫“剃龙头”；妇女不许动针线，恐伤“龙睛”；人们也不能从水井里挑水，而要在头一天就将自家的水缸灌满，否则，就会触动“龙头”。

并且，人们要在这一天要吃面条、春饼、爆玉米花、猪头肉等，不同地域有不同的饮食，习俗但大都与龙有关，普遍把食品名称加上“龙”的头衔，如吃水饺叫吃“龙耳”；而发展到现在，人们在“二月初二”主要是吃春饼。

吃春饼又可以叫作“吃龙鳞”。吃春饼时，全家围坐一起，把烙好的春饼放在蒸锅里，随吃随拿。

为什么元宵节要点彩灯

时至今日，每逢元宵节，人们都要张灯结彩、燃放烟花爆竹。由于科技的进步，元宵节的彩灯也变得更加绚丽多姿，并处处体现出高科技的魅力。

然而，为什么要在元宵节张灯结彩？此习俗是怎么由来的呢？对此，也有一个美丽的传说。

在很久以前的大地上，有很多四处伤人的凶禽猛兽。人们为了生存就团结在一起去打它们。然而，人们在驱打猛兽时不小心误杀了一只因为迷路而降落人间的神鸟。玉帝知道后十分震怒，立即下令让天兵于正月十五日到人间放火，要让人间的生灵一个不留地通通被烧死。

天帝有个心地善良的女儿，不忍心看百姓无辜受难，就偷偷下凡人间把这个消息告诉了人们。众人一听，吓得不知如何是好。就在这时，有一位老人想出了一个办法，他说："我们可以在正月十四、十五、十六日这三天，家家户户都张灯结彩、燃放烟火爆竹。这样一来，天帝就会以为人们都被烧死了。"

大家听了都点头称是，便分头准备去了。到了正月十五这天晚上，玉帝往下一看，发觉人间一片红光，响声震天，连续三个夜晚都是如此，以为是大火燃烧的火焰，心中大悦。人们就这样保住了自己的生命及财产。后来，人们为了纪念这次成功，每到正月十五，家家户户都悬挂灯笼，放烟火。久而久之，张灯结彩就成了元宵节必不可少的习俗。

元宵节也是一个情人节你知道吗

大多数人只知道每年2月14日是西方的情人节，而七夕是中国传统的情人节。其实，元宵节也是一个浪漫的节日。唐代的灯市还出现乐舞、百戏表演，成千上万的宫女，民间少女在灯火下载歌载舞，叫作行歌、踏歌。

在当时封建的传统社会中，元宵灯会给未婚的男女交往提供了一个相互认识的机会。在传统的古代社会中，年轻女孩不允许出外自由活动，但在过节时却可以结伴出来游玩。因此，元宵节赏花灯时正好就成为青年女子和外界交谊的机会，未婚男女可以借着赏花灯的机会为自己物色对象。同时，元宵灯节期间也是男女青年与情人相会的时机。

为什么袁世凯下令禁止称“元宵”

元宵节吃元宵，是中华民族的传统习俗，然而，在袁世凯当任总统时却曾有过明令禁止人们称“元宵”的事情。是什么原因让袁世凯发出这样荒唐的命令呢?

相传，当年窃国大盗袁世凯篡夺了辛亥革命成果后，一心想复辟登基当皇帝，又怕人民反对，因此终日提心吊胆。

一天，一个卖元宵的小贩正好在经过他府邸时拉长了嗓子喊：“元——宵!”袁世凯听后居然觉得“元宵”两字谐音“袁消”，有袁世凯被消灭之嫌。于是，他立马让手下发出命令：从今以后，不准有人再称“元宵”，只能称“汤圆”或“粉果”。

然而，老百姓根本就不买他的账，“元宵”两字也并没有因他的意志而取消，反而照样在民间流传。

为什么元宵节要抹黑脸

我国的很多地方都有在元宵节抹黑脸的习俗。你知道此习俗是怎么来的吗？这里有一个有趣的传说。

相传，有一年冬天，山神趁人们熟睡时偷偷把山林点着了。火越烧越大，烧得鸟飞兽窜。猎神赶紧打发林中最美丽的乌鸦去喊人救火。乌鸦费了好大的劲才叫来了一半的人，没办法，乌鸦只得和为数不多的人一起拼命救火，最后乌鸦漂亮的羽毛被熏得漆黑。猎神看了很心疼，气愤地说："靠山吃山的人都不来救火，我一定要降灾给他们。"并让乌鸦去给前来救火的人戴上念珠，并告诉乌鸦，只要是脸被烟熏黑了的人，都会免去灾难。

恰好村里有个特爱干净的俊媳妇，她看到救火回来的家人脸上都被熏得黑一块、紫一块的，就让他们把脸洗干净了。天黑了，救火的人们都睡下了，乌鸦叼着一串珠子落在木桩子上，俊媳妇上前问明了来意后忙说："我家去救火的人，我已经叫他们把脸洗干净了。"乌鸦说："这我可管不着了"，丢下念珠就拍着翅膀就飞走了。

俊媳妇不知如何是好，就在两只手上抹上锅底灰，走到丈夫和大伯还有小叔跟前，按照他们回来时的样子抹上了黑。第二天是正月十六，早晨醒来，男人们发现脸被抹黑了，脖子上还挂了一串珠子，很是奇怪。俊媳妇把这一切告诉了他们，大伯和小叔从心底感谢她，都说她也应该免灾去祸。

这时，正好有只乌鸦飞过来，他们便也给俊媳妇抹了个黑脸。这一年，俊媳妇家没有任何灾祸。乡亲们听说这事后都仿效他们，在正月十五、十六这两天不分老少，相互抹黑，祝愿在新的一年平安如意，得到神灵的保护。

清明节和寒食节是一个节日吗

寒食节亦称"禁烟节""冷节""百五节"，现在的说法是在阴历冬至后的一百零五日，清明节前一二日。据说刚开始推行寒食节的时候，人们是根本不动烟火的，只吃冷食，但在后世的发展中逐渐增加了祭扫、踏青、秋千、蹴鞠、牵勾、斗卵等活动。寒食节前后绵延两千余年，曾经被称为民间第一大祭日。

寒食究竟在清明的前几日？对此，人们也有不同的争论。南朝梁宗懔《荆楚岁时记》里记载，冬至后一百零五天称寒食节，这样算来的话是清明的前两天。但是，唐朝元稹的诗中，认为清明节前一天为寒食节，清明节与冬至本身所处的日期，就有一天的差异。又因为，寒食节和清明节的日子相连，古人便常将寒食节和清明节一起过。久而久之，寒食节和清明节也就没有严格区分了。

为什么清明节是扫墓的日子

现在，清明节成了人们祭扫墓地、祭奠死去的先人的重要节日。那么，你知道清明节扫墓的习俗始于何时吗？

民俗学家们对此作了解释，清明节作为二十四节气之一，最早与墓祭无关。因为在我国古代，只有贵族才有墓，老百姓并没有墓，所以说最初的清明节并不是扫墓的日子。

后来，封建等级不再那么严密，老百姓葬后开始有墓地，但不能称作是“墓”，因为只有贵族才可以称“墓”，老百姓的墓地只能叫“坟”。清明墓祭是贵族活动，百姓不能举行墓祭，只能举行家祭。墓祭分春、秋两祭，有春祈秋报之义。到汉代以后，墓祭在民间逐渐形成风俗，并且流传至今。

为什么“寒食节”不允许生火做饭

“寒食节”又被称为“禁烟节”“冷节”“百五节”，在夏历冬至后一百零五日，清明节前一二日。这一天人们要禁烟火，不许生火做饭，只能吃冷食。为什么要这样做呢？这种习俗源自何时何地？

“寒食节”的由来据说是为纪念春秋时晋国的介子推。介子推当年不畏艰险地跟随侍奉公子重耳。在公子重耳被迫逃亡之时，介子推还把自己的大腿肉割下来熬汤给重耳充饥。

后来，重耳回到晋国做了国君，即后来的晋文公，却没有给介子推任何的赏赐。然而，介子推却毫无怨言，并且带着自己的母亲隐居于深山之中。等到重耳后来想起这个“割股奉君”的贤臣时，心中很是有愧，便亲自来到深山中去寻找介子推。无奈，山中树木茂密，根本就找不介子推。这时，有人给他出主意说：“介之推是个孝子，如果放火烧山，他一定会背着母亲出来。”

结果大火连续少了三天三夜也没见介子推出来。火熄之后，大家进山察看，才发现介子推和他的老母相抱在一起，被烧死在一棵大树下。

后来，晋文公重耳为了尊敬和怀念介子推，就命令在介子推被烧死的这天全国禁火，吃冷食。这个习俗逐渐流传开来，人们把这天定为“寒食节”，不生火做饭，只吃冷食，以表示对介子推的怀念。

清明节插柳驱鬼的习俗是怎样来的

每逢清明，我国民间有插柳习俗。那么，这种习俗从何而来呢？

中国人以清明、七月半及十月朔为三大鬼节，是百鬼出没讨索之时。人们为防止鬼的侵扰迫害，便插戴柳枝。受佛教的影响，人们认为柳可以驱鬼，而称之为“鬼怖木”，如观世音就以柳枝沾水济度众生。北魏贾思勰《齐民要术》中记载，“取杨柳枝著户上，百鬼不入家。”清明既然是鬼节，因此人们纷纷插柳戴柳以辟邪了。

为什么四月初八要“赶天狗”

虽然在民间的神话传说中，天狗是一种神物，但却是民间百姓所不喜欢的。农历四月初八，是江苏省丹徒县宝埝一带的“赶狗节”。这天，家家户户都要捏两种狗，一种是拌泥捏泥狗；另一种是揉面捏面狗。等到晚上月亮出来，农妇们将泥狗丢进河塘，放一阵鞭炮，然后回家蒸面狗吃。

据传说，古时候这一带出现了成群成队的天狗，这些天狗不但偷吃农家的食物，而且还糟蹋田里的庄稼。有一年，四月初八的晌午，这些天狗又来了，它们在麦地里祸害庄稼。人们眼看到粮食被天狗吞噬，急得呼天哭地，乱成一团。这时，走来一位白发仙人，他吩咐大家第二天午时捏泥狗扔入河塘，引诱天狗也跳下去。第二天午时，农民们按照老人的指点，将捏好的泥狗扔入河塘。一时间，天狗们争着跳下河里，不一会儿，都被淹死了。

后来，人们为了保护地里的庄稼，保住丰收的果实，每逢四月初八，宝埝一带的农民们还是要捏几条泥狗扔到河里，以祈福这一年的庄稼可以获得丰收。

端午节是怎样和屈原联系在一起的

据《史记·屈原贾生列传》记载，屈原为春秋时期楚怀王的大臣。他倡导举贤授能，富国强兵，力主联齐抗秦，遭到贵族子兰等人的强烈反对。屈原遭馋去职，被赶出都城，流放到沅、湘流域。他在流放中，写下了忧国忧民的《离骚》《天问》《九歌》等不朽作品，因此后人有时也把端午节称作诗人节。

公元前278年，秦军攻破楚国都城。屈原眼看自己的祖国被侵略，心如刀割，但是始终不愿舍弃自己的祖国，于五月五日，在写下了绝笔作《怀沙》之后，抱石投汨罗江而死，以自己的生命谱写了一曲壮丽的爱国主义乐章。

传说屈原死后，楚国百姓都纷纷涌到汨罗江边去凭吊屈原。渔夫们划起船只，在江上来回打捞他的尸体。有位渔夫拿出为屈原准备的饭团、鸡蛋等食物，“扑通、扑通”地丢进江里，说是让鱼龙虾蟹吃饱了，就不会去咬屈原的尸体了。人们见后纷纷仿效。一位老医师则拿来一坛雄黄酒倒进江里,说是要药晕蛟龙水兽,以免伤害屈原。后来,为怕饭团被水泡散了,人们想出用楝树叶包饭,外缠彩丝,并取名为“粽子”。

此后,在每年的五月初五,就有了赛龙舟、吃粽子、喝雄黄酒的风俗,以纪念屈原。

端午节的别称你知道吗

端午节是中国传统节日之一,可你知道端午节自古有多少种叫法呢?据统计,端午节的名称在我国所有传统节日中最多,达二十多个。

(1)端阳节。据《荆楚岁时记》载,因仲夏登高,顺阳在上,五月正是仲夏,它的第一个午日正是登高顺阳天气好的日子。所以,人们将五月初五定为“端阳节”。

(2)重午节。午,属十二支,农历五月为午月,五、午同音,五、五相重,故端午节又名“重午节”或“重五节”,也有些地方叫“五月节”。

(3)天中节。古人认为,五月五日时,太阳重人中天,故称这一天为“天中节”。

(4)浴兰节。端午时值仲夏,是皮肤病多发季节,古人以兰草汤沐浴去污为俗。汉代《大戴礼》记载,“午日以兰汤沐浴。”

(5)解粽节。古人端午吃粽时,有比较各人解下粽叶的长度、长者为胜的游戏,故又有“解粽节”之称。

(6)女儿节。据明沈榜《宛署杂记》记载,五月女儿节,系端午索、戴艾叶的习俗。

(7)菖蒲节。古人认为“重午”是犯禁忌的日子,此时五毒尽出,因此端午风俗多为驱邪避毒,如在门上悬挂菖蒲、艾叶等,故端午节又称“菖蒲节”。

为什么端午节时门前要挂艾叶

时至今日，每逢端午，人们还有在门前挂上艾叶的习俗。然而，今天却很少有人知道此习俗到底是因何而来的。所以，现在的人们挂艾叶，大多也只是个形式而已。

据资料考证，端午节门前挂艾叶的习俗由来已久。端午在古人心目中是毒日、恶日，因此端午节门前挂艾叶就是为了驱邪。传说艾叶是锁鬼的链子，可驱鬼辟邪。

其实，所谓的驱鬼避邪只是人们迷信的说法而已，真正的原因是由于夏季天气燥热，人易生病，瘟疫也易流行，加上蛇虫繁殖，易咬伤人，因此要十分小心，这才形成门前挂艾叶，以雄黄酒洒墙壁门窗等习俗。这些习俗看似迷信，但其实都是有益于身体健康的卫生活动。

由此可见，端午节在古代，是一个人民群众与疾病、毒虫作斗争的节日，应世代传承和发展。

端午节为什么挂“艾虎”

其实，“艾虎”是一种装饰品。在我国古代，人们对老虎的崇拜达到了顶礼膜拜的程度，认为它可以镇鬼辟邪、保佑平安。《风俗通》里说，老虎是百兽之王，可以吞噬鬼魅，因此可以用来辟邪。由此，民间在辟邪之物中常常以虎的名字命名，其中尤以端午节的艾虎为最具特色。而端午节饰戴艾虎的习俗已有千年以上的历史了。

五月端午节的上午，要在房门特别是有新生儿的房门上挂“艾虎”。艾虎或以艾编剪而成，或以剪彩为虎，粘以艾叶，佩戴在身上。“艾虎”用两个空鸡蛋壳粘在一起，蛋壳上粘些毛发，画成虎形，用线系着，下边再系一串用彩纸剪成的“五毒”形象，象征着五毒被虎吞噬；或者用一个独头蒜系以彩色线，下挂一串“五毒”，叫“蒜艾虎”；或者用刚收割的新麦秸编成古代武士用的六角金瓜形，下垂七缕彩穗，叫“麦秸艾虎”。这些艾虎挂在房门上，既是节日点缀，又能辟邪。

端午节为什么要吃粽子

端午节吃粽子，现在人们都认为这是为了纪念伟大诗人屈原，而且大多数人都认为粽子就是屈原死后才产生的。

然而，据专家考证，最初吃粽子并非是为了纪念屈原，也没有固定在端午节这天。粽子很早就是民间的普通食品，而说端午节吃粽子是祭屈原，是后人附会而形成的，反映的只是民众的心愿而已。

端午节吃粽子，作为全国性风俗最早见于西晋周处撰的《风土记》，“仲夏端午，烹鹜角黍。”到了唐宋时期，粽子已经成为端午节的必备食品。

现在，每年五月初，中国百姓家家都要浸糯米、洗粽叶、包粽子，其花色品种愈加繁多。吃粽子的风俗，不但在中国盛行不衰，而且流传到朝鲜、日本及东南亚各国。

各地的端午节习俗有什么不同

中国地大物博，南北方地域的不同形成了不同的风俗，仅古时端午节的过法，南北方、东西部都是不一样的。

浙江桐卢县乡塾的学童，在这一天要给师长行礼，称之“衣丝”。广东从化县端午节正午，人们以烧符水洗手眼后，泼洒于道，称为“送灾难”。南京人过端午节时，各家皆以清水一盒，加入少许雄黄，鹅眼钱两枚，合家大小均用此水洗眼，称为“破火眼”。

在河北地区，端午节这天，人们忌到井里打水，而要在端午节之前打好水，据说是为了避井毒。在山东邹平县，端午节这天，每个人早起都要喝一杯酒，据说可以避邪。山西解州地区，端午节这天，男女戴艾叶，称为“去疾”，幼童则系百索于脖子上。

在西部地区的陕西兴安州，端午节这天，地方官常常会亲自率领僚属参加竞渡，称为“踏石”。甘肃静宁州，端午节这天摘玫瑰以蜜腌渍为馅；镇原县，则赠新婚夫妇香扇、罗绮、巾帕、艾虎等。

四川有石柱“出端午佬”的习俗。由四人以两根竹竿抬起一张铺有红毯的大方桌，然后毯上用竹篾编一个骑虎的道士。敲锣打鼓，上街游行。然而，正是这些千奇百怪的端午风俗共同构成了中华民族所特有的端午文化。

夏至这天应该做点什么呢

在我国部分地区，有“冬至饺子夏至面”的说法。莱阳一带夏至日荐新麦，黄县(今龙口市)一带则煮新麦粒吃。这是一种具有农家生活情趣的游戏。儿童们用麦秸编一个精致的小笊篱，在汤水中一次一次地向嘴里捞麦子吃。

夏至后便是伏日。在伏日，人们开始食欲缺乏，这就是所谓的“苦夏”。山东有的地方吃生黄瓜和煮鸡蛋来治“苦夏”，即入伏的早晨吃鸡蛋，不吃别的食物。

伏日这天，山东民间都要改善饮食，胶东东部都吃面条，如民谣所唱的那样，“立秋饺子入伏面。”这就是说，立秋的时候要吃饺子，而入伏的时候要吃面条。很多邹城人喜欢喝冰水，有的人还到峄山山洞里避暑。临沂地区的人，甚至还有给牛改善饮食的习俗。伏日煮麦仁汤给牛喝，据说牛喝了上膘，干活力气大，如民谣所唱的那样，“春牛鞭，舐牛汉（公牛），麦仁汤，舐牛饭，舐牛喝了不淌汗，熬到六月再一遍。”同时，入伏后是种秋菜的季节，有“头伏萝卜二伏菜，三伏还能种荞麦”之谚。

为什么在农历六月初六会有晒书、晒衣的习俗

传说，当年唐僧历经千难万险从西天取回的佛经，在回国的途中不幸堕入大海。上苍被他们师徒的诚心所感动，就特意赐给一个大晴天，让他们把经卷晒干，这一天正是农历六月初六。又因为这好天气是上天所赐，所以民间又叫“天贶（kuàng）节”。

后来，人们就围绕着“天晴日朗”这个中心做文章，许多民俗就由此产生了。有晒书晒被的，说是能去除晦气；有晒面做酱的，说是能品高味美；有油刷门窗梁柱的，说是能防水拒蚀等。

这些民俗听起来像是无稽之谈，但细究一下，还是有些科学道理的。因为，农历六月初六正处于小暑过后、立秋之前，此时天气炎热，人们利用阳光中的紫外线集中进行一次灭菌、杀虫的卫生活动，从医学卫生的角度来看是十分合理的。

就晒书、晒衣而论，完全有必要。每年夏季把藏书搬出来晒晒太阳、通通风，散去潮气，杀死蛀虫和细菌，这对书是一种保护。冬季御寒的棉衣、棉被，在夏天晒过之后，除了能消除细菌和潮湿的危害外，还能达到松软棉絮、保温的目的，冬天使用时更暖和。

中国的情人节七夕是怎样来的

七夕节是每年农历的七月初七，而七夕坐看牵牛织女星，则是民间的习俗。七夕节的时候，民间的女子来到花前月下，抬头仰望星空，希望能看到牛郎织女一年一度的相会，乞求上天让自己也像织女那样心灵手巧，祈祷自己能有如意称心的美满婚姻，由此形成了七夕节。

七夕也被称为乞巧节，即是古代女子乞求自己有一双巧手的意思。这个节日起源于汉代，据东晋葛洪的《西京杂记》记载，“汉彩女常以七月七日穿七孔针于开襟楼，人俱习之。”这也许是大家所能见到的关于乞巧节最早的记载。后来的唐宋诗词中，乞巧节也被屡屡提及，这一习俗在民间也经久不衰，代代延续。现在，各个地区的乞巧方式不尽相同，各有趣味。总的来说，都是为了表达姑娘们的一种美好愿望。

全国各地七夕节的不同习俗你知道吗

由于地域文化的差异，同一个七夕节，全国各地的节日活动内容也各不相同，呈现出丰富多彩的特色。

在陕西，七夕节的当晚，女孩子们要用稻草扎成个一米多高的人形，人们把她叫作巧娘娘，并让她穿上女孩子的绿袄红裙，坐在庭院里；女孩子们供上瓜果，并端出事先种好的豆芽、葱芽（妇女们称巧芽芽），剪下一截，放入一碗清水中，并浮在水面上，看月下的芽影，来占卜巧拙；同时，还进行穿针引线、剪窗花的比赛，看一看谁的手更巧。

在福建，妇女、女孩子们摆设香炉和各式祭品，如茶、酒、五子（桂圆、红枣、榛子、花生、瓜子)以及脂粉等。妇女们吃瓜果,并进行乞巧的活动。

在我国其他地区,七夕节的风俗基本大同小异。如在清代,北京还要摆设切成莲花形的西瓜、香瓜等,并于瓜果麦秧上扎彩线,十分美观。在清代皇宫中,有宫女丢巧针的风俗;在颐和园昆明湖上要打浮桥,隐喻天上鹊桥,供皇帝与皇后观玩;同时,还会举办饮宴、演戏等活动。

你知道"中秋祭月"的习俗是来自哪里吗

今天,尤其是在农村地区,"中秋祭月"的习俗仍旧被延续着。但是,为什么要在中秋节祭月?这种习俗是怎么来的?估计很少有人能够知晓了。

"祭月"在我国是一种十分古老的习俗。据史书记载,早在周朝,天子就有春分祭日、夏至祭地、秋分祭月、冬至祭天的习俗。其祭祀的场所称为日坛、地坛、月坛、天坛。分设在东南西北四个方向。北京的月坛就是明清皇帝祭月的地方。

据《礼记》记载,"天子春朝日,秋夕月。朝日之朝,夕月之夕。"这里的"夕月之夕",指的正是夜晚祭祀月亮。这种风俗不仅为宫廷及上层贵族所奉行,随着社会的发展,也逐渐影响到民间。后来,随着朝代的更替,久而久之,祭月被赏月所替代,严肃的祭祀活动就这样变成了轻松的娱乐活动。

人们是从何时开始吃月饼的

时至今日,每逢中秋节,各式各样的月饼可谓是琳琅满目,而且人们做月饼、吃月饼也不完全是为了"祭月",甚至有的地方已经完全没有了这层意思。渐渐地,人们将月饼看成是合家团圆的象征。那么,你知道吃月饼的习俗是从什么时候开始的吗?

南宋吴自牧的《梦粱录》一书,已有“月饼”一词。但对中秋赏月,吃月饼的描述,明代的《西湖游览志会》才有相关的记载,“八月十五日谓之中秋,民间以月饼相赠,取团圆之意。”到了清代,关于月饼的记载就多起来了,而且其制作工艺越来越精细。

月饼发展到今日,品种更加繁多,风味因地各异。其中京式、苏式、广式、潮式等月饼广为我国南北各地的人们所喜爱。

中秋节的其他叫法你知道吗

中秋节是中华民族的传统节日之一。中国历史上的“中秋”一词,最早出现在《周礼》当中。

据史料记载,古代帝王祭月的日子为农历八月十五,而这个时节正值秋季过半,因此叫作“中秋节”;由于这个节日在农历八月,故又称为“秋节”“八月节”“八月会”;由于人们通常在这一天要举行一些祈求团圆的活动,故亦称为“团圆节”“女儿节”。由于中秋节的主要活动都是围绕“月”进行的,因此又俗称为“月节”“月夕”“追月节”“玩月节”“拜月节”;在唐朝,中秋节还被称为“端正月”。

刚开始,中秋节并不被人们所重视。人们真正开始过中秋节,始于宋朝。至明清时,中秋节才成为我国的主要节日之一。

你知道宋朝人是怎样过中秋的吗

据大量史料记载,宋朝人比较喜欢过节,喜欢在特殊的日子里酣畅淋漓地表达自己的幸福感。因此,宋朝有很多的法定节日,而中秋节也就理所当然地成为了一个雅俗共赏的节日。

《东京梦华录》对东京(今开封)的中秋节进行了生动详尽的描述,“中秋夜,贵家结饰台榭,民间争占酒楼玩月……”到这一天,天刚刚黑的时候,月亮刚升上来,京城大街小巷就热闹起来,家家户户张灯结彩,街上的人们就一群一群地相聚在一起……别以为晚会演出是现代的产物,宋朝中秋节的“踏歌”就是一场华丽无比的中秋大戏。据《宣和画谱》记载,“中秋夜,妇女相持踏歌,婆娑月影中。”宋朝的“踏歌”是以金明池畔为背景的实景演出,一群盛装的宫廷女子在月华中联袂为歌,踏地为节,美妙绝伦、如梦如幻。

九月初九重阳节是怎样来的

重阳节的源头,可追溯到秦汉之前。据《吕氏春秋》记载,战国当时已有在九月农作物丰收之时,祭飨天帝、祭祖的活动,以此来感谢上天或感谢祖宗恩德的活动。又据《西京杂记》中记载,西汉时的宫人贾佩兰称:“九月九日,佩茱萸,食蓬饵,饮菊花酒,云令人长寿。”由此可见,从那时开始人们就有在重阳节求寿之俗。

三国时,魏文帝曹丕在《九日与钟繇书》中说“九”为阳数,可以与日月并齐,便将重阳节定为了一个正式的节日。而重阳节的活动,则主要是求长寿、戴茱萸、酿菊酒、赏菊、酿酒及祭扫酒业神等。后来,又添加了敬老等内涵。再后来,由于登高、野宴等活动的加入,使重阳节的节日活动更加丰富多彩。

重阳节登高避疫的习俗因何而来

在我国古代，人们把九叫作“阳数”，农历九月九日，两九相重，都是阳数，故称为“重阳”。重阳节来源于道教的一个神话传说，东汉时，汝南县有一个叫桓景的农村小伙子，家里虽不是大富大贵，倒也能过得下去。但是有一年，汝河两岸发生瘟疫，桓景的父母都病死了。桓景在小时候就听大人们说，汝河里住有一个瘟魔，每年都要到人间走走，并且它走到哪里就把瘟疫带到哪里。桓景决心拜师学本领，为民除害。后来，听说钟南山中住着一个名叫费长房的大仙，他便收拾行装，起程进山拜师学艺。

一天，桓景正在练剑，费长房走到跟前说：“今年九月初九，汝河瘟魔又要出来。你赶紧回乡，为民除害。我给你一包茱萸叶子和一瓶菊花酒，分给乡亲们每人一片茱萸叶子，并让他们每人喝一口菊花酒，同时，还要让他们登高避祸。”

桓景回到家乡，召集乡亲。到九月初九那天，他领着大家登上了附近的一座山。并把茱萸叶子给每人分了一片，说这样随身带上，瘟魔不敢近身；又把菊花酒倒出来，让每人喝了一口，说喝了菊花酒，不染瘟疫之疾。

此后，汝河两岸的百姓，为了不受瘟魔的侵害，就有了在重阳节这天登高的习俗。

为什么古代文人很重视重阳节

重阳节之所以有名，是因为这个节日与历史上许多有名的文学家有关。而在这些文学家的故事里，包含着重阳节的各种风俗，如登高、赏菊、饮菊花酒、佩茱萸等。这些故事都成了有名的典故，因此这些风俗也为人们所熟知。至于与重阳节有关的文人故事，恐怕要算“孟嘉落帽”的故事最有名、最为人津津乐道的了。

孟嘉是东晋时的著名文人，他在当时最有权势的大将军桓温的帐下当参军。农历九月初九，大将军桓温邀集宾客幕僚作登高盛会，在山顶大摆筵席，饮酒赋诗。出席节宴的人都衣冠楚楚，穿戴整齐，杯盏相酬，兴致很高。突然间，一阵风刮过，把孟嘉头上的帽子吹落在地。这时的孟嘉已有几分酒意，竟然没有察觉。但主人桓温已经看见了，便叫在座的孙盛作文章嘲笑他，孙盛便在席间写了一篇文章责难孟嘉。没料到孟嘉虽已酒醉，但神志不乱，依然文思敏捷。孙盛的文章刚做好，他草草一看，立刻提起笔来，作了一篇文章酬答。满座的人读了他的文章，都惊叹称好，一时传为美谈。

其后，更有陶渊明重阳赏菊的典故成为美谈。由于这些与重阳节有关的典故的广泛流传，南北朝以后的文人都很重视重阳节，而以重阳节为题材的诗文更是节令诗当中最多的。

为什么重阳节要赏菊

重阳节赏菊的习俗，要从陶渊明说起。陶渊明最爱菊花，并且是一个“菊迷”。菊花象征着高洁的品格。陶渊明生活在晋宋易代的乱世，由于不满当时政治的黑暗、腐败，因此他辞去官职，回到家乡柴桑(今江西)隐居，并在宅旁东篱边种了许多菊花，朝夕观赏。

陶渊明喜欢喝酒，可是辞官以后因为家贫，时常缺酒。有一年重阳节，陶渊明又倚在篱边赏菊，却没有酒喝，他只得采了一把菊花在手里，嗅嗅嚼嚼。然而，菊花毕竟不能代酒。此时，远处来了一位白衣人，那人原是江州刺史王弘派来的差人，特地送酒给陶渊明。陶渊明真是喜出望外，有一种绝处逢生的感觉，当即打开酒瓮，对着菊花开怀畅饮，一醉方休。

从此，人们便纷纷效仿，从而有了重阳节赏菊的风俗。

重阳节要插茱萸的习俗你知道吗

重阳节插茱萸的习俗起源很早。茱萸，又名越椒、艾子，是一种药用植物，古人认为这种植物有益于内脏，因此特别钟情于这种植物。晋朝的时候，人们开始大量种植茱萸。重阳节时，人们折下茱萸插在头上，据说这样可以抵御寒冷，躲避灾难。宋朝的时候，人们还给茱萸和菊花起了两个雅称，称茱萸为“避邪翁”，而菊花则为“延寿客”。

你知道中元节是什么节日吗

中元节是中国本土文化的产物。在20世纪中期以前，中元节甚至要比“七夕节”“清明节”等节日热闹。然而，在中华人民共和国成立以后，由于中元节被认为是宣扬封建迷信的节日，因此被逐渐边缘化。

道家把农历七月十五日称为“中元”，用以赦免亡魂的罪；在这天，民间家家祭祀祖先。同时，还要举行盛大的放河灯活动。河灯，一般是以纸糊成荷花形，并在底座上放灯盏或蜡烛，于中元夜放在江河湖海之中，任其漂泛。除此之外，还有拜忏、放焰口等活动。中元节这天，人们事先在街口村前搭起法师座和施孤台，仪式在庄严肃穆的庙堂音乐中开始，法师敲响引钟，带领座下众僧诵念各种经文。然后，施食，即将一盘盘面桃子和大米撒向四方，反复三次，这种仪式叫“放焰口”。到了晚上，家家户户还要在自己家门口焚香，把香插在地上，并且越多越好，象征着五谷丰登，这叫作“布田”。

从这些古老的习俗上来看，中元节带有一定的迷信色彩，但是总体上来说，却表达着人们盼望五谷丰登、生活美好的愿望，因此不应将其全盘否定。

中元节有哪些习俗你知道吗

旧时，每逢农历七月，全国各地都可以看到喜迎中元节的红色招纸，张灯结彩、设坛、酬神。对于重视中元节的地区，人们通常会在街头巷尾上演地方戏曲或歌曲助兴，呈现一幅热闹的景象。对于不同的地区，人们过中元节的习俗也是不一样的。

在江西、湖南的一些地区，中元节是比清明节或重阳节更重要的祭祖日。在这些地区，人们会在农历七月十五日放河灯，用这样的方式来祭祖。

江南水乡的“七月半”祭祖活动中的一个特点是吃毛豆。那时，毛豆刚长熟，用盐水煮上一大盆，祭奠完了以后，人们就会一边吃毛豆，一边谈天说地，甚是惬意。

中元节不仅流行于我国南方地区，甚至在东南亚地区也十分流行。不少人会在旧历的七月初一到七月三十日之间，择日以酒肉、糖饼、水果，甚至全猪全羊等祭品举办祭祀活动，以慰在人世间游玩的众家鬼魂，并祈求自己全年的平安顺利。

古人为什么把冬至节叫“亚岁”

“亚”就是第二的意思。冬至节在年末来临，古人称其为“亚岁”，由此可以看出冬至节在古人心目当中的地位了。同时，在民间，更有“冬至节大于年”的说法。

以冬至为节日的传统，可以溯源到周朝。在当时天子率领众臣祭祀天地，以求得国泰民安。到了汉朝，冬至正式成为一个节日，皇帝于这一天举行郊祭，百官放假休息，次日吉服朝贺。这个规矩，一直沿袭。这个节日的习俗，倒有点像今天过春节的意味。魏晋南北朝以冬至贺仪"亚以岁朝"，并有臣下向天子献鞋袜的礼仪，表示迎福践长；唐、宋、元、明、清各朝都以冬至和元旦重在一起过，百官放假数日，并走亲访友。由此可以说，当时冬至节的节日气氛比春节还要浓，因而就有了"肥冬瘦年"的说法。

从这些方面说冬至是"亚岁"，乃至"大过年"，绝非虚话。究其原因，主要是后世人们对周朝以农历十一月初一作为岁首这一习俗的承袭，并且冬至日总在十一月初一前后。

为什么要在冬至这天占测来年天时

由于冬至曾经和年节一起过，因此古人在这时就特别关心未来一年里的旱涝和丰欠，从而使占测活动十分流行。具体的占测活动多种多样，大体可以分为以下几类。

(1)观测日影。据《雄县志》记载，根据太阳的影子来预测天时，日影中正就预示着丰收，否则就会大旱，或者会出现洪涝灾害。

(2)看云。据《陶朱公书》记载，冬至观云，如果青云起，那么下一年就会国泰民安；赤云出现来年就会大旱；黑云出现，来年就会有洪涝之类的灾害。

(3)观风。据《陶朱公书》记载，若南风主谷贵，北风主岁稔，西风主禾熟；若东南风主水，西南风主久阴。因此，有谚语说："冬至西南百日阴，半晴半雨到清明。"

(4)看雪。陕西西乡县习俗里有"十一月冬至日，向巴山看雪以占来岁丰歉"。而谚语也说："腊雪是被，春雪是鬼。"

这些都是古人的经验总结，对古代的农事具有一定的指导意义。

我国最早的教师节是冬至吗

我国现行的教师节起源于20世纪80年代，其实在我国古代早就有传统意义上的教师节了。我国一向有尊师传统，冬至祭孔和拜师就是一种集中表现。据《新河县志》记载，这一天拜圣寿，外乡塾弟子各拜业师，被称作“拜冬余”“拜圣寿”。其中，“圣”就是指圣人孔子。这是由于“冬至”曾是“年”，过了冬至日就长一岁，称之为“增寿”，因此需要拜贺，举行祭孔典礼。

据《清河县志》记载，在冬至祭孔时还要“拜烧字纸”，即人们要爱惜字纸，不许乱用有字的纸擦东西，并且要把带字的废纸收集起来，在祭孔时一齐烧掉。而烧字纸时，师生也要一齐跪拜。

在古时冬至日的这些风俗，无不体现着我国古代劳动人民尊师重教的思想。

人们在冬至节都吃些什么

经过数千年发展和演变，冬至节有了一整套完备的节令饮食文化。比如，馄饨、饺子、汤圆、赤豆粥、黍米糕等都是冬至节的节日食品。

南北各地比较流行的是冬至节吃饺子和馄饨。早在南宋时，临安人就在冬至节吃馄饨，开始是为了祭祀祖先，后逐渐盛行开来，民间更有“冬至馄饨夏至面”之说。江浙地区的馄饨，在广东则称为云吞，湖北称为包面，江西称为清汤，四川称为抄手，而新疆则称为曲曲。

吃汤圆也是冬至的传统习俗，在江南地区尤为盛行。汤圆意味着“团圆”“圆满”，在很多地区又把汤圆又叫“冬至团”，民间更有“吃了汤圆大一岁”的说法。“冬至团”可以用来祭祖,也可用于互赠亲朋。

“小寒”是一年中最寒冷日子的开始吗

二十四节气是古人根据天气的变化来划分的,所以每个节气都代表了不同的天气,“小寒”也不例外。而且,“小寒”一到,就意味着一年中最寒冷的日子就要开始了。那么,这样的说法有什么科学根据吗?

据《月令七十二候集解》记载,“十二月节,月初寒尚小,故云。月半则大矣。”小寒的意思是天气已经很冷,我国大部分地区小寒和大寒期间一般都是最冷的时期,“小寒”一过,就进入“出门冰上走”的三九天了。而且,根据中国的气象资料可知,小寒是一年中气温最低的节气,只有少数年份的大寒气温低于小寒。

说“三伏”是最热的天,“三九”是最冷的天对吗

在我国,有“热在三伏,冷在三九”的说法,意思是说,“三伏”是一年中最热的时节,“三九”则是一年中最冷的时节。那么你知道人们是如何得出这个结论的吗?

古代“五行生克”的说法认为,最热的日子属火,而庚属金,火克金,所以到庚日,金必伏藏。于是,就规定立秋后的第一庚日为三伏。这样,“三伏”就代表一年中最热的日子。

在冬至以后,太阳位置虽然北移,但陆地每天吸收的热量仍少于散失的热量。直到“三九”以后,陆地每天吸收的热量才超过散失的热量,气温才逐渐上升。因此,“三九”前后为一年中最冷的时期。

相反，在夏至以后，太阳位置南移，虽然太阳辐射热量逐渐减少，但仍比陆地损失的热量多。到“三伏”以后，陆地每天吸收的热量才少于散失的热量，因此到“三伏”以后，气温会逐渐下降。

人们为什么把十二月称为“腊月”

据《祀记》记载，“蜡者，索也，岁十二月，合聚万物而索飨之也。”“腊”与“蜡”相似，而在古代“腊”和“蜡”都是一种祭祀活动，即祭祀祖先称为“腊”，祭祀百神称为“蜡”。又由于此活动多在农历十二月进行，因此人们便把十二月称为腊月了。

腊月是年岁之终，古代农闲的人们无事可干，便出去打猎。一来，弥补口粮的不足；二来，用打来的野兽祭拜祖先，祈求全家幸福。农历十二月初八，人们用杂粮做成“腊八粥”，有的地方的人们还要将做好的“腊八粥”洒在门、篱笆、柴垛等上面，用这样的方法来祭奠五谷之神。农历十二月二十三，俗称“小年”，有的地方的人们陈设香腊刀头和糖点果品敬供“灶神”等。其实，这些做法只是在沿袭古代的习俗罢了。

各地腊八粥的做法都一样吗

我国博大精深的传统文化造就了丰富的饮食文化，仅腊八粥这一种食物，南北方和东西部之间就存在着非常大的差异。

天津人煮腊八粥，与北京的做法近似，讲究些的还要加莲子、百合、绿豆等，色、香、味俱佳。山西的腊八粥，又叫八宝粥，主要是以小米为主，并加入豇豆、小豆、绿豆等。

陕北人在腊月初八这天，熬粥除了用多种米、豆之外，还得加入各种干果、豆腐及肉，混合煮成。通常是早晨就煮，或甜或咸，按照各人不同的口味而做。甘肃人煮腊八粥，主要用五谷和蔬菜，煮熟后不但家里人吃或是送给邻居，还要用来喂家畜，寓意着六畜兴旺。

宁夏人做腊八粥，一般用扁豆、黄豆、红豆及土豆，再加上用麦面或荞麦面切成菱形柳叶片的"麦穗子"或是做成小圆蛋的"雀儿头"，出锅之前再加入葱花油。腊八节当天，全家人只喝腊八粥，不吃菜。

河南人的腊八粥，是用小米、绿豆、豇豆、麦仁、花生等八种原料配合煮成，并且，在煮熟后，加些红糖、核桃仁，象征来年的五谷丰登。四川人喜欢吃辣，所以甜咸、麻辣的腊八粥都有，但大多数人还是吃咸味的，主要是用黄豆、花生、肉丁、白萝卜及胡萝卜煮成。

从营养学的角度来看，腊八粥具有健脾、开胃、补气、安神、清心、养血之功效，并有御寒的作用，是冬季的滋补佳品，故能传承百代而不衰。

在腊月二十三为什么要送灶神

农历腊月二十三日，这一天民间有送灶神的习俗，又称为"过小年"。这天送灶神上天言事，称为送灶、辞灶、醉司命。

祀灶是在二十三日晚间进行的。胶东地区灶神画像贴在正屋东面的锅灶墙上，两旁有一幅"上天言好事，回宫降吉祥"对联，横批是"一家之主"。祭祀时，摆上糖瓜、果品等贡品以及一碗面汤，然后烧香叩头，把旧灶神画像揭下烧掉，这就是所谓的送灶神了。烧时，要加一些谷草和杂粮，意思是要给灶王爷喂饱马。由于过去有"男不拜月，女不祭灶"的说法，因此民间通常都由男人致祭。旧灶神画像烧了以后，有的立即把新灶神画像贴上，而有的则到农历正月初一早上再贴，正所谓"二十三日上天去，正月初一下界来"。

“除夕”的传说你知道吗

现在,“除夕”是中国人的主要传统节日之一,关于它的来历,有各种各样的说法。

相传在很久以前,有一个妖怪叫“夕”。这家伙专门害人,特别是看见哪家有漂亮的女孩,晚上就要去糟蹋她,而后还要把女孩吃了才甘心。因此,老百姓对它恨得要死,却没有办法。后来,出现了一个叫七郎的英雄,力大无穷,箭射得特别好,喂的狗也非常厉害,任何猛兽都敢去斗。七郎见百姓被“夕”害苦了,就想除掉它。历经千辛万苦,七郎终于把“夕”这种怪物除掉了。那以后,人们就把腊月三十叫做“除夕”。这天晚上,家家户户都要守岁、放火炮,表示驱除晦气、迎接祥瑞。

除夕还有其他的叫法吗

除夕是我国主要的传统节日之一。“除夕”是农历一年最后一天的晚上,即春节前一天的晚上,所以人们又常常把这一天叫作“年三十”。在除夕之夜,人们往往通宵不睡觉,所以又把这一夜叫“守岁”。苏轼写有《守岁》一诗,“儿童强不睡,相守夜欢哗。”在《梦粱录》卷六中,又把这一夜叫作“除夜”。

此外,除夕在民间还被称为大年夜、大节夜、大尽等。

各地除夕这天都有哪些讲究

在每年的“除夕”之夜,北方人包饺子,南方人做年糕。水饺形似“元宝”,年糕音似“年高”，都是吉祥如意的好兆头。同时，据相关史料记载，这一天无论是富贵人家还是平常百姓，都要洒扫门间，打扫卫生，换门神，挂钟馗，贴春联，贴春牌，祭祀祖宗。并且，在除夕之夜，还有“辞岁”，置、送“压岁钱”之习俗。

全家人围坐在一起吃“团圆饭”，是每个家庭除夕之夜的重头戏。吃团圆饭时，桌上的“鱼”是不能动的，因为这鱼代表“富裕”和“年年有余”，象征来年的“财富与幸运”。除夕的高潮是团圆饭以后，长辈要给晚辈发“压岁钱”。接着，就是张贴春联和门神，并关上大门，为初一早上开门“接财神”作好准备。最后，就是全家人的守岁仪式了。

“福”字倒贴的习俗是怎么来的

现在，最被人们所认可的“福”字倒贴的习俗来自清代恭亲王府。

话说一年春节前夕，恭亲王府大管家为讨主子的欢心，照例写了许多个“福”字让人贴于库房和王府大门上，但有个家丁因不识字，稀里糊涂的将大门上的“福”字贴倒了。为此，恭亲王的福晋十分恼火，亏得大管家能言善辩说：“奴才常听人说，恭亲王寿高、福大、造化大，如今街上的人都在议论，恭亲王府的福到（倒）了，乃吉庆之兆。”

恭亲王的福晋派人到街上一打听，行人都说恭亲王府福到（倒）了，吉语说千遍，金银增万贯，一高兴，便重赏了管家和那个贴倒福的家丁。事后，倒贴“福”字的习俗就由达官府第传入了百姓人家，并一直流传到现在。

山东人旧时是如何过除夕的

旧时山东各地要在除夕这天祭天祭神。人们在院子里搭一个棚子，叫作天地棚子，上面除贴春联外，还要用松枝、竹叶加以装饰，里面的天地桌或香台子上，供奉天地之间的各路神仙，有的还供奉玉皇大帝、王母娘娘等诸神的画像，供品十分丰盛，要全猪全羊、五碗菜、五色点心、五碗水饺、一对枣糕以及一个大馍馍，叫作天地供。祭祀仪式通常由一家之主来主持，先点燃三炷香，接着叩头跪拜，并念“祈求天地爷保佑”，然后其他人轮番跪拜。最后，还要烧一道纸表，叫作“送钱粮”。

除夕祭祖仪式在山东很隆重，但往往在这种追念先祖的活动中，也掺杂进了一些封建迷信。从这天下午开始，家家户户先把家谱挂上，备好香炉、灯笼、长钱、纸表、鞭炮等物，到黄昏时开始请祖。各地请祖的仪式和顺序也大不相同，如胶东地区是上坟请祖先回家过年；长岛县渔民则在除夕黄昏持锣至祖坟，一路鸣锣，呼唤祖宗回家过年。

你知道祭龙节是什么节日吗

每年农历二月初三和五月初五，是新平县傣雅人（傣族支系）的祭龙节。祭龙节始于哪个年代，无文字考证。而祭龙节的来历，则是来源于一个传说故事。

相传，古时傣雅人居住的地区，森林茂密。每年农历二月间，山林里就窜出很多野兽，不仅咬伤人畜，还把刚刚长出来的稻苗吃尽。有一年，一个聪明勇敢的傣雅族小伙子想出了一个办法。在二月初三这天，他叫大家编了许多竹笼、竹链，染上家禽的血后，拿去挂在田间插在地头、路口。夜间，山林里窜出来的野兽，见到染血的竹笼、竹链就不敢接近庄稼和村寨。但是，过了一段时间，等染血的竹笼破旧的时候，野兽又陆续来危害人畜和庄稼。

于是，在五月初五这天，他又发动大家编竹笼、竹链，染上血放到老地方，并采来许多利箭般的菖蒲叶插在各家各户的门头上，并且连每个人的头上、腰间都插满菖蒲叶。夜晚，人们围坐在寨头的火堆旁喝酒猜拳，对歌起舞。野兽窜到田间、地头的竹笼、竹链旁,嗅到血腥味,远远看见燃烧的火堆,看见全身插满“利箭”的人,就被吓跑了。

后来,傣雅人年年这样做,结果人畜兴旺,五谷丰登,而此习俗则慢慢演变成了现在的祭龙节。

你知道傣族的泼水节是怎么来的吗

泼水节是傣族人一年当中最重要的节日,相当于汉族人的农历新年。泼水节在每年农历四月(傣历五月)举行,一般为三至四天。

第一天为“麦日”,类似于除夕,傣语叫“宛多尚罕”,意思是除旧。这个时候,人们通常要打扫卫生,收拾房屋,还要准备“年夜饭”,同时,还要为节日期间的各种活动作准备。

第二天称为“恼日”,“恼”意为“空”,按习惯这一日既不属前一年,亦不属后一年,故为“空日”。

第三天叫“麦帕雅晚玛”,据称此乃帕雅晚的英灵带着新历返回人间之日,人们习惯将这一天视为傣历新的一年的开始。

泼水节源于印度,是古婆罗门教的一种仪式,后为佛教所吸收,在公元12世纪末至13世纪初经缅甸随佛教传入中国云南傣族地区。此后,随着当地佛教的发展,傣族人民逐渐将泼水节与佛教的神话传说结合起来,赋予泼水节更为神奇的意蕴和民族色彩。并且,随着佛教在傣族地区影响的日益加深,泼水节成为傣族的习俗流传下来,至今已有数百年的历史。

泼水节是傣族青年追寻爱情的节日吗

泼水节也是傣族青年男女的情人节,更是未婚青年男女们寻觅爱情、栽培幸福的美好时节。

泼水节期间，傣族未婚青年男女喜欢做“丢包”游戏。这种包是傣族姑娘们用花布精心制作的花包，是一种象征爱情的信物。丢包那天，姑娘们极尽打扮之能事，然后打着花伞，提着小花包来到“包场”，与小伙子们分列两边，相距三四十步，开始向对方丢花包。小伙子若是接不住姑娘丢来的花包，就得把事先准备好的鲜花插在姑娘的发颈上，姑娘若是接不着小伙子丢来的包，就得把鲜花插到小伙子的胸前……就这样渐渐地选中对方，而一段段浪漫的爱情故事也就从此开始了。

“半年节”你听说过吗

“半年节”，最早主要是福建闽南地区的漳州人和泉州籍的同安人所过的节日。古时候，人们都非常重视这个节日。在农历六月十四，位于萧山地区的人们至今还在过着这样一个古老的节日。在这一天，奔忙了半年的人们纷纷邀请各地的亲戚赶回家团聚，过这个夏日里的年节。对于此地区的人们来说，“半年节”绝不亚于春节。在这一天，人们一般都要杀猪、宰鸡鸭、裹粽子、放鞭炮、宴请宾客等。据了解，就在紧邻萧山地区的一些地方，每年也都要过“半年节”，只是他们的“半年节”是在六月初一。

对于“半年节”的由来，不同地区的人有着不同的传说。如今，有关“半年节”由来的说法是否真实已并不重要，生活富裕起来的人们已将此节演变成亲人团聚的重要节日之一。

第6章

民间工艺的演变

你知道风筝是谁发明的吗

风筝,古代叫作“鹞”,北方又叫作“鸢”。相传墨翟以木头制成木鸟,研制三年而成,而这则应该算是人类所制造的最早的风筝。后来,鲁班用竹子,改进了墨翟的风筝材质,进而成为今日的风筝。

早期的风筝多是用来军事侦察的工具,而且可以载人飞行。公元前190年,楚汉相争,韩信曾命人制作大型风筝,并装置竹哨弓弦,于夜间漂浮楚营,使其发出奇怪声音,以瓦解楚军士气。

到了唐代,风筝已渐转化为一种娱乐器具;而宋代则把放风筝作为锻炼身体的一种方式。百姓在清明节时,将风筝放得高而远,然后将线割断,让风筝带走一年所积之霉气。

由于风筝有着二千多年的历史,使得它早已融入到了中国的传统文化之中。在传统的中国风筝中,随处可见“福寿双全”“龙凤呈祥”“百蝶闹春”“鲤鱼跳龙门”“麻姑献寿”“百鸟朝凤”“连年有鱼”“四季平安”等寓意着吉祥如意的字样,而这则表现了人们对美好生活的向往和憧憬。正是因为风筝的寓意吉祥,将情景物融为一体,构思巧妙,趣味盎然,所以使得它富有独特的格调和浓烈的民族色彩。

你见过“吹糖人”的技艺吗

吹糖人是一种老北京的民间艺人的绝活。小贩们肩挑挑子走街串巷,挑子一头是一个带架的长方柜,柜子下面有一半圆形开口木圆笼,里面有一个小炭炉,炉上有一个大勺,中间放满了糖稀(据说是由麦芽糖溶化所得)。

这样的挑子木架分为两层，每层都有很多小插孔，为的是插放糖人。这东西好玩而且好吃，尤其受到小孩子们的喜欢，见着就走不动了，不是缠着大人要买，就是跑回家去要钱。当有的小孩指定形状要求现做时，小贩就用小铲取一点热糖稀，放在沾满滑石粉的手上揉搓，然后用嘴衔一端，待吹起泡后，迅速放在涂有滑石粉的木模内，用力一吹，稍过一会儿，打开木模，所要的糖人就吹好了。再用苇秆一头沾点糖稀贴在糖人上，就大功告成了。

糖人有各种形状，如小鹿、金鱼、耗子、灯笼等。

为什么“吹糖人”的手艺能够流传下来呢

在老北京，吹糖人这一绝活，是老艺人们养家糊口的手艺。关于这门手艺的来历，民间有许多说法。据传说，吹糖人儿的祖师爷是大名鼎鼎的刘伯温。

当年，朱元璋为了自己的皇位能一代代传下去，就造“功臣阁”火烧功臣。刘伯温侥幸逃脱，被一个挑糖儿担子的老人救下，两人调换服装，从此刘伯温隐姓埋名，天天挑着担子走街串巷。就是在卖糖的过程中，刘伯温运用自己的聪明才智创造性地把糖加热变软后制作各种糖人儿，煞是可爱，小孩子们争先购买。在路上，许多人向刘伯温学吹糖人儿，而刘伯温一一教会了他们。于是，这门手艺就一传十、十传百，一直流传到现在。

早年间，这些艺人们为了生存而不得不挑着担子走街串巷，集市、庙会更是少不了他们的身影。

皮影戏的来历你知道吗

关于皮影戏的来历，有着一个非常有意思的故事。

两千多年前,汉武帝的爱妃李夫人染疾故去。汉武帝思念心切神情恍惚,终日不理朝政。大臣李少翁一日出门,路遇孩童手拿布娃娃玩耍,影子倒映于地栩栩如生。李少翁心中一动,用棉帛裁成李夫人影像,涂上色彩,并在手脚处装上木杆。在夜里屏风后的灯光下,恭请皇帝和思念的爱妃相聚。汉武帝看罢龙颜大悦,就此爱不释手。这样,皮影戏就流传开来。

其实,皮影戏最早诞生在两千年前的西汉关中地区,当时叫作羊皮戏,俗称人头戏、影子戏、驴皮影。清代时,皮影戏在河北地区达到顶峰。在中国,不少的地方戏曲剧种都是从皮影戏中派生出来的,而皮影戏对现代电影的发明和美术片的发展也起到先导作用。如今,中国皮影被世界各国的博物馆争相收藏,同时也为世界各地的人们所喜爱。

皮影是用什么制作的你知道吗

由于皮影戏属于民间艺术,并没有统一规定制作皮影要用什么材料,因此各地的皮影都有所差异,制作材料也根据当地兽皮的使用情况而定。

一般情况下,皮影较多由牛皮、羊皮、驴皮、猪皮等材料制成。其中,牛皮是当前运用最多的材料。制作皮影时,先将牛皮、羊皮、驴皮或其他兽皮的毛、血去净;然后,经药物处理,使皮革变薄,呈半透明,涂上桐油;最后,把皮革镂刻成所需的人物形象。

皮人涂有各种颜色,用来表现人物的善恶美丑。雕刻时,一般都用阳刻,有也用阴刻,雕工细致,刀法多变。一般忠良人物为五分面,而反面人物则为七分面。人物造型与戏剧人物一样,生旦净末丑角色齐全。演员在半透明的白布后,贴近幕布熟练地操纵皮人活动,并有说唱、乐队伴之,有声有色地表演剧情故事。

随着现代科技的发展,高科技也被运用到了皮影艺术中来。相比之下,数字化的皮影动画却能克服普通皮影的局限性。它不仅真实再现了皮影戏，制作也相当地方便，可以根据观众的需要进行修改。

“唐三彩”只有三种颜色吗

唐三彩以造型生动逼真、色泽艳丽以及富有生活气息而闻名世界，之所以叫作唐三彩，是因为它是唐朝生产的一种彩陶工艺品。从质地上讲，唐三彩是一种低温釉陶器。它主要是陶坯上涂上的彩釉，在烘制过程中发生化学变化。由于在色釉中加入不同的金属氧化物，经过焙烧，便形成多种色彩，但多以黄、褐、绿三种颜色为主。

“唐三彩”这个词，在古代文献上是找不到的，最早的记载是在民国时期。但是，在学术界，学者们通常以“唐彩色釉陶”称呼，从严格意义上说，这个名字更能体现出这种艺术品的特征，因为从工艺上看，唐三彩是“釉”而算不上“彩”。这种釉陶以黄、褐、绿三种颜色为基本釉色，但不一定每件成品都是三色俱全，还可利用三色交叉混合的上釉技术来制造出五彩缤纷的美丽图案。三彩陶器主要用作冥器(随葬器物)，其造型有建筑、家具、日用品、牲畜及人物等。

唐三彩是反映唐代社会生活最完整的手工艺品。其中，较为人喜爱的是马俑，有的扬足飞奔，有的徘徊伫立，均表现出栩栩如生的各种姿态。妇女俑、文官俑、武将俑、胡俑及天王俑等人物造型的唐三彩，可以根据人物的社会地位和等级，刻画出不同的性格和特征。

唐朝最名贵的陶瓷是唐三彩吗

唐三彩是反映唐代社会生活最完整的手工艺品，但是它一般只用于随葬，是冥器，再加上防水性能差，其实用性远不如当时已经出现的青瓷和白瓷。换句话说，唐三彩并不是唐朝最名贵的陶瓷。唐朝的名贵陶瓷多出自当时的一些制瓷名窑。

唐朝时，陶瓷业就已经达到了很高的水平。从那时起，瓷器制造与陶器制造完全分离，形成一个独立的手工业生产部门，而瓷器也成为当时人们日常生活中不可缺少的器皿，并且大量出口。一些制瓷中心逐渐形成，出现了以青瓷和白瓷为代表的两大系统。青瓷以越窑为代表，白瓷以邢窑、曲阳窑为代表。

唐朝的白瓷十分精美。唐代陆羽曾在他的《茶经》中用“类银”“类雪”来形容邢窑白瓷的釉色，其胎、其釉的白度相当成熟。邢窑白瓷在烧成技术上也比较高超，从现有实物来看，没有变形、歪塌等缺陷，制作工艺精细、造型端正，不失为一代名瓷。

不过，由于唐代的饮茶之风兴盛及朝廷对青瓷的需求量增大，促使唐代的越窑青瓷质量不断提高。并且，与邢窑相比，当时水平最高的还是青瓷，它是唐代瓷器的主流。

为什么宋代刺绣业十分发达

刺绣，又称丝绣，是中国优秀的民族传统工艺之一，与养蚕业及缫丝业分不开。中国是世界上发现与使用蚕丝最早的国家，早在四五千年前就已经开始了养蚕、缫丝了。据《尚书》记载，在四千年前的章服制度，就规定“衣画而裳绣”。这说明早在那时，随着丝织业的发展，刺绣业已经兴起了。宋代时，崇尚刺绣服装的风气，已逐渐在民间广泛流行，而这也促使了中国丝绣业的发展。

宋代的刺绣业之所以发达，主要是由于当时的朝廷鼓励提倡。据《宋史·职官志》记载，宫中文绣院掌纂绣。徽宗年间，又设绣画专科，使绣画分类为山水、楼阁、人物、花鸟。正是因为这样，所以产生了一大批优秀的绣工，使绣画发展至最高境界，由实用进而成为艺术欣赏，并将书画带入刺绣之中，形成独特之观赏性绣作。为使作品达到书画之传神意境，绣前须先有计划，绣时须度其形势，乃趋于精巧。构图必须简单化，纹样的取舍留白非常重要，与唐代时候没有图案的满地施绣截然不同，正如明代董其昌的《筠清轩秘录》所载，"宋人之绣，针线细密，用绒止一二丝，用针如发细者。"

你知道大理的草编艺术吗

大理草编技艺是大理地区白族的一项传统手工艺，并且在当地十分流行。

草编作为一项传统手工艺，其种类繁多，资源丰富，花色各异，形成了各民族不同的特点，主要由传统的谷草、麦秆、棕丝等编织。据史料记载，明朝初期，永昌地方设立了专门的场所，教当地的民众来学习这种草编，并且代代相传。

近几年来，随着旅游事业的发展，草编工艺又迅速流行起来，而且草编工艺制品的种类越来越多，有草帘、草垫、草篮、草扇、草席、草制玩具等数百种。仅是草篮一类，就五颜六色，造型多样，让人眼花缭乱。草编制品上面绣着蝴蝶、茶花、三塔、洱海、苍山、禽兽等民族民间喜闻乐见的图案，既别致美观，又经济实用，不仅受国内广大群众的喜欢，而且远销欧美和东南亚各国。

平遥推光漆器是什么你知道吗

平遥推光漆器发源于晋中的平遥县，后来传至北方广大地区。平遥推光漆器是我国四大漆器之一，主要以手掌推光和描金彩绘著称。平遥推光漆器的生产，分木胎、灰胎、漆工、画工及镶嵌五道工序。

木胎车间使用松木做出各种家具的木胎后，灰胎车间就用白麻缠裹木胎，抹上一层用猪血调成的砖灰泥，这叫做"披麻挂灰"。漆工车间的工序非常细致和复杂，在灰胎上每刷一道漆，都要先用水砂纸蘸水擦拭；擦拭完毕后，再用手反复推擦；直到手感光滑后，再进行刷漆，多则刷七遍，少则刷六遍；最后的推擦就更细致了，即依次用粗水砂纸、细水砂纸、棉布、丝绢推，而后再卷起一缕人发推，最后用手蘸麻油、豆油在掌心反复推。整个过程需要凭眼力、细心、感觉、次数，以推得漆面生辉、光洁照人。

画工和镶嵌车间，对技术的要求更高，画工必须学习绘画四年以上，并在掌握了绘画的基本技巧后，才允许在漆面上勾红点翠，独立操作。刻绘工人的刀锋，要求像笔锋一样，粗细相间，深浅适度，起落自如。镶嵌原件的制作台上，团团烟光紫气，叮叮有声，工人们把河蚌壳、螺钿、象牙以及彩色石头加工成各种原件，由镶嵌工人根据图案的要求，巧妙地镶妥粘牢。

平遥推光漆器，外观古朴雅致、闪光发亮，绘饰光彩夺目，手感细腻滑润，并且耐热防潮、经久耐用，为漆器中之精品。

你知道冰雕最初起源于哪里吗

冰雕，也就是冰雕塑，是雕塑艺术中的一种，多应用于大型冰灯游园会。

我国东北地区的冬天，尤其是节日的时候，冰雕艺术品在不少城市的街头都可以见到。

古时候，我国东北地区因天寒地冻，经常冰天雪地，那时的人们已经将河中的冰块雕成简单的器皿，用来盛放东西，故冰雕艺术应发源于中国。冰雕艺术品的造型可以无限组合，也可以作为用餐的容器，没有空间的限制，而且其晶莹剔透、皎洁光彩的质感，提高了视觉上的享受。

大型冰雕，一般多用于正式的酒会或餐会，以彰显会场的气氛，突出会场的主题。所以，时至今日，在会场中摆上一座大型冰雕的做法依旧十分流行。

冰雕的种类都有哪些

冰雕是以冰为材料，用大铲、扁铲、尖刀、槽刀等工具创造出的艺术品。冰雕同其他材料的雕塑一样，也分圆雕、浮雕及透雕三种。

圆雕又称立体雕，是指非压缩的，可以多方位、多角度欣赏的三维立体雕塑。圆雕在冰灯会中被展示地最多。

浮雕，即浅雕、凸雕，是在平面上雕出凸凹起伏形象的一种雕塑，是一种介于圆雕和绘画之间的艺术表现形式。这种雕刻艺术与石头浮雕的方式基本一样，只不过是材质不同而已。冰灯游园会中的冰建筑和某些圆雕基座都经常运用浮雕的手法。

透雕，是在浮雕的基础上，镂空其背景部分。它介于圆雕与浮雕之间，空间感很强。

紫砂壶为什么被认为是最理想的茶器

我国悠久的喝茶历史形成了丰富多彩的茶文化，古代的文人、雅士都将品茶视为一种无上高雅的享受。

唐代以前，茶器与食器不分。随着饮茶风气更为普及，并且茶器日趋工巧，唐代末年出现了饮茶最理想的茶器——紫砂壶，以紫砂泥为原料，经艺人精心制作，其壶颜色紫红、质地细柔，造型古朴，质地典雅，贵如鼎彝。到了宋代，紫砂壶已在文人中广为应用。据相关资料记载，紫砂壶有以下五大特点。

(1)紫砂壶是用砂锤炼出来的陶，既不夺茶香气又无熟汤气，故用以泡茶色香味皆蕴。

(2)砂质茶壶能吸收茶汁，使用一段时日能增积“茶锈”，故向空壶里注入沸水也会有淡淡的茶香。

(3)便于洗涤。日久不用，难免异味，可用开水烫泡两三遍后再泡茶叶。

(4)冷热急变适应性强，即使是冬天注入沸水，也不会因温度的急变而胀裂；并且，由于砂质传热缓慢，因此无论提、抚、握、拿均不烫手。

(5)紫砂陶质耐烧，即使在冬天置于温火烧茶，壶也不容易爆裂。

以上就是古今中外讲究茶艺的人，特别喜爱用紫砂壶的原因。

毛笔是什么时候被发明出来的

毛笔究竟起源于何时，至今依然存在着很大的争议。但目前，较为流行的说法，毛笔是由秦国大将蒙恬发明的。此说法来源于一个传说。

据说,蒙恬带领兵马在中山地区与楚国交战。为了让秦王能及时了解战场上的情况,蒙恬要定期写战况报告递送秦王。那时,人们通常是在竹简上刻字,速度很慢。由于在竹简上刻字很耽误工夫,并且战场上的时间是非常宝贵的,因此蒙恬便萌生了要改变在竹简上刻字的想法。有一天,他打了几只野兔子回军营。由于打到的兔子多,一只兔子尾巴拖在地上,兔子血在地上拖出了一道弯弯曲曲的痕迹。蒙恬大受启发,创造出了类似于今天人们所用的毛笔。

由于这支笔是由竹管和兔毛组成的,蒙恬就在当时流行的笔名"聿"字上加了个"竹"字头,把它叫作"筆"。从此,这种笔便流传开来。

但事实上,在1954年,湖南长沙左家公山的一座古墓出土了整套的书写工具。这证明,在蒙恬之前就已经有毛笔了。又据目前的史料记载,在春秋战国时,就已经有了毛笔,但各国人对笔的称呼则有所不同,楚国人称为"聿",吴国人称为"不律",燕国人称为"弗",秦国人称为"笔"。秦始皇统一六国后,才统一称为"毛笔"。

最初的冰灯是用来干什么的

冰灯是流行于中国北方的一种古老的民间艺术品。由于独特的地域优势,故主要出现在东北地区。其中,黑龙江省可以说是最早开始制作冰灯的地方。

据说在很早以前,每到冬季的夜晚,在松嫩平原上,人们总会看到三五成群的农夫和渔民在悠然自得地喂马和捕鱼,而他们就是用冰做成的灯笼来照明的,这便是冰灯的雏形。当时,制作冰灯的工艺十分简单,即把水放进木桶里冻成冰坨,凿出空心,放个油灯在里面,用以照明。同时,由于冰罩挡住了凛冽的寒风,因此黑夜里便有了不灭的灯盏,而冰灯则成了当地人们生活中不可缺少的帮手。

后来，穷苦人在新春佳节和上元之夜，买不起灯笼，但又不甘寂寞，便制作了冰灯摆在门前，或者钻孔穿绳让孩子提着玩，以增加节日气氛。再后来，每逢新春佳节和上元之夜，冰灯就作为一种不可缺少的节日装饰灯具，成为供人们观赏的独特艺术表现形式。

什么是“一印、二捏、三镶、四滚”

“一印、二捏、三镶、四滚”这是传统面塑艺术中所运用到的手法。中国的面塑艺术早在汉代就已有文字记载，经过几千年的传承和经营，成为中国民间艺术中的一种。

面塑从字面意思上来看，就知道这是一种用糯米粉和面加彩后，捏成的各种小型人物。它主要出现在嫁娶礼品、殡葬供品中，也用于寿辰生日、馈赠亲友、祈祷祭奠等方面。农家把已蒸好的各种面塑摆在诸神前，其中猪头形面塑俗称“大供”，另外还有花模、花果模、礼模、馍玩具等。只要掌握好发面技术，按照式样进行捏制，那么一个鲜活的面模形象就可以脱颖而出。

据宋代《梦粱录》记载，人们通常把面塑用在春节、中秋、端午以及结婚、祝寿的喜庆日子。在陕西、河北也有把面塑称作“面花”和“年模”的，并将这一古老习俗贯穿于节庆日子的始终。尤其是在陕西关中东部地区的妇女，几乎人人都会制作面塑，其中年长妇女的技艺更是高超。

“女红”的意思你知道吗

女红，不要认为这种工艺与颜色有什么关系，它是旧时指女子所做的纺织、缝纫、刺绣等工作以及这些工作的成品。“女红”最初写作“女工”。后来，由于出现了从事纺织、缝纫、刺绣等工作的女性工作者，为避免混淆，人们以“红”为“工”的异体，“女红”就被指代这些工艺成品了。

“女红”属于中国民间艺术中的一种。“女红”的艺术特点是讲究天时、地利、材料及技巧，而与其相关的技巧从过去到现在都是由母女、婆媳世代传袭而来，因此它又可称为“母亲的艺术”。“女红”大体可分纺织、浆染、缝纫、刺绣、鞋帽、编结、剪花、面花、玩具九类。

泥塑艺术是谁发扬光大的你知道吗

自新石器时代之后，中国的泥塑艺术就一直在发展，并在汉代成为一门艺术。汉代人认为亡灵如人生在世，同样有物质生活的需求。因此，丧葬习俗中需要大量的陪葬品，这在客观上对泥塑的发展和演变起了推动作用。

两汉以后，随着道教的兴起和佛教的传入，祭祀活动渐渐多起来，而这些活动中的佛像或其他塑像，直接促进了泥塑艺术的发展。到了唐代，泥塑艺术达到了顶峰。被誉为雕塑圣手的杨惠之就是唐代泥塑艺术的杰出代表，他与吴道子同师张僧繇。吴道子学成后，杨惠子转而奋发专攻泥塑，终成名家。为当世人称赞：“道子画，惠之塑，夺得僧繇神笔路。”

泥塑艺术发展到宋代，不但宗教题材的大型佛像继续繁荣，小型泥塑玩具也发展起来。北宋时，开封著名的泥玩具“磨喝乐”在七月七日前后出售，不仅平民百姓买回去“乞巧”，达官贵人也要在七夕节期间买回去供奉玩要。元代之后，历经明、清、民国，泥塑艺术品在社会上仍然流传不衰，尤其是小型泥塑，既可观赏陈设，又可让儿童玩要，在全国各地都有生产。

总而言之，中国道教的兴起和佛教的传播对泥塑的发展起了至关重要的作用。

你知道天津“泥人张”吗

天津“泥人张”彩塑产生于清代道光年间，由张明山先生首创，流传至今已有近两百年的历史。“泥人张”彩塑具有鲜明的现实主义艺术特色，能真实地刻画出人物性格、体态；追求解剖结构，夸张合理，取舍得当；用色敷彩，典雅秀丽。这样的手工艺品适合在室内摆放，又由于其尺寸不大，故可以放在案头或架上。它所用的材料是含沙量低且无杂质的纯净胶泥，经风化、打浆、过滤、脱水，加以棉絮反复砸揉而成的“熟泥”。经艺术家手工捏制成形，自然风干后，再施以彩绘。

张明山继承了传统的泥塑艺术，从绘画、戏曲、民间木版年画等姊妹艺术中吸收营养。他经过数十年的辛勤努力，创作了一万多件作品。他的作品因独具风格而蜚声四海，并受到了广大老百姓的喜爱。

在哪些地区泥塑传承得最好

清代，泥塑形成南北两个著名流派，北方有天津“泥人张”，南方有无锡惠山泥人。天津“泥人张”作品以写实为特色，人物造型，色彩装饰，无不强调一个“像”字，为中国彩塑艺术作出了巨大贡献。无锡彩塑相传已有400年的历史，经艺人世代传承，创造出享誉世界的惠山泥人。惠山泥人品种丰富，分为粗货、细货两大类。粗货又称耍货，主要以吉祥祈福为题材，采用模具印坯；细货是以手捏为主塑造艺术形象，内容大多以戏剧题材为主，故又称为手捏戏文。

潮汕泥塑，俗称为“土安仔”。潮州市潮安县浮洋镇大吴村的泥塑与天津“泥人张”、无锡惠山泥人并称为中国三大泥塑。大吴泥塑技术独树一帜，有文身、武景、脸谱等流派手法，人物造型栩栩如生，品种丰富多彩，色彩鲜艳自然，艺术造诣之深令人叹为观止。

此外，陕西凤翔、河北白沟河、苏州虎丘等地亦为著名的民间泥塑产区。

泥塑捏成各种形象的秘法你想知道吗

泥塑是我国传统的民间艺术，具有悠久的历史。那么，栩栩如生的泥塑形象是如何被创造出来的呢？

（1）手捏法。这是泥塑造型中最简单、最实用的方法，可用整块泥来塑造形象，局部再用手拉、捏、搓、卷、压、插、接、贴等技法刻画。

（2）泥条法。即用手将泥搓成长条，再把泥条围起来，使它成为一种器物。

（3）泥板法。利用厚薄不同的泥板垒接或切割出自己设计的形象，并通过各种泥塑技法做出点、线、面以及肌理效果进行装饰。

（4）挖空法。为了稳住重心和节省材料，在造型时先不考虑泥坯的厚度，完全以实心成形，待到外部稍硬一些时候，再切成若干部分，挖去内部使之成为空心，而局部再用泥修接。

（5）借助它物法。借助某一器物（如纸杯、报纸以及废旧的玩具等）作中介物，在外面包裹泥片或围筑泥条，使其巧妙成形，如会动的小泥人或动物等的塑造。

脸谱始于古人对图腾的膜拜吗

我国最早的脸谱应该是古人在祭祀大典上的舞蹈道具。在今天一些具有古朴民风的少数民族地区，还可以看到这样的面具。

舞台脸谱的起源有几种说法。其中一种说法是源于我国南北朝北齐，兴盛于唐代的歌舞戏，也叫“大面”或“代面”，如为了歌颂兰陵王的战功和美德而跳的男子独舞，就戴面具。

几乎所有的人类族群，在其原始时代都有过图腾崇拜。古人把他们崇拜的某种物品或概念描绘出来，并对其进行一定仪式的祭拜。据《后汉书》记载，在祭祀仪式时，负责祭祀的巫觋们要戴上一定的面具。如三星堆出土文物中就有几十个青铜面具，据考证是古蜀国举行祭祀时的用品。

又如“傩礼”，这是自先秦时代就有的一种迎神以驱逐疫鬼的风俗礼仪。傩礼一年数次，大傩在腊日前举行。傩礼中的表演者要戴上一定的面具，而这种戴着面具的宗教舞蹈对民间舞蹈有着巨大的影响。由此可知，脸谱的确是表达了人们对图腾的一种崇拜和敬畏之情。

脸谱的符号表达了怎样的含义

古代的面具上有不少简单的符号，即“观念符号”和“表情符号”。人们从这些符号上就可以看出相应的面具所要表达的意思。到了戏里，这些符号就直接画在脸谱上，以更为形象地表现好人与坏人。

唐代就有“涂面”的记载。到了宋代，“涂面”分为“洁面”和“表面”两类，花面也很简单。因为宋代杂剧中，科诨占了很大比例。元代杂剧盛行，在《大行散乐忠都秀在此做场》的大幅壁画中，出现了元杂剧正面人物中的“整脸”谱式，而不再是过去副净那种白底黑线的基本格调，已经带有某种性格的色彩。明代已经是由昆剧演出的传奇剧的天下，表演丰富，行当分工精细，净分正净（大面）、副净（二面）及丑（三面）。净、丑都画脸谱，每个角色又有一个专谱。其底色多是根据说唱文学中的描绘或演员自己的想象来设计的。如关羽的底色是红的，包公的是黑的。其基本谱式是夸张的眉眼部分。

明清两代，脸谱的图案比例也发生了变化。明代人留发，脸谱画在额以下；清代人则留辫子，脸谱也画到了脑门以上，与明代相比，脸谱有繁有简，底色一样。清代中叶，地方戏的繁盛，使得剧目题材人物角色不断增多，行当分工更细。净行除了正净、副净外，又加了武净，而色彩则增加了蓝、绿、黄、灰、橙等。

为什么戏曲中的人物要画脸谱

中国传统戏曲有一个极有意思的现象，那就是人物脸谱化，即通过人物的脸谱，很直接地告诉台下的观众，戏中人物的思想特征或性格特征，说明这个人扮演的角色是忠是奸，使得观众们不用再费心猜测、推理、判断。

在中国戏曲中，如汉剧、秦腔、昆曲、京剧等都有脸谱。脸谱除表示性格外，还可暗示角色的各种情况。如项羽的双眼画成“哭相”，让观众一开场就知道了他的悲剧性结局；包公皱眉暗示他冥思苦想；孙悟空猴形脸暗示他本是一只猴子。

另一作用是“距离化”，拉开戏与观众的心理距离。脸上的图画使观众分辨不清演员的本来面目，并且与生活中的真实人物相貌很不一样，以使观众只注重戏曲本身，而不是注重演员。此外，“大花脸”与“俊扮”同时上场，也形成了美与丑的对比。同时，脸谱的浓重、鲜明的油彩以及多样的图案，再配上净行“吼叫式”的粗犷声腔，形成强烈艺术刺激，对观众起到兴奋、宣泄及震动的作用。

“扎染”是怎样的一门手艺

“扎染”采用民间图案，通过对传统染色工艺进一步渲染和艺术加工，使之成为艺术化、抽象化及实用化融为一体的工艺品。“扎染”是大理地区十分流行的一种工艺手法，其工艺是先以手工缝扎，再用植物染料反复染制而成，此工艺品避免了现代化学染料对人体健康产生的副作用。

大理白族扎染是白族人民的传统民间工艺产品，该产品集文化、艺术为一体，其花形图案以规则的几何纹样组成，布局严谨、饱满。并且，这些图案多取材于民间生活中的动物和植物形象，充满生活气息。

具体的扎染工艺分为扎花和浸染两个环节。扎花是以缝为主、缝扎结合的手工扎花方法，具有表现范围广泛、刻画细腻、变幻无穷的特点；浸染采用手工反复浸染工艺，形成以花形为中心，变幻玄妙的多层次晕纹，凝重素雅，古朴雅致。

大理白族扎染以纯棉布、丝绵绸、麻布、金丝绒、灯芯绒等为材料。目前，除保留传统的土靛染蓝底白花品种外，又开发出彩色扎染的新品种。产品有匹色布、桌巾、门帘、服装、民族包、帽子、手巾、围巾、枕巾、床单等上百个品种。

你知道马尾帽是哪个民族的吗

我国瑶族的成年男子，头上通常会戴一顶小巧精致的棕黑色马尾帽。或许你会以为那是心灵手巧的姑娘所编制的，其实不然，它是那些剽悍、粗犷的小伙子或成年男子编制的。

编制“马尾帽”，先用木头做一个与头一般大的模型，打磨光滑，并在中间凿个洞，以减轻重量。编织时，编者坐在凳子上，模型放在两膝上，左手扶着模型，右手拿穿着马尾的针，精心地编织。编一顶“马尾帽”，一般需要七八天时间，最快也得四五天才能完成。虽然说制作这样的帽子很耗时，但是这样的一顶“马尾帽”至少可以戴五六年，因此人们也就乐意编制了。

“马尾帽”是瑶族男子聪明、勤劳、智慧的象征。成年男子如果不会编制、不戴“马尾帽”，不仅会被姑娘们瞧不起，还会被周围人看不惯。因此，瑶族男子必须千方百计学会编制“马尾帽”，实在不会编的，也要请人编一顶来戴。

西湖绸伞是用什么材料制作的

“伞”的历史非常悠久，据说黄帝时代就已开始制作。不过，那时的伞并不是用来遮雨的，而是作为一种装饰品。古代的“伞”又称为“盖”，最初是用鸟的羽毛制成，随着丝织品的出现，才逐渐采用罗绢来制作。西湖绸伞，以竹作骨，以绸张面，轻巧悦目，式样美观，携带方便，素有“西湖之花”的美称。

自从有了纸以后，油纸伞开始风行起来。特别是明清时代，由于当时制伞业的繁荣，不少小说和戏曲都写到了伞。众所周知，《白蛇传》中“许仙借伞”的故事，就发生在杭州西湖断桥边。

西湖绸伞创制于20世纪30年代初，是由都锦生丝织厂工人竹振斐首创的，由于选料得当，制作精细，别出心裁，一上市就受到人们欢迎。西湖绸伞的圆形伞面采用特制的伞面绸。这种伞面绸薄如蝉翼，织造细密，透风耐晒，易于折叠，色彩瑰丽，单是染色就有湖蓝、墨绿、果绿及大红等。同时，其表面还印染或刺绣着山水、风光、花鸟、人物等图案。伞骨则由江南独特的淡竹制成，这种竹篾质细洁，色泽玉润，烈日曝晒也不会弯曲。

到了1935年春天，杭州出现了第一家专门制造绸伞的作坊，即著名的"竹氏伞作"。目前，国际市场上虽然出现了各式各样的自动伞，但西湖绸伞仍以其独特风格，博得了人们的喜爱。

你知道西湖绸伞是如何制作的吗

同其他工艺品一样，西湖绸伞的制作也有一套独特的制作方法。首先，西湖绸伞选料考究，制作精巧，图案花色品种繁多，这是其他伞所望尘莫及的。通常情况下，制作一把西湖绸伞，要经过选竹、制伞骨、上伞面三个阶段。

选竹，俗称"号竹"。每年白露前，伞厂派出有经验的老师傅，到余杭、奉化等淡竹产地，翻山越岭，在竹林中寻觅，挑选具有三年以上竹龄，粗细在五六公分，色泽均匀，没有阴阳面和斑疤的淡竹。过嫩、过老、过大以及过小的竹都不能要，真是"百里挑一"。这样的淡竹每株仅取中段2至4节作伞骨。加工成伞骨要经过擦竹、劈长骨、编挑、整形、劈青篾、铣槽、劈短骨、钻孔等到十多道工序。一把绸伞35个根骨，每根骨4毫米宽。如果把一段竹劈成了36根，就需要"抽骨"以保持竹筒圆润，竹节平整。上伞面要经过缝角、绷面、上架、剪绷边、穿花线、刷花、摺伞、贴青、装杆、包头、装头、装柄、打钉口等十多道工序，并且，每道工序都必须全神贯注，不得马虎。

最后，成品伞的重量只有半斤左右。收拢时，彩色的绸面不外露，伞骨恰好还原成一段淡雅的圆竹，结节宛然，十分朴素大方；撑开时，伞面五光十色，有的绯红如旭日一轮，有的蔚蓝同晴空一色，有的青绿像碧水一泓，美不胜收。

"佛山灯色"的艺术有怎样的魅力

彩灯,佛山民间称作灯色。这是一种以人物、动植物、亭台楼阁等为对象进行立体造型制作而成的工艺品,具有江南彩灯精巧秀丽的特色,传统上称"佛山灯色"。

"佛山灯色"主要以竹篾、铁线等材料手工扎作成型后,粘贴上各色丝绸布料、花边、彩穗,再配上佛山特有的"佛山剪纸"图案或在丝绸上绘画各种图案。"佛山灯色"的扎作艺术在传统基础上,不断创新发展,款式和品种更加丰富多彩,由原来的室内走向广场,由单个作品走向集体组合,并开始走向世界。其特点是工艺悠久而造型别致,夸张而不脱离实际。白天,色彩艳丽、五彩缤纷;夜间,通透明亮、金碧辉煌。

佛山民间艺术研究社的灯色扎作艺术品每年都应邀到国外展出,受到国外各界人士欢迎。在香港回归祖国的庆典中,佛山灯色更全面地向世界展示了中国优秀传统文化艺术的风采。

你知道"宫灯"的名称是怎么来的吗

"宫灯"从字面意思,大家就可以知道这种灯肯定来自于宫廷之中。"宫灯"在中国已经有上千年的历史了,发展到现在它已经成了中国传统文化的一个符号。"宫灯"作为我国传统手工业制作的特种工艺品,在世界上享有盛名,直到今天,在一些豪华殿堂和住宅里仍能发现宫灯造型的装饰。

那么,"宫灯"这一名称到底是怎么来的呢?相传,东汉光武帝刘秀一统天下后,为了庆贺这一功业,在宫廷里张灯结彩、大摆宴席,盏盏宫灯,各呈艳姿。“宫灯”之名，由此而生。它以雍容华贵、充满宫廷气派而闻名于世。由于“宫灯”长期为宫廷所用，因此它在皇宫中不仅用来照明，还显示出帝王的一种威严。隋炀帝大业元年正月十五，在首都洛阳城陈设百戏，遍布宫灯，饮宴畅游，全城张灯结彩、半月不息。隋唐之后，每逢元宵节，家家宝灯高挂，处处明灯璀璨，人人提灯漫游，盏盏争奇斗艳。后来，“宫灯”的制作技术传入民间，并渐渐流行开来。

为什么苗族崇尚佩戴白银首饰

苗族人主要居住在我国的贵州、湖南、云南、四川、广西、海南、湖北等省区。苗族女性最具特色的就是那一身从头到脚的银饰了。这些用白银打造的首饰，不仅具有浓郁的民族特色，而且还有支系、年龄、婚姻状况等方面的区别，同时，也表现出了苗族的首饰文化。

苗族的银饰是从我国古代的铜饰发展而来的，在此之前则是用陶、石、骨来作为装饰。据有关考查资料表明，苗族人在宋代便已开始大量使用铜饰；到了清代，则出现了苗族女子“耳戴大环一二围至十余围不等”的记载，苗族银饰进入兴盛时期。

历史上的银饰加工原料主要为银元、银锭。因此，各地银饰的银质纯度以当地流行的银币为准。比如，在新中国成立前，黔东南地区是以雷山为界，北边的银料来自大洋，纯度较高；南边的则来自贰毫，银饰成色较差。

苗族银饰有什么特殊的象征意义吗

苗族的银首饰除了作为美的象征外，还具有夸富、避邪、祭祀、崇拜、保佑以至定情等用途和功能。因此苗族的银手镯、戒指和耳环式样众多，风格也各异。这些银饰物均用纯银打制而成。手镯形制有圆有方，有的为空心，有的为实心，有扭线状、花瓣形、四棱形和六棱形等等，多为上面雕刻各种花纹图案。据统计，苗族银手镯不同类型和式样就有二十多种，女子戴手镯则一手戴一只，多则戴三四只不等，但习惯两手戴的数目相等。银戒指也有二十多种，种类有五连环、九连环、钴细花、吊花腾等。

葫芦都可以制作成哪些工艺品

在古时候，一个小小的葫芦不仅可以制成实用器物，还可以制作成各种精美绝伦的工艺品，从而使今人不得不赞叹古人的高超智慧。那么，古时候，葫芦都可以制作成哪些工艺品呢？

(1)天然葫芦。天生端正均匀、平滑光洁的葫芦并不易得，若有，则为无须修饰便妙趣横生的艺术佳品。若与琴棋书画相映，则会满堂生辉。

(2)勒扎葫芦。用绳索结网，兜套在幼小的葫芦上，待葫芦长成后，便在葫芦上勒扎出网状的凹痕。直痕的疏密，花瓣的大小形状，由所结的网兜孔目决定，一般以匀称为上。

(3)范制葫芦。预先用刚性材料制成模具，在模具的内侧雕刻上设计好的花纹、图案或文字，将模具套在幼小的葫芦上，等葫芦长成后，葫芦的形状和表面纹饰均由模具限定。

(4)火绘葫芦。用烫花技术对葫芦表面进行艺术创作和加工。火绘葫芦清净、淡雅，其表面的瑕疵容易被掩盖。有时巧妙地利用瑕疵，反而能别生佳趣。

(5)押花葫芦。用质地坚硬而又温润的物体，如玛瑙、玉石、象牙、牛角等，磨成钝刃，按压葫芦表面，使之呈现出如浮雕花纹般的、富有立体感的画面。

(6)针划葫芦。此为兰州的传统工艺品,材料为当地所产的一种单肚无腰柄的小葫芦。葫芦秋季下架刮皮、干透后,打磨光滑,用针划上花纹,再用墨染,使画面清晰、醒目。

(7)刀刻葫芦。用刀雕刻葫芦表面或透雕,以达到装饰的目的。刀刻的方法常可与其他方法结合使用,以取得更好的艺术效果。

除此之外,还有用彩绘、剪接、镶嵌、编织等方法制作的工艺品。

古人赋予风筝丰富的寓意是怎样的

风筝从一开始出现就寄托着人们的理想和愿望,并成为与人们的生活有着密切联系的传统工艺品。风筝的造型所模仿的自然事物、社会生活以及神话传说中的形象,都寄托着“吉祥”“吉庆”的祝愿。那绚丽多彩的颜色,也象征着人们对美好生活的向往。而放风筝,也成为老少皆宜的一种娱乐、健身活动。

在阳光明媚的春天,人们手牵引线,在平原,或者在无际的海滩,前后奔跑,使臂、腿肌肉得到了锻炼,眼睛得到调整,气血为之畅达。

伴随着风筝的兴盛,制作风筝成为了一种职业。据史料记载,早在清代,潍县城里的风筝作坊和店铺就有30多家,清明时节在集市上摆摊的有数十户,外地客商在这里络绎不绝,生意十分兴隆。现在的潍坊风筝,由于当地政府的重视,伴随着国际潍坊风筝节的连续举办,已成为当代潍坊城市文化的象征。

被誉为“世界风筝之都”的是哪个地方

风筝又称“纸鸢”“纸鸱”“鹞子”，最初多用于传递消息，唐代以后转为民间的娱乐活动，明清两代是风筝发展的鼎盛时期，在春天放风筝成为民俗生活中不可缺少的部分。现在，风筝的功能已扩展到体育竞赛、装饰艺术等方面。

潍坊是中国的风筝之乡，风筝的制作历史悠久，属中国三大风筝派系之一，与京、津地区的风筝同样享誉中外。潍坊市被国际风筝联合会推崇为“世界风筝之都”，而其总部就设在潍坊市风筝博物馆。

潍坊风筝题材多样，具有浓郁的民间生活气息。每年4月20日至25日都会有来自30个国家和地区的代表团参加这里举行的国际风筝节。

风筝的类型都有哪儿种

风筝按其形状又可以分为串式、桶式、板子、硬翅、软翅以及自由类六大类。

(1)串式。把数只相同或不同的风筝像穿糖葫芦似的拴在一根或多根线上放飞的风筝。比如，龙头蜈蚣风筝，分头、身、尾三个部分，身子为主体，由若干个圆片形的单体组成，每个圆片就是一个风筝。

(2)桶形。此类风筝又称立体风筝，一般采用折叠结构的骨架，由一个或多个圆桶或其他形状的桶组成。

(3)板子。此类风筝就是平面板形的风筝。升力片就是主体部分，四边有竹条支撑，形状多八角、菱形、正方形、四边形等。

(4)硬翅。此类风筝的翅膀是固定的形式,而翅膀范围以外部分的造型与骨架结构,则因题材不同而各不相同。其升力片用上下两根横竹条做成翅膀的形状,两侧高,中间凹,从而形成通风道。

(5)软翅。此类风筝的升力片是以一根主翅条构成,翅子的下端是软性的,没有依附主条。骨架结构多做成浮雕式,适宜于禽鸟和昆虫风筝,如鹰、蜜蜂、燕子等形状的风筝。

(6)自由类。此类风筝即为跨种类,运用新技术,吸取外国风筝之长的风筝。如“鹊桥会”风筝,把串式、立体、板子等几种方法集于一体;又如“百鸟朝凤”风筝,不仅能迎风转动,还能敲锣打鼓、喷烟冒火等。

你知道放风筝对身体有哪些好处吗

传统中医认为,放风筝者沐浴和煦的阳光和春风,有疏泄内热、增强体质之益。现代保健医学的研究也表明,在阳光明媚的春天,放风筝可以舒展筋骨,从而达到活动四肢的目的;同时,由于尽情呼吸着新鲜空气,吐故纳新,能促进人体的新陈代谢,改善血液的循环状态,从而达到消除冬日气血积郁、祛病健身之功效。由此可见,春天放风筝的确对身体是十分有益的。

放风筝也是一项健脑运动,需要全身心地投入。仅处理好风筝与风向、风速的关系,就得让放风筝的人动一番脑筋。风筝飞起来的必要条件是地面有风,但风速过大也不易放飞,因为如果空气水平方向压力过大的话,风筝不易“抬”上来,并且很难控制;放风筝最怕的是风向不定,因为此时的风筝很容易就会“栽”下来。现代人放风筝,由于已发展到动静结合、高低变幻、声光俱全的高超技艺阶段,因此需要动脑筋的地方就更多了。

放风筝能使人情绪开朗、心境愉悦。放风筝时,大脑高度集中,无疑会消除人的内心杂念;放风筝的人抬头看一看蓝天,其心胸也会感到开阔;此外，在春季，草长莺飞，触目皆景，放风筝就如同进行一次人与自然的美好对话。

剪纸艺术的内涵是什么

剪纸是民间艺术中的一种。它以纸为加工对象，用剪刀或刻刀为工具进行艺术创作。剪纸艺术是一门“易学”但却“难精”的民间技艺，反映的是劳动人民那种朴实无华的精神。

（1）线线相连与线线相断。剪纸作品是采用镂空的方式在纸上剪出或刻出的。由于镂空，因此阳纹的剪纸必须线线相连，阴纹的剪纸必须线线相断，如果把一部分的线条剪错了，就会使整张剪纸形不成画面。

（2）构图、造型图案化。在构图上，剪纸很难表现出三维空间。它主要依据形象在内容上的联系，较多使用组合的手法。由于在造型上的夸张变形，因此就可以使用图案形式美中的一些规律，作对称、均齐等。

（3）色彩单纯、明快。剪纸的色彩要求在简中求繁，少作同类色、类似色、邻近色的配置，而要在对比色中求协调。同时，还要注意用色的比例。

（4）刀法要“稳、准、巧”。民间剪纸的许多特点和风格都是由于刀法上的一定技巧而产生的。这里的“巧”主要是指运用巧刀刻出的“锯齿”和“月牙儿”，而这正是剪纸刀法中最重要的两种刀法。如果可以将这两种刀法运用恰当的话，就可以形成剪纸艺术独具的“刀味纸感”。

剪纸技艺的技巧是怎样的

同其他民间工艺一样，剪纸同样需要一个繁琐而又细心的过程，才能完成一张精美的艺术品。具体的剪纸工艺如下：

(1)选用特制的彩色宣纸，质地要求平整、柔软、色纯、不反光、质感强、纤维细腻。普通大红纸易退色、质脆、表面粗糙，不适合做艺术剪纸，但用于剪窗花，既鲜艳又经济。

(2)将选好的剪纸图案打印或复印，根据图案大小将一张宣纸剪下来，四周留出一厘米的空间。普通的窗花，学习几天就可以。但是，高档艺术剪纸，就要看悟性了。

(3)用钉书器，最好用缝纫机将一沓宣纸和样稿钉(缝)在一起。然后，用重物压数小时，便于刻制。一套优质的剪纸工具，是完成艺术作品的关键。

(4)根据样稿粗细程度，选用不同的刻刀。要像拿毛笔一样直握刻刀，尽量保持垂直。由上往下垂直切割，切割过程中，刻刀向前移动，尤其刻制圆形图案时，不可用力扭动刻刀，而是每刻一刀时，调整一下角度。用手指控制刻刀随图案转动，第一刀必须垂直，绝对不能用刻刀在纸上平行。从中间向四周刻，从难度大的部位向简单的部位刻。收刀时，刀杆倾斜，保证刻刀斜面垂直。反复练习刻制几何图案，做到不过刀、不连刀，不可操之过急。刻制产生的纸屑及时清理。

同时，在这样刻制的过程中，还要时时注意刻刀的磨制，因为只有一把好的刻刀，才能完成一件好的剪纸作品。

剪纸艺术有哪些表现方式

剪纸艺术重在表现神似，而不是表现形似。民间剪纸来源于生活，剪纸的创作者把他们对身边事物的认识、感悟以剪纸的艺术形式表现出来，是他们内心情感的一种表达。

受工艺的限制，剪纸不宜采取完全写实的手法，只能采用突出表现对象轮廓特征的手法，并运用变形、夸张等表现方法，突出表现对象的特征。因此，夸张、变形成为剪纸中最常用的表达方法之一。

夸张、变形是人类创造性劳动的成果和智慧的结晶，无论是仰韶文化的彩陶纹饰，殷商青铜器的图形纹样，还是秦汉的石刻艺术，都是以艺术夸张之美来显示其永恒的艺术魅力的。剪纸艺术继承了这种夸张艺术而作为原始艺术的直接承载体，在这方面有着突出的表现。民间剪纸的表现内容多来源于现实生活，并且大多反映劳动人民身边的生活、事物，但它并非只是对其作品所要表现的物象进行简单、直观的模拟，而是超越现实的客观表现。

剪纸的象征含义有哪些

民间剪纸艺人把约定俗成的形象组合起来，用以表达追求吉祥的喻义，是剪纸艺术表达意愿的最终目的。民间剪纸善于把多种形象组合在一起，并产生出理想中的美好结果。无论用一个或多个形象组合，都是“以象寓意”“以意构象”来造型，而不是根据客观的自然形态来造型。

剪纸艺术长期以来表达着纳福迎祥的意思，因此在民间得以广泛、长久流传。地域的封闭、文化的局限以及自然灾害等逆境的侵扰，激发了人们对美满幸福生活的渴求。人们将祈求丰衣足食、人丁兴旺、健康长寿、万事如意等朴素的愿望借托剪纸传达出来。

由此可见，剪纸的表现语言不是简单的平铺直叙，而是托物寄语，即借用那些约定俗成的观念化形象，来寄托人们对美好生活的向往和对吉祥幸福的期盼。

我国有哪几个剪纸流派

同其他艺术门类一样，剪纸也分为几大流派，主要有岭南派、江浙派以及北方派。

(1)以广东佛山剪纸和福建民间剪纸为代表的岭南派。广东佛山剪纸历史悠久，源于宋代，盛于明清时期。从明代起，佛山剪纸已有专门的作坊对其进行大量生产，产品销往省内及中南、西南各省，并远销南洋各国。

福建各地的民间剪纸有着不同的特点。山区的南平、华安等地以刻画山禽家畜的作品较多；沿海的闽南、漳浦一带则将水产动物入画，且工艺细致、造型生动。

(2)以扬州剪纸和浙江民间剪纸为代表的江浙派。扬州是我国剪纸流行最早的地区之一，扬州剪纸历史悠久。相传，隋炀帝三下扬州，每到冬天，园苑中花树凋零，池水结冰，隋炀帝游兴不减，令宫女们仿照民间剪纸，用彩锦剪为花叶，点缀枝条，挂于树上。

江浙民间剪纸在乡土之中延续传承经久不衰。金华地区多为窗花和灯花；乐清的细纹刻纸主要用于装饰龙盘灯；平阳的太平钿剪纸，制作精美，用途广泛，其中以放在礼物上的“圈盆花”最有特色。

(3)北方派代表为山西剪纸、陕西民间剪纸以及山东民间剪纸。剪纸在山西民间是一种很普遍的群众艺术，那些年过半百的老大娘和纯朴俊秀的姑娘，常借助剪刀或刻刀，在纸上灵活地镂空剪刻出花样，装点着自己的生活。而陕西从南到北，特别是在八百里秦川，到处都能见到红红绿绿的剪纸。

山东民间剪纸从造型风格上大致可分两类。一类，渤海湾区域粗犷豪放的风格，与黄河流域其他省份的剪纸一脉相承；另一类，山东胶东沿海地区以线为主、线面结合的精巧型剪纸，它似乎与山东汉代画像石细微繁缛的风格一脉相承，其花样密集的装饰手段，使单纯爽快的外形更为饱满、丰富。

绥德石雕为什么被认为是一种男人的艺术

绥德石雕艺术，将现实主义和浪漫主义相结合，以其含蓄且寓意深刻的笔触、古朴粗犷的表现手法、精雕细刻的刀法以及博大磅礴的气势享誉国内外。它所蕴含的艺术价值和学术价值非常高，它对人文学、民俗学、历史学、民族学、东方美学以及世界美学都有很高的研究价值。

绥德石雕也是“绥德汉”情感的一种表达，是一种绥德男人的艺术。它凝结着绥德男人纯朴、直率、顽强拼搏的品格；也象征着绥德男人高大、英威、彪悍的气质；更体现着绥德男人那种英勇顽强、不屈不挠、顶天立地的精神。

因此，从古至今绥德的石雕工匠们，以简洁明快的刀法、大胆随意的想象以及自然娴熟的雕刻技术，雕出了绥德男人心中那五彩斑斓的情感世界。无论是雕刻的人物、山水、花草、禽、兽等工艺品，还是雕刻的石狮、龙柱或石牌坊等大型建筑物都继承和发展了传统的石雕艺术。

中国结的起源你知道吗

中国结由旧石器时代的缝衣打结，发展到汉朝的仪礼记事，再演变成今日的装饰手艺，它显示的情致与智慧正是中华古老文明中的一个方面。周朝人随身的佩戴玉常以中国结为装饰，而战国时代铜器上也有中国结的图案。延续至清代，中国结真正成为流传于民间的艺术。当代，多用来室内装饰、亲友间的馈赠礼物及个人的随身饰物。

中国结的外观对称、精致，可以代表中华民族的悠久历史，并符合中国的传统装饰习俗和审美观念。中国结是中国人对亲情、友情、爱情“一心一意”的象征。

中国结的含义有哪些

“结”给人的是一种团圆、亲密、温馨的美感。同时，“结”与“吉 ”谐音，有着丰富多彩的内容。福、禄、寿、喜、财、安、康这些都是属于吉的范畴。

每一个中国结从头到尾都是用一根丝线编结而成，而每一个基本结又根据其形、意命名。把不同的结饰互相结合在一起，或者用其他具有吉祥图案的饰物搭配组合，就形成了造型独特、绚丽多彩、寓意深刻、内涵丰富的中国传统吉祥装饰物品。如“吉庆有余”“福寿双全”“双喜临门”“吉祥如意”“一路顺风”等组配，都表示美好的祝福，是赞颂以及传达衷心至诚的祈求和心愿的佳作。中国结与现代生活相结合，已发展成为多个产品，其中主要有吉祥挂饰和编结服饰两大系列。每个系列又包括多个品种，如吉祥挂饰有大型壁挂、室内挂件、汽车挂件等；编结服饰有戒指、耳坠、手链、项链、腰带、古典盘扣等。

中国结有几种基本的结法

中国结因具有深厚的文化内涵和独特意义而受到世人的喜欢。目前，中国结的基本结法有十多种，其名称多是根据绳结的形状、用途或原始的出处和意义来命名的。

(1)双钱结。形状像两个古铜钱半叠的式样。

(2)纽扣结。常用以扣紧衣服,因其功能而得名。

(3)酢浆草结。其三个外耳就像是酢浆草的叶片,因而得名。

(4)团锦结。其外形类似花形。团锦结的结形圆满,变化丰富,类似花形,结体虽小但不易松散,常镶嵌珠石,非常美丽。

(5)十字结。结之两面,一为口字,另一为十字。

(6)吉祥结。吉祥结为十字结之延伸,亦是古老装饰结之一,有吉利、祥瑞之意。

(7)万字结。其结体的线条走向像佛门的标志。

(8)盘长结。其基本形状就如佛教八宝之一的盘长。

(9)藻井结。结构紧凑、华丽,形如古时的天井而得此名。

(10)平结。是以一线或一物为轴,将另一线的两端绕轴穿梭而成。

你想学编织中国结吗

近年来,越来越多的人因为喜爱而加入制作中国结的队伍中。中国结的编制大致可以分为基本结、变化结及组合结三大类。

根据结式、配饰及用途,选定质地与色彩适合的线之后,就可以开始编了。初学者不易把握编每一种结大约需要多长的线,因此不妨截取一段较长的线来编。如果结式要配个饰物作坠子,开始编时就要先把饰物穿在线的正中央,然后依照图解的步骤,按部就班地去编。

编的步骤完成之后,要将结子抽紧定形,这是编结过程中最重要也是最困难的一步。抽时不可操之过急,先认清要抽的那几根线,然后同时均匀施力,慢慢抽紧,并且随时注意编线有没有发生扭折的现象。先把结的主体抽紧之后,再开始调整它的耳翼、叶瓣或花瓣的长短,自结的起端开始把多余的线向线头的方向依次推移集中。在此操作之中，绝对不能让结的主体松散，而且若遇线段扭折，要一边抽，另一边用拇指与食指转动线段，或者借用镊子施力，使之平展过来。

结形调整得完全满意之后，为了使之保持较好的状态，有些容易松散之处，或者垂挂饰物的着力处，最好选择与结同色的细线，缝上几针，它就不会变形了。通常情况下，结的上下两头是吃力之处，得用针线固定。缝时，针脚要注意藏好，不要露出痕迹。结式固定之后，可以在适当的地方缝镶上颜色相配的珠子，以增加美感。这样，一个外形漂亮、美观的中国结就编好了。

花灯的来历你知道吗

花灯，又名“彩灯”，是我国传统农业文化的产物，既具有实用功能又具有艺术欣赏功能。

元宵节通常是花灯的世界。每到这时，各式花灯便高悬于街头。花灯多以亭、台、禽、鱼、虫以及花卉的题材制作。花灯起源自汉武帝于农历正月十五日在皇宫设坛祭祀当时天神中最尊贵的太一神，由于这样的活动需要彻夜举行，必须彻夜点灯照明，而这也是元宵节点灯的开始。在佛教自印度传入中土后，由于道教神仙术与佛教燃灯礼佛的虔诚互相结合，每到正月十五的夜里，城乡灯火通明，士族庶民，一律挂灯，形成了一种独特的习俗。

花灯通常分为吊灯、座灯、壁灯、提灯四大类，它是用竹木、绫绢、明球、玉佩、丝穗、羽毛、贝壳等材料，经彩扎、裱糊、编结、刺绣、雕刻，再配以剪纸、书画、诗词等装饰制作而成的综合工艺品。

花灯分为哪几种你知道吗

中国花灯在几千年的流传过程中也形成了独具特色的种类，有龙灯、宫灯、纱灯、花篮灯、龙凤灯、棱角灯、树地灯、礼花灯、蘑菇灯等，形状也多种多样。

(1)龙灯。也叫“龙舞”，是中国民间灯饰和舞蹈形式之一，流行于我国的很多地方。龙灯前有龙首，身体中间节数不等，但一般为单数，每节下面有一根棍子以便撑举。每节内燃蜡烛的就称为“龙灯”。舞时，由一人持彩珠戏龙，龙头随珠转动，其他许多人各举一节相随，上下掀动，左右翻舞，并以锣鼓相配合，甚为壮观。

(2)宫灯。此种花灯是驰名世界的特种手工花灯艺品。宫灯因多为皇宫和官府制作和使用，故由此得名。宫灯的制作十分复杂，但是宫灯上面的题材却非常丰富。

(3)走马灯。它是花灯艺术中一类独特的观赏灯种，其声誉传遍海内外，以广东走马灯为最佳。走马灯通常是在灯中置一转轮，在其上贴好用彩纸剪成的各式人物、花鸟等形象，轮下点燃蜡烛，热空气上升，引起空气对流，使轮子转动，纸像也就随之转动，并且画面连续不断、动感十足。

你知道蜡染是什么吗

蜡染是民间的一种染布工艺，始于汉代，盛于唐代。

蜡染与绞缬(扎染)、夹缬(镂空印花)并称为我国古代三大印花技艺。蜡染是用蜡刀蘸熔蜡绘花于布后以蓝靛浸染，浸染去蜡，布面就呈现出蓝底白花或白底蓝花的多种图案。同时,在浸染中,作为防染剂的蜡自然龟裂,使布面呈现特殊的“冰纹”。由于蜡染图案丰富,色调素雅,风格独特,用这样的布料来制作服装服饰和各种生活实用品,极具民族特色。

你知道蜡染的染料是如何制作的吗

蜡染的基本原理是在需要白色花形的地方涂抹蜡质,然后将没有涂蜡的地方染成蓝色。有蜡的地方由于没有上色而呈现白色,这在行话中叫作“留白”。古代人通常用蜂蜡,而现代用石蜡、蜂蜡、木蜡等混合蜡,但是无论哪种蜡,在高温下都会融化,因此用于蜡染的染料只能在低温条件下染布,否则蜡一融化,就无法留白了。但是,古代没有化学染料,只有天然植物染料,能满足低温染色的只有靛蓝一种。当然,可以制作靛蓝的植物有多种,如蓼科的蓼蓝、十字花科的菘蓝、豆科的木蓝等多种植物茎叶都可以发酵制造靛蓝染料。

在现代印染工业中,人们借鉴古代蜡染的基本原理,大量使用的 X 型活性染料都是低温型的,可以在 20～35℃以下染色,使蜡染工艺品的颜色变得丰富多彩。但是,从绿色环保的角度来讲,还是靛蓝蜡染布更加安全、健康。

你知道我国的“蜡染之乡”在哪里吗

我国贵州地区的蜡染工艺十分成熟,其省内的安顺市被誉为“蜡染之乡”。

安顺是我国著名的旅游城市,境内有黄果树瀑布、龙宫、屯堡文化(天龙镇、云峰八寨等)、天星桥、花江大峡谷等著名景点。同时,安顺还有“滇之喉、黔之腹，粤蜀之唇齿”的赞誉，地理位置重要，交通方便，更是“商业甲于全省”。安顺于1992年成功举办了首届蜡染艺术节，吸引了来自国内外的众多宾客，自此蜡染艺术走向世界。安顺有大量的蜡染作坊、工厂，并涌现出洪福远等一批知名的蜡染艺人。安顺的蜡染在继承传统工艺的同时也在不断发展新工艺。

你知道蜡染和扎染有什么区别吗

蜡染和扎染都是传统印染方式。虽然两者的原理相似，但还是有一些区别。

蜡染的原理比较接近照相，首先用蜡附着在部分布匹上，然后将其放入染料中，没有被蜡附着的面料就染上了染料的颜色，被蜡附着的面料仍然保持原来的颜色。在蜡附着的边缘，由于蜡的渗透，被染的颜色形成了渗透的样子，从而产生了一种从无到有的过渡效果。

扎染与蜡染的染料可以一样，但扎染的方法更加生动，面料不是靠蜡来附着，而是靠绳子来裹扎一部分面料，被扎住的面料不会被染料染色，而其他部分则被染料染上颜色。同时，捆扎部分也由于液体的浸透形成了颜色的过渡。

蜡染制品该如何收藏与保养呢

同许多工艺品一样，蜡染制品的收藏和保养同样有一系列需要注意的事项。那么在平日，大家该如何来收藏和保养蜡染制品呢？

首先，由于蜡染的原料是纯棉布，因此在保养方面应注意防潮、防腐蚀，以免发霉长虫。如果买回后是用于收藏而非装饰，那么就要定期取出晾晒。

其次，蜡染可以用水清洗，但在洗的过程中不要使用清洗剂，以免掉色；也不可用机洗，因为很多染画主要是以须边突出主效果，用机洗会将须边搅坏。洗完后的蜡染制品可以熨烫。

再次，购买蜡染制品后，可以根据需要进行装裱。同时，由于蜡染制品是用100%纯棉布制成，因此还是服装、被套、床单等的极佳选择。只要运用得当，一定会让您的居室或办公室呈现另一番情趣。

最后，蜡染制品在收藏和保养过程中应放置在干净、整洁、无尘的环境中，并要定期清扫。

景德镇瓷器是如何出名并发展起来的

景德镇瓷器造型优美、品种繁多、装饰丰富、风格独特，以“白如玉，明如镜，薄如纸，声如磬”的独特风格享誉海内外。据考古发掘表明，景德镇自五代时期就开始生产瓷器，历经各朝成为全国的制瓷中心。

景德镇在宋代出现“村村窑火，户户陶埏”的景观，这说明当时瓷器技艺已经初具规模。元代，景德镇窑在宋代青白釉生产的基础上迅速崛起，创烧了成熟青花、釉里红及各种单色釉品种。洪武年间是明代釉里红烧制最兴盛的时期，不仅数量多，而且多为大型器皿。明代晚期是青花五彩烧制的鼎盛时期，但由于形制高大、技艺高超，因此盖与器身均保存完好的器皿在今天并不多见。

清代，中国瓷器的生产进入了一个新的历史时期，特别是雍正时期的陶瓷制品以其胎细釉润，纹样典雅精美而独树一帜。明、清以后，珠山御厂的设立和海外市场的进一步扩大刺激了景德镇制瓷业的蓬勃发展，致使散落在乡村的小窑作坊都集中到城区，形成众多的手工业工场。

黄杨木雕为什么很有名

浙江省温州市乐清县是黄杨木雕的发源地，它和东阳木雕、青田石雕，并称为“浙江三雕”。黄杨木雕刻充分展现了民间工匠的智慧，在历史的发展过程中呈现出了多种不同的风格，如明之木雕刀法圆润，简练流畅；清之木雕刀法清澈，光滑圆转等。黄杨木雕工艺流程复杂，每道工序的细腻程度及工艺要求都是其他雕刻难以比拟的，亦无法以现代技术加以替代。

黄杨木雕所使用的黄杨木生长缓慢，有“千年难长黄杨木”“千年黄杨难做拍”的说法。据《本草纲目》记载：“黄杨性难长，岁仅长一寸，遇闰则反退”。《乐清县志》也有类似记载。黄杨木一般要生长四五十年才能用于雕刻，而这也许就是其珍贵的原因。

相传最早以前，有一位雕塑神像、佛像的民间艺人，因一次偶然的机会才发现黄杨木质地坚韧光洁、纹理细密、古朴美观、硬度适中，是一种雕刻小型圆雕的最佳材料。

黄杨木雕的艺术特点是什么

黄杨木经精雕细刻磨光后能同象牙雕相媲美。特别是随着年代的久远，颜色由浅而深，给人一种古朴美观、别具特色的视觉享受。

黄杨木雕有传统类、根雕类及劈雕类三种类型，其造型理念、技艺及程序都不一样。传统类是以单一的人物造型为主，这种雕刻主要有群雕和拼雕两种方式；根雕类是以天然黄杨木根块为材料，利用树根造型；劈雕类是将无法用作人物雕刻的木块劈开，取其劈裂后的自然纹理立意雕刻，一切顺乎自然,不作精雕细刻。

传统类的雕刻有人物范型,材型要与之相适合,故有泥塑构稿、选材取料、敲坯定型、实坯定格等程序;而根雕则随机应变,构思的灵活性很大,无须泥塑构稿,但必须注意保持树根特有的造型意味;劈雕则将注意力转移到纹理的造型基础上。

香包是如何演变而来的呢

香包,人们也把它叫作香囊、馨香。那么,它是如何演变而来的呢?

五月俗称毒月,根据《风土志》记载,农历五月五日为阳极之日,又叫中天节,有制造各式各样避邪物的风俗。在《荆楚岁时记》中,也记载着每逢端午节这一天,以艾草剪成老虎的形状,或者剪裁布做成小老虎,来避除一些有毒的东西这一习俗。另外,《风俗通》中记载,古时候,人们把用五色彩线制成的长命缕系绑在小孩子的手臂上,以保佑他长命百岁。

后来,人们慢慢将这两项风俗融合在一起,即用五色彩线系着一个装满用艾草、雄黄及檀香粉末制成的混合香料的小布袋挂在身上,作为一种祛毒避邪、保命吉祥的象征。于是,就此确定了香包的地位。

在传统的农业社会里,做香包是妇女们表现女红手艺最佳机会。根据香包的图案和绣工,可以来评判一名妇女的手艺。

香包是怎样产生并发展到现在的

香包在《诗经》里已有描述,这说明早在春秋战国时代就有了香包。据《礼记》的记载,当时的香包用青、赤、黄、白、黑五色丝线刺绣而成,色彩绚丽，具有装饰衣服和当作玩具的双重功用，又因填有特殊的中药材而兼有驱邪辟秽、除菌爽神的功效。

战国时期至晋代，为附庸风雅，连大男人也佩戴香包，可见香包在当时非常流行。晋代以后，香包渐渐成为女人、儿童的专用品。宋代时，官吏朝服上开始佩戴香包，其礼仪作用愈加凸显。清代，香包成为馈赠佳品，特别是相恋男女以此作为馈赠的信物。

发展到现代，香包在人际交往、美化环境、陶冶情操、寄情寓志方面起着不可替代的作用，是承载传统文化的有效载体。送一个香包，传递一份友情，捎去一份好心情，表达一番美好的祝愿，蕴含着丰富的文化和精神内涵。

送香包有一些特殊的含义你知道吗

在民间，有新娘子赠送亲友香包的习俗，人们认为新娘子带有喜气，由她亲手做的香包，更能祛邪解毒。因此，在其新婚的第一年的端午节，新娘子必须缝制香包分送亲友，而这一送，少说要送一二百个。除了送给亲友之外，多半要给小孩子们佩戴，这样可以表达长辈对晚辈的美好祝愿。同样地，也可以将香包送给长辈以示尊敬和孝敬。

至于送给情人的香包，则一针一线都蕴涵了无限柔情。在以前，姑娘们在情人要出远门时，都会缝制香包让他们带在身上，一方面保佑他们在外平安，另一方面也是在告诉他们，不要忘记家里人，应该早日归来。随着社会的发展，这种温馨的习俗，在现代则比较少见了。

你知道香包是怎样制作出来的吗

香包的制作对针法、材料、工具都有着自己基本的要求。

制作之前先要选择适当的布料，剪裁为基本型，然后根据剪好的布料选择适合的绣线；将剪好的长方形布料对折面向里，缝合布边以后，再翻面缝边绣合，以平针缝合开口处；缝一圈以后，把线头抽紧，留一小口放入香料和棉花，塞好以后把收口抽紧，再缝边成形；把做好的流苏缝合在香包底端，再用胶把剪好的叶子和丝带黏在香包的顶端。这样，一个鸡心型的基本型香包就完成了。

实物造型的香包要先设计好图形，然后是按图将剪纸衬裱在布的背面；把布剪下来后，在上面刺绣图样，再把正反两块已绣好的布形相互背对开始缝合。缝合时，要注意空隙不可太大，缝一半就可塞入香料和棉花；接着，做装饰用的丝带，先接合固定在底端，然后把珠子穿上去，再打一个中国结，接上流苏。这样，一个象征着幸福的香包就做好了。

天津杨柳青年画你听说过吗

天津杨柳青年画是一种继承了宋、元绘画的传统，吸收了明代木刻版画、工艺美术、戏剧舞台的形式，采用木版套印和手工彩绘相结合的方法绘制成的木版印绘制品。天津杨柳青年画是中国著名的民间木版年画，与苏州桃花坞年画并称“南桃北柳”。

这种工艺品大约产生于明代崇祯年间，清雍正、乾隆至光绪初期为鼎盛期。制作方法为“半印半画”，即先用木版雕出画面线纹，然后用墨印在纸上；套过两三次单色版后，再以彩笔填绘，勾、刻、刷、画、裱等纯手工制作。具有笔法细腻、人物秀丽、色彩明艳、内容丰富、形式多样、气氛祥和、情节幽默、题词有趣等特色。

天津杨柳青年画取材内容极为广泛，如历史故事、神话传奇、戏曲人物、世俗风情以及山水花鸟等。其中，那些与人民生活密切关联的题材，不仅富有艺术欣赏性，而且具有珍贵的史料研究价值。

蜀绣的闻名有怎样的传奇经历

蜀绣又称“川绣”，出产于四川成都、绵阳等地。蜀绣与苏绣、湘绣、粤绣齐名，为中国四大名绣之一。

蜀绣绣艺绝天下，这是因为蜀地所产丝帛质好量大，并且在唐宋时就有“茧丝织文纤丽者穷于天下”，“民织作冰纨绮绣等物，号为冠天下”等说法。虽然蜀绣具有画之神韵，但古蜀绣工艺品极少传世。同时，蜀绣还具有气韵连贯的特点。元代杂剧与明清小说有关服饰的描写与北宋欧阳修所描绘的“紫荷垂橐”，就是指蜀绣。

进入21世纪后，随着科学技术的迅猛发展，电脑绣花充斥市场，加之年轻人学习蜀绣的人越来越少，因此这一民间艺术瑰宝面临着失传、绝迹的境地。

黎锦一般是用来做什么的

黎锦是海南省黎族民间织锦，具有悠久的历史，产于海南省的黎族自治区。黎锦多用于妇女筒裙、摇兜等生活用品。今海南省五指山市设有“黎锦研究所”，专门从事研究和生产。

黎锦制作精巧、色彩鲜艳，富有夸张和浪漫色彩，图案花纹精美，配色调和，鸟兽、花草、人物栩栩如生，在纺、织、染、绣方面均有着浓厚的黎族特色。黎锦以织绣、织染、织花为主，刺绣较少。染料主要以山区野生或家种的植物作为原料。这些染料色彩鲜艳，不易褪色。

各地黎族人民根据自己的喜好，创造了多种织、染、绣技术。比如，白沙县黎族人民有一种两面加工的彩绣，制作精工，多姿多彩，富有特色，有苏州“双面绣”之美。

第7章 民间艺术的传承

是谁发明的秧歌

对于秧歌，大家都不陌生，这是一种在节日中经常可以见到的表演形式。那么，你知道它是怎样产生的吗？

秧歌最早是从古代人们祭祀农神祈求丰收、祈福禳灾时所唱的颂歌、禳歌中脱胎而来的，并在发展过程中不断吸收农歌、菱歌（民歌的一种形式）、武术、杂技以及戏曲的技艺与形式，从而由一般的唱歌发展成为民间歌舞。到清代，“秧歌”这种表演形式已在中国各地广泛流传。为表示区别，人们常把某地区或形式特征冠于前面。如“鼓子秧歌（山东）”“陕北秧歌”“地秧歌（河北、北京、辽宁）”“满族秧歌”“高跷秧歌”等；而南方的“花鼓”“花灯”“采茶”以及广东与香港流行的“英歌”等，名称虽异，但都属于“秧歌”这一类型，是从“秧歌”中派生出来的不同形式。

为什么节日里人们喜欢扭秧歌

秧歌表演，生动活泼，形式多样，而且场面红火、热闹，规模宏大，气氛热烈。扭秧歌时，人们所穿的服装色彩对比强烈，红蓝黄绿，五彩缤纷。人们在锣鼓的伴奏声中，边歌边舞，以此抒发愉悦的心情，表达对美好生活的憧憬。

因此，秧歌成为大型群众性娱乐、欢庆、宣传的主要形式。又由于秧歌的内容丰富，多姿多彩，形式多样且富于变化；再加上扭秧歌的舞蹈动作丰富，使看秧歌的人也心花怒放，因而秧歌深受广大观众的欢迎，是一种喜闻乐见的艺术形式，更是一种舒缓身心疲倦的好方法。

“鼓子秧歌”是起源于什么时候

“鼓子秧歌”最早被称为“打鼓子”“大鼓子秧歌”或“跑秧歌”等。在这种秧歌的表演中处处透着与自然灾害抗争的影子。这是为什么呢？

原来黄河自古决口和改道极为频繁，直到1048年才改成现行河道。在黄河腰穿县境的岁月里，百姓屡受黄河水的危害，毁房舍、败田禾、饿殍遍地。黄河岸边的百姓，为了生存，奋勇抗洪，导水排涝，灾后散墒抢种。在谷物丰获时，他们就会情不自禁拿起锅、碗、瓢、盆、棍棒、簸箕等随手用具，聚集在一起通过歌唱和跳舞来抒发欢悦心情。后来，随着丰收次数的增多，参加活动的人数不断增多，进而有了简单的舞蹈动作和舞蹈组合，而这就是鼓子秧歌的雏形。

虽然这种说法在史料中很少见到，但是从现在气势恢宏的鼓子秧歌里可以看到古代人们抗洪抢险的影子。如“漩海眼”“大八叉”“大乱场”等磅礴恢宏的场阵，无不使人联想到那些激昂悲壮的与自然灾害抗争的场景。

“叫板”最初是指什么你知道吗

现在说起“叫板”，有着滋事、挑衅的意思，是一个贬义词。其实，这个词原本只是戏曲中的术语。它是指戏曲中把道白的最后一句节奏化，以便引入到下面的唱腔上去的艺术表现形式。同时，用动作规定下面唱段的节奏也称为“叫板”。

一般戏曲都把“唱、念、做、打”作为表演的基本构成。“唱”指唱功，“念”就是对话，都是考验演员表演技能的主要方面；“做”泛指表演技巧，一般又特指舞蹈化的形体动作，是戏曲有别于其他表演艺术的主要标志之一；“打”是传统武术的舞蹈化，是生活中格斗场面的高度艺术提炼。

戏曲表演来源于生活，它把生活里的动作，按照一定的规范进行提炼、概括、美化以及一定程度的装饰、夸张，形成了有一定规律可以遵循的艺术表现形式。只有演员根据人物性格和规定情景的要求，把若干细节按照一定的生活逻辑和舞台逻辑组合起来，才能塑造出独立完整的舞台形象。因此，在表演时，为了更具有艺术美，需要“叫板”来使表演更具有节奏与韵律，而“叫板”也由引起下一段唱段逐渐演变成引起精彩下文的意思，进而具有了“挑战”的意味。这也许就是现在滋事、挑衅之意思的由来。

你知道有一种叫“社戏”的戏曲吗

社戏，是一种在浙江绍兴由来已久的地方戏。“社”原指土地神或土地庙。在绍兴，“社”是一种区域名称，社戏就是社中每年所演的“年规戏”。

绍兴的大部分地区以庙会戏为主。庙会戏是指在各种神仙（如关帝、龙王、火神、岳五猖、城隍、土地公等）的诞辰祭祀活动中演出的戏。祭祀神仙的诞辰，是神庙所在地的盛大庆典，通常举行迎神赛（赛春）会，绵延数里乃至十数里。同时，在庙会举行的时候，也是农村集市异常热闹的时候，百货骈集，称为会市。

当今，在绍兴，有些农村依然有看社戏的风俗，但现在每家每户出些钱，请戏班子来演，目的不是为了拜神，而是一种娱乐活动。

“有板有眼”是因为唱戏而流行出来的吗

“有板有眼”就是指一个人做事稳妥、不毛糙，或者是按部就班地做一件事情。这其中“板”和“眼”都是指什么呢?

明代戏曲作家王骥德在《曲律》中说:“凡盖曲,句有长短,字有多寡,调有紧慢,一视以板眼为节制,故谓之板眼。”由此可见,“板”就是板式。戏曲唱腔音乐中的板式结构,可分为板式变化体和曲牌连套体两大类。在板式变化体的结构中,大都有慢板、快板、二八板、流水板、散板等板类。在各类板式中,强拍为“板”,弱拍为“眼”,板式的强弱关系就是“板眼”。其中,节拍为2/4的叫“一板一眼”;节拍为4/4的叫“一板三眼”;节拍为3/4的叫“一板两眼”。如果演唱者节奏感差,强弱不分明,不是抢板就是滑板,便是掉板了。

总而言之,“有板有眼”在古时候就是指唱腔合乎节拍,不能乱了节拍,后来则引申为言语行事有节奏、有条理。

什么时候东北开始出现二人转的

虽然东北二人转流行于东北地区,但是这种曲艺却是由东北的大秧歌和流行于京、津、河北等地的莲花落融合而成的。用东北人的俏皮话说,二人转是“秧歌打底,莲花落镶边”。“莲花落”亦称“落子”,是一种民间说唱艺术,边说边唱,且歌且舞。

东北地区是清朝的“龙兴”之地。在康乾盛世期间,清朝实习严厉的“封关”政策,严禁汉人进入关东。康雍乾盛世过后,国力日弱,“封关”政策名存实亡,导致清朝后期和民国初年出现“闯关东”大潮,大批山东、河北人进入东北,“秧歌打底,莲花落镶边”的二人转就是“闯关东”的人从关内带至关外的。

“二人转”这个名字最早见于伪满洲国康德二年(1934年)四月二十七日《泰东日报》第七版“……本城(阿城)三道街某茶馆,迩来未识由某乡邀来演二人转者……表演唱曲……”

1953 年 4 月，在北京举行的第一届全国民间音乐舞蹈大会上，东北代表团的二人转节目正式参加演出，从而使“二人转”这个名字首次得到全国文艺界的承认。

二人转的表演形式有哪几种

二人转是东北的地方戏。二人转不只是两个人演。它一树多枝，有着多种演出形式，大体可分“单”“双”“群”“戏”四类。

(1)“单”指“单出头”。这是指一个人一台戏，一人演多角，也有一戏一角一人演的，类似“独角戏”。

(2)“双”指“双玩艺”。这是名副其实的二人转。二人演多角，叙事兼代言，跳出跳入，载歌载舞。

(3)“群”批“群活儿”。过去把“拉场戏”也叫“群活儿”，现在是指群唱、坐唱或群舞。

(4)“戏”指“拉场戏”。这是以小旦和小丑为主的东北民间小戏，其中由两个人扮演角色的也叫“二人戏”。

二人转最初由男演员表演，换装成一旦一丑。后来，出现了女演员，由一男一女演唱，并作简单化妆。

二人转都有哪些表演手段

二人转发展到现在，已经成为全国老少都喜欢的一种曲艺形式。二人转的表演手段大致可分为三种。但是，现在大家最常见一种是二人化装成一丑一旦，边说边唱，边唱边舞。

对于演员的表演方法，有"四功一绝"之说。"四功"指唱、说、做、舞；"一绝"指用手绢、扇子、大板子、手玉子等道具的特技动作。四功以"唱"为首，讲究味、字、句、板、调、劲；"说"指说口，以插科打诨为主；"做"讲究以虚代实；而"舞"主要指"三场舞"。

二人转的"一绝"，以手绢花和扇花较为常见，这部分与东北大秧歌相似。别看这"一绝"说起来十分简单，但是真正练起来，可是不容易的。持大板子和手玉子的舞者倒是别具一格。右手持大板子的舞者，左手通常持甩子，能舞出"风摆柳""仙人摘豆""金龙盘玉柱""黑虎出山""金鼠归洞""缠头裹脑"等高难动作。有的舞者双手持手玉子，这是小竹板，握在手中，每手两块，有"双臂旁平伸打扭""胸前打扭"等多种打法。

皮影艺术传到国外是在什么时候

皮影戏又称"影子戏""灯影戏""土影戏"，有的地区也叫"皮猴戏""纸影戏"等。这是一种由艺人一边操纵一边演唱，并配以音乐，用灯光照射兽皮或纸版雕刻成的人物剪影来表演故事的戏剧。

据说，中国皮影戏从十三世纪元代起，随着军事远征和海陆交往，相继传入了波斯（伊朗）、阿拉伯、土耳其、暹罗（泰国）、缅甸、马来群岛、日本以及英、法、德、意、俄等亚欧各国。从世界范围看，18 世纪的歌德到后来的卓别林等世界名人，对中国的皮影戏都曾给予了高度的评价。可以说，皮影戏是我国历史悠久、流传很广的一种民间艺术。从明末至清末，中国的皮影戏无论是从影人造型制作、影戏演技唱腔和流行地域上讲，都达到了历史的巅峰。

你知道皮影戏是怎么表演的吗

虽然皮影艺术家在台上风光无限，但是你可知道，皮影戏对表演者的技艺要求是非常高的。

皮影表演者除了要能一人控制三四个影人的动作，还要密切配合场上的配乐，兼顾旁白、唱腔。要练就过硬的皮影表演功底，除了需要师傅言传身教，更加需要勤学苦练，积累大量的实际表演经验。由此可见，要培养表演人才，甚至最终能组成一个皮影剧团，是一件非常不容易的事情。也正因为这样，目前全中国仅存的皮影剧团屈指可数，而且都集中在文化生活较为贫乏的山区及农村。这样的表演方式及传播渠道显然无法让皮影戏走入城市，乃至走向世界。

相比之下，数字化的皮影动画却可以打破皮影戏作为传统艺术的沉重，而赋予它大量的现代流行元素。它不仅可以在动画中应用电影中各种长镜、短镜以及蒙太奇手法，也可以用皮影戏的方法来演绎现代的故事。最重要的是，现在可以通过互联网手段，让皮影戏在世界各地流传，被越来越多的人所接受和喜欢。

各个地区的皮影戏有哪些不同特色

我国不同地区的皮影所表现的艺术特色是不一样的，其中主要有陇东皮影、陕西皮影及山西皮影。

陇东皮影的创作擅用夸张变形，人物头大身子小，身体上窄下宽，手臂过膝。面部形象除有个别丑角、鬼怪之类为四分之三的半侧面，一般都是正侧。脸谱的设计规律与陕西关中秦腔脸谱基本相同，如黑忠、白奸、红烈、花勇等。

陕西皮影受民间说书艺术的影响很深，它是近代陕西多种地方戏曲的前身。陕西皮影造型质朴单纯，富于装饰性，同时又具有精致工巧的艺术特色。陕西皮影人物造型的轮廓整体概括，线条优美生动有力度，有势有韵，在轮廓内部以镂空为主，又适当留实，做到繁简得宜、虚实相生。

山西皮影的制作中规中矩，艺术风格及工艺手段与陕西皮影相似。皮影的用线除了虚线、实线之外，虚实线、绘线及暗线的运用更为别致。虚实线常用于皇宫贵族的建筑、摆设、衣饰等，显得富丽堂皇；绘线以墨线代刀，在难以雕镂的微小装饰物上描绘，细致精彩。使用的颜料大多是艺人们自制的大红、大绿、杏黄等，色彩鲜艳明快、清雅大方，耐蚀且长久不变色。

木偶戏的艺术造型都是什么样的

木偶戏是一种以木偶作为主要演员的戏剧种类。表演时，演员在幕后一边操纵木偶，一边演唱，并配以音乐。木偶戏中的木偶既是由人雕绘成的戏剧角色，又是由人操纵的戏具。

元、明、清以来，木偶戏由城入乡，形成了多种风格、流派的木偶造型艺术，并且因地域的不同，出现了多种多样的造型特色，如泉州嘉礼戏、漳州布袋戏、广东杖头、潮州铁枝、合阳线戏、吴桥扁担戏及四川大木偶等。这些不同地域的木偶戏，有着强烈的地方特色，或行当齐备，或工艺精良，或精雕细琢，或旷达写意，风韵各异。近几十年，木偶戏由民间走向专业化，演出由露天走入剧场，木偶造型逐步现代化，雕绘工艺达到了相当高度。就整体而言，当今中国木偶戏中的木偶造型艺术水平，是与时代发展同步的。

秦腔里面都有哪些角色你知道吗

秦腔，源于西秦腔，流行于我国西北的陕西、甘肃、青海、宁夏等地。又因其以枣木梆子作为击节的乐器，所以又叫“梆子腔”，俗称“桄桄子”。

秦腔的角色分为四生、六旦、二净、一丑，共计十三门，又称“十三头网子”。演唱时，须生、青衣、老生、老旦、花脸多角重唱，故又叫作“唱乱弹”。有人赞美秦腔是“繁音激楚，热耳酸心，使人血气为之动荡”。秦腔的表演朴实、粗犷、细腻、深刻，以情动人，富有夸张性，表现出了西北人所独有的那种粗犷与豪迈。

20 世纪初，西安成立了易俗社，专演秦腔，并且锐意改革，吸收了京剧等剧种的营养，唱腔从高亢激昂而趋于柔和清丽，既保存了原有的风格，又融入了新的元素。现在，秦腔已经成为我国的一个重要的地方戏。

秦腔的表演形式有哪些

秦腔的唱词结构一般比较工整，常见的有七字句和十字句，也就是戏词如同一首七言诗一样排列整齐。与唱词相对应的是曲调，秦腔板腔音乐结构可以归纳为“散板—慢板—由中板而入于急板—结束”的过程，也即打板节奏从慢到略快、快、极快、结束以前的渐慢、最终结束的过程。演唱者根据这种循序渐进的节奏，层层推入地展开故事情节，并根据剧情需要，使用不同的节奏来表达情感。

秦腔唱腔中还有一个特点就是“彩腔”，假嗓唱出，音高八度，多用在人物感情激荡、剧情发展起伏跌宕之处。其中，拖腔必须归入“安”韵，一句听下来饱满酣畅，极富表现力，而这也是秦腔与其他的剧种有明显区别的地方。

秦腔的伴奏分文场和武场，所用的乐器，文场有板胡、二弦子、二胡、笛、三弦、琵琶、扬琴、唢呐、海笛、管子、大号（喇叭）等；武场有暴鼓、干鼓、堂鼓、句锣、小锣、马锣、铙钹、铰子、梆子等。

你知道“鞭扫灯花”是什么吗

“鞭扫灯花”是秦腔、同州梆子、西府秦腔、汉调桄桄以及汉调二簧净、旦行的一种表演特技。

在表演“鞭扫灯花”时，先用黄表纸在鞭梢扎成约四寸（13.3 厘米）多长的纸花，然后加足灯油，拉长灯捻，使其多出灯花；演员在兵卒下场后，跨右腿，左转身，蹭步，左前弓后箭，面向观众，对着舞台左前角吊的油灯，在打击乐《脚底风》伴奏中，双鞭从下向上，反手交叉挽面花，双鞭梢前面的纸花，反复扫向灯捻上所结的灯花，使其扩散，洒向空中；接着，跨左腿，右转身蹭步，右前弓后箭，面向观众，对着吊在舞台右前角的油灯，方向可以不同，但动作要求与锣鼓要节奏一样；接着，舞一套双鞭，在《倒四锤》中，到舞台右前角扎势亮相。这时，舞台空间火星闪闪，四下飘落，忽明忽暗，扑朔迷离。靠近演员亮相的那盏灯，灯光因灯花被扫掉而由暗转亮，使观众清晰地看到演员面部的表情与眼神。扫灯花，在添油、拨捻子、结灯花、扫灯花上，均须掌握好时间，恰到好处，配合默契，才能显示出技巧的高超。

旧时，由于演出多用清油灯照明，故常用此特技。但现在，随着科学技术的发展，照明条件的改变，这种特技渐渐地被人们所遗忘。

你知道川剧的变脸是怎么表演的吗

变脸是川剧表演艺术中的特殊技巧之一。它是剧中人物内心思想感情的一种浪漫主义表现手法。变脸大体分为抹脸、吹脸及扯脸三种。

(1)抹脸。将油彩涂在脸上,到时用手往脸上一抹,就可变成另外一种脸色。如果要全部变,则油彩涂于额上或眉毛上,如果只变下半部脸,则油彩可涂在脸或鼻子上。当然,这些都不是随随便便抹的,而是需要日积月累的练习。

(2)吹脸。只适合于粉末状的化妆品,如金粉、墨粉、银粉等,有的是在舞台的地面上摆一个很小的盒子,内装粉末,演员到时做一个伏地的舞蹈动作,趁机将脸贴近盒子一吹,粉末扑在脸上,立即变成另一种颜色的脸。

(3)扯脸。比较复杂的一种变脸方法。它是事前将脸谱画在一张张绸子上,剪好后在每张脸谱上都系一根丝线,再一张一张地贴在脸上。丝线则系在衣服的某一个顺手而又不引人注目的地方,随着表演的需要,在舞蹈动作的掩护下,再一张一张地扯下来。

总而言之,变脸在川剧中是一门非常独特的技艺,现在已被其他剧种所借鉴,并且已经流传国外,受到了国内外群众的喜欢。

花鼓戏是因为用花鼓伴奏而得名的吗

花鼓戏是流行于湖北、湖南、江西、安徽、河南等省的一种地方戏。从名称上大家就可以看得出这是一种用花鼓作伴奏的剧种。

一旦一丑演唱的花鼓戏——地花鼓,在清代嘉庆年间已经形成。花鼓戏源出于民歌，逐渐发展成为一旦一丑演唱的花鼓戏初级形式。据杨恩寿的《坦园日记》记载，清代同治元年，湖南永兴的“花鼓词”（即花鼓戏）中，已有书生、书童、柳莺、柳莺婢四个角色，而且情节与表演都较生动。由此可见，当时的花鼓戏不但角色多样，而且演出形式也具有一定的规模。

从声腔和剧目看，花鼓戏初期以民间小调和牌子曲演唱边歌边舞的生活小戏，如《打鸟》《盘花》《送表妹》《看相》等；后来，“打锣腔”与“川调”传入，才逐渐出现故事性强的民间传说题材剧目，这样，便形成了“花鼓戏”这一在艺术上比较完整的地方剧种。现在，“花鼓戏”不但走向了全国，还将走向了全世界。

花鼓戏在哪些地区特别有名

花鼓戏与人民的生活关系非常密切，再加上语言不同，师承不同，流派不同，每个地区都有各自的风格特色，因此花鼓戏的种类也就五花八门了。按地区来看，比较有名的花鼓戏主要有宁乡花鼓戏、银花鼓、益阳花鼓戏以及湖北花鼓戏等。

宁乡花鼓戏形成于清代，流行于湘中、湘东以及洞庭湖滨，这是一个具有广泛群众基础，而且地方特色十分鲜明的地方小戏种，其中以浏阳、宁乡、益阳、西湖、醴陵等五路为主要流派。这五路花鼓戏因都以宁乡话为统一的舞台语言，所以通称为宁乡花鼓戏。

银花鼓又称荆州花鼓，与“湖南花鼓戏”“凤阳花鼓戏”齐名，流行于荆沙、潜江花鼓戏、监利、天门、汉川等地。沈三、刘伏香是当地家喻户晓的老艺人，民间流传有“看了沈三的戏，犹如做皇帝”的美谈。

益阳花鼓戏是湖南比较有名的地方剧种，以前也称楚剧。益阳花鼓戏初为“童子装丑旦对唱”形式，表演内容多是农村青年的生活趣事，所以具有浓郁的生活气息。

湖北花鼓戏又名挑香担，因其题材来源于农村生活，剧情简洁明快，曲调活泼流畅，又是用当地方言演唱，具有浓郁的地方特色，所以深受当地农民喜爱。

此外，比较著名的花鼓戏还有天门花鼓戏、长沙花鼓戏、岳阳花鼓戏、豫南花鼓戏等，都各具特色，并深受当地人民的喜欢。

吹火的表演是真的能吹出火来吗

在民间的杂耍集会上，大家会看到一个演员能从口中迸出一股股的火焰来。那么，这些演员是如何吹出火的呢?

吹火也称喷火，一般多用于有妖怪、鬼魂出现的剧目中。其实，吹火的方法十分简单，先将松香研成粉末，用箩过滤，再用一种纤维长、拉力强的白麻纸包成可含入口中的小包，然后剪去纸头；吹火前，将松香包噙在口里；吹火时，用气吹动松香包，使松香末飞向火把，燃烧腾起火焰。常见的吹火形式有直吹、倾吹、斜吹、仰吹、俯吹、翻身吹以及蹦子翻身吹等；就其形状可分为单口火、连火、翻身火、一条龙以及蘑菇云火等。

虽然，吹火的技巧并不难，但是没有经验的人千万不要去尝试。

你知道快板的其他名字吗

“快板”这一名称出现较晚，早年叫“数来宝”，也叫“顺口溜”“流口辙”“练子嘴”，是从宋代民间的“莲花落”演变发展而成的。“快板”与“莲花落”一样，起初是乞丐沿街乞讨时唱的。旧时的艺人总会找个历史名人，奉为开山鼻祖，以增光添彩，“数来宝”的艺人当然不例外。于是，他们将明太祖朱元璋奉为祖师爷。

据《江湖丛谈》记载，朱元璋年少时用两块牛骨敲打，挨户讨要。而那时候的人们每当听见门前有牛骨头的声音，都会把剩的食物拿至门前，送给他吃。

旧时，北京天桥有“数来宝”场子，但不固定。皆因“数来宝”挣钱不多，出语粗俗，而不受大众喜欢，没有群众基础，所以场主也不愿将场子租给“数来宝”艺人。因此，当时的“数来宝”艺人都是见哪里有空地，就在哪里表演。久而久之，他们也就占了一席之地。

快板都有哪些表演形式

过去艺人们沿街卖艺时，经常见景生情，即兴编词。他们看见什么就说什么，擅长随编随唱，宣传自己的见解，抒发自己的感情。这恐怕就是快板的雏形了。

快板表演灵活多样，丰富多彩。从表演形式看，有一个人说的快板书，也有两个人说的“数来宝”，还有三个人以上的“快板群”（也叫作“群口快板”）。从篇幅看，有只有几句的小快板，也有能说十几分钟的短段，还有像评书那样的可以连续说许多天的“蔓子活”。从方音看，不同的方言表演的快板具有不同的韵味，有用普通话说的快板，也有用天津方言说的天津快板。此外，一些地方还用当地方言演唱类似快板的说唱艺术形式，如陕西快板、四川金钱板、绍兴莲花落等。从内容看，既有以故事情节取胜的，也有一条线索贯穿若干小故事的“多段叙事”，还有完全没有故事的。从韵辙看，既有一韵到底的快板、快板书，也有经常变换辙韵的快板。

总而言之，正是因为快板多种多样的表演形式，它才成为了一种深受广大群众喜爱的说唱艺术。

快板与快书有什么不同之处

快书和快板都属于中国曲艺中说唱艺术的一类表演形式，但快书与快板又有区别，是同一大类中的两个小类。

虽然，快书与快板都以节奏感极强的数唱或诵说方式进行表演，所说唱的曲词均是句式比较规整的韵文，并且都具有极强的节奏感，但是由于采用不同的方言，就会使得节奏感和曲词有所不同。快书是在快板基础上发展起来的，一般表演故事性强，在塑造典型人物形象的中、长篇节目，曲词的韵辙通常是每个回目一韵到底；而快板一般表演的是说理性比较强的短小节目，且曲词的押韵方法比较自由，称为“花辙”，即可在一段曲词中自由转韵。无论是快书还是快板书，曲词的基本句式都是以七字句为主的上下句体结构，并且在实际运用时，在与说唱的节奏和曲调不矛盾的前提下，常嵌字、增字或减字，句式自由灵活。

快书类依流布地域、方言采用及说唱风格的不同，有许多不同的曲种。其中，最著名的、影响也最大的，要数流传全国的山东快书。快板也依据特点风格的不同，而有数来宝、说鼓子、陕西快板等曲种。快书和快板在表演形式上均十分简单，一般由演员站着以手持击节的小型打击乐器，自行伴奏说唱。

京韵大鼓起源于哪里

京韵大鼓又称京音大鼓，它的前身是流行于河北农村的木板大鼓。19

世纪后期传入北京、天津等地区。20 世纪初,刘宝全为了适应北京的听众,而摒弃了原来的乡音,改用北京话来表演,同时吸收了石韵书、马头调以及京剧的一些唱法韵律,逐渐形成京韵大鼓,专唱短篇曲目。由此可见,京韵大鼓是一种起源于河北地区,流行于北方地区的借鉴北京话的剧种。

京韵大鼓在发展过程中形成了三个流派,即刘(宝全)派、张(小轩)派、白(云鹏)派。京韵大鼓唱词的基本句式是七字句,每篇唱词约一百四五十句左右。用韵以北京十三辙为准,一个唱段大多一韵到底。京韵大鼓的唱腔,经过刘宝全和弦师韩永禄、白凤岩、韩德福等人的革新创造而变得丰富多彩。基本唱腔包括慢板和紧慢板。又由于京韵大鼓是唱中有说,说中有唱,因此韵白在演唱中也有重要的位置。韵白讲究语气韵味,要半说半唱,与唱腔自然衔接。

中华人民共和国成立后,京韵大鼓得到了长足的发展,除演唱流传下来的传统曲目外,还新编及创作了许多反映现实生活的新曲目。

京韵大鼓和京东大鼓有什么不一样

京韵大鼓又名小口大鼓,该曲种前身原是怯大鼓,后经钟万起、于德逵等人的改革,将唱词改为京口上韵,腔调翻新,变为京音大鼓,后来经过不断地改革与演变,最终才形成了京韵大鼓。20 世纪二三十年代以来,男女艺人如雨后春笋,进一步确立了京韵大鼓在曲艺中位居冠首的地位,并形成了以刘宝全、白云鹏、张小轩为代表的三大流派。

京东大鼓属板腔体鼓曲,起源于北京以东的河北宝坻(今属天津市)、香河地区,于 20 世纪 20 年代确立于天津。京东大鼓以表演长篇说书为主,同时,艺人还要为自己伴奏,使用三弦伴奏(后加入了扬琴)。唱词基本格式为七字句(二、二、三),但常在段落首句前加三字头(如"表的是"等),句中也常嵌入字、词及短语，句尾常加“哪”“啊”等虚字。京东大鼓原始腔调比较简单，后经艺人们创造、丰富，发展到约二十余种腔调。

京韵大鼓的来历你知道吗

“京东大鼓”主要流行于廊坊、承德、保定、唐山的部分地区，在不同时期和地方有过不同的称谓，先后有京东怯大鼓、平谷调大鼓、乐亭调大鼓、四平调大鼓、铁片大鼓、铁板大鼓、承德地方大鼓等数十个名称。

京东大鼓的雏形出现于清末，流行于北京以东地区。早期的特点是用“怯”音演唱，字少腔多，并伴以铁片击节。开板“未开书，我先表这头一回……”一唱就是十多分钟。这种说法通常和说书艺人的开场白有点相似，但由于节奏缓慢，经常是未等唱完，观众就已散去。

在津艺人刘文斌等向其他曲种学习，对唱腔进行了大胆的改革。他们引用民歌《庙门开》的旋律，融合落腔调与平谷调的音乐，改变了开板慢、腔长的演唱方式，完善了“十三咳”的唱腔，创作出京东大鼓的基本唱腔，并于20世纪20年代中期在天津定型。

京东大鼓音乐经常出现四音，并形成了类似于“清角为宫”的调性转换，但多为一两句，没有构成整段的转调。京东大鼓的前奏，起初比较简单，后来有所发展。中华人民共和国成立后，京东大鼓不断发展，曲调丰富多了，色彩也更鲜明了，并且有离调的倾向。

你知道京韵大鼓是如何表演的吗

京东大鼓的基本调式有宫调式和徵调式两种。从曲谱分析，调式交替是该曲种音乐的特点，主调式应为徵调式。

京东大鼓的表演形式，最初为木板击节，后改为铁片、铜板。演唱者右手击书鼓，左手击板站立演唱；弦师弹大三弦伴奏，后又加入扬琴伴奏。

京东大鼓的演唱形式与铁片大鼓、单琴大鼓基本相同。过去，在说书阶段，曾有一种自弹自唱的演唱形式，演员坐抱三弦，边弹边唱，其右脚踩一鼓槌击鼓，左腿上绑一"节子板"，以跟上节奏，这种演奏方法颇有点像现在的架子鼓手。京东大鼓的短篇唱段多由八落或十落组成，一般有数十句唱词。

京东大鼓形成初期，主要在小型曲艺演出场所演唱，曲目以大书为主。20 世纪 30 年代初，京东大鼓的影响也因之日趋扩大，逐渐传播到北京、唐山等地。

西河大鼓的来历你知道吗

西河大鼓也叫西河调、河间大鼓。虽然从名字上来说，西河大鼓起源于河北省中部地区，但是它究竟起源于哪里，却有着不同的说法。

关于西河大鼓的发源地，现代的不少曲艺专家一致认为它是清代初期在河北民间流行的一些说唱艺术的基础上形成的，起源于以保定、河间、沧州一线为中心的冀中地区。而这在传统书目内容、地方语言、唱腔音乐以及著名艺人的籍贯等方面，均有许多证据，故此观点为曲艺界大多数人所接受。

西河大鼓的形成，大约经历了两百年的孕育、成型、发展三个阶段。据考证，西河大鼓是在弦子鼓和木板大鼓的基础上逐步发展起来的。清代乾隆年间，民间艺人首创搭档演唱，初步形成了用鼓、板、弦进行伴奏的说唱形式此后，西河大鼓在冀中流传开来。一直到了以高阳木板大鼓艺人马三峰为代表的一代，西河大鼓才逐渐成形，并得到了巨大的发展。

西河大鼓的板式主要有哪些

西河大鼓以说唱中、长篇书目为主，也有少数演员专说短篇唱段。西河大鼓的前身，是清代中叶流行于河北省中部的弦子书和木板大鼓。西河大鼓唱腔音乐属板腔体，主要板式有头板、二板、三板，三种板式有各自擅长表现的功能及相应的专用唱腔。

头板，为慢板。其节奏缓慢，旋律舒展，主要用于唱段的开始部分，多表现抒情及唱景，或交代事物起因等。头板的唱腔有起腔、紧五句、慢四句、一马三涧、蚍蜉上山（亦称蚍蜉上树）、流星赶月等。

二板，也称流水板，中速或中速稍快。二板节奏快慢运用较为灵活多变，是西河大鼓唱腔的主体板式，二板可以独立使用。在与其他板式结合时二板主要用于唱腔的开始和中间部分，适于叙述故事。二板的唱腔大致有上把腔、中把腔、下把腔、双高、悲腔、反腔、走腔、拉腔等之类的。

三板，也称上板，速度快，节奏急促。它主要用于唱段后部的高潮部分，适于表现事情紧迫、情绪激动的情形，三板的唱腔大致有三板、乍口、收板、数板等。另外，三板中也包括散板。

西河大鼓的唱腔音乐，是以冀中口音的自然声韵为基础，吸取某些民歌小调的音乐语汇发展而成的，这在不同程度上反映了当地劳动人民的思想感情愿望。

什么年代开始出现评书的

评书，又称说书，广东粤语地区俗称讲古，是我国一种口头讲说的表演形式,宋代时开始流行。

唐代出现了一种叫“说话”的曲艺表演形式。到宋代中期,此表演形式多用于说评佛教典集。评书作为一种独立的说书艺术,大约形成于清代初期。许多渠道的资料证明,虽然评书是口头讲说的表演形式,但其艺人来源却多为“唱曲”的转行。相传形成于北京的评书艺术,其第一代艺人王鸿兴,原来就是表演一种叫作“弦子书”的“说唱”艺人。至20世纪初叶,又有许多北方乡村表演“西河大鼓”和“东北大鼓”的“说唱”艺人进入城市后,纷纷改说评书。这是中国曲艺艺术在演变、发展过程中出现的一个十分有趣的现象。

评书是用怎样的形式表演的

评书的表演形式,早期为一人坐于桌子后面,以折扇和醒木为道具,身着传统长衫,说演讲评故事,有点像现在的单口相声,但形式却不如单口相声灵活自由。

发展至20世纪中叶,这时候的形式也就不拘泥了,桌椅及折扇、醒木等道具都不见了,而是站立说演,衣着也不固定为长衫。评书用以北方语音为基础,以北京口音为标准音调的普通话语说演,在中国华北和东北的大部分地区均较流行。

传统的表演程序一般是先念一段“定场诗”,或者说段小故事,然后进入正式表演。正式表演时,就要为叙述故事、讲评故事中的人情事理作铺垫了,如果介绍新出现的人物,就要说“开脸儿”,即将人物的来历、身份、相貌、性格等特征作一描述或交代;讲述故事的场景,称作“摆砌末”;而如果赞美故事中人物的品德、相貌或风景名胜,又往往会念诵大段落对偶句式的骈体韵文,称作“赋赞”,以使听众感觉到一种听觉上的美感;说演到紧要处或精彩处，常会使用“垛句”或曰“串口”，即使用排比重迭的句式以强化说演效果。

评书的节目以长篇大书为主，所说演的内容多为历史朝代更迭及英雄征战和侠义故事。虽然20世纪中叶出现了篇幅较小的评书，但长篇大书仍为主流。

单弦是用什么表演的

单弦的演出形式最早是一人手持八角鼓击节，另一个人以三弦伴奏演唱，俗称“双头人”。清代光绪年间，司瑞轩自编曲词，自弹自唱于茶馆，贴出的海报上写着“随缘乐一人单弦八角鼓”。在这以后，单弦就正式作为一个独立的曲种开始流传了。

单弦有两种演出方式，即自弹自唱；一人站着唱，用八角鼓敲击节拍，另一个人用三弦伴奏。单弦的曲目，前期主要是反映清代北京社会生活风貌的，如《穷大奶奶逛万寿寺》《青草茶馆》等；也有由戏曲故事改编的，如《罗锅儿抢亲》《合钵》等；还有根据《聊斋志异》《今古奇观》《水浒》等小说改编的，如《续黄粱》《胭脂》《杜十娘》《翠屏山》等。

单弦的表演形式是怎样的

单弦曲牌的文体有长短句、上下句两种，以长短句为主，并常用三字头、垛句、嵌字、衬字等。以前，单弦的内容基本上就是反映清朝社会风貌或反映八旗弟子的生活，也有一些由戏曲改编的。在表演过程中，为增加趣味性，常采用古事今说的手法，插科打诨，轻松活泼，极富特色。

中华人民共和国成立后,单弦牌子曲得到了改革和快速的发展,形式上从联曲体的中篇说唱,演变成联曲体的短篇说唱,具体有单弦对唱、牌子曲群唱、单弦联唱等表演形式。

根据地域的不同琴书可以分为几类

琴书主要是因为伴奏乐器为扬琴而得名。琴书种类很多,有北京琴书、翼城琴书、武乡琴书、徐州琴书、安徽琴书、山东琴书等。

各地琴书的起源虽然说是不一样,但是大多是由当地民谣小调发展而成的。如安徽琴书是在流行于泗州地区的老凤阳歌、泗州调、山歌、小调的基础上发展起来的;北京琴书、山东琴书最早是农民在农闲时传唱自娱,后来发展为专业演唱。

琴书的表现形式不一,有一人立唱,两人或多人坐唱或走唱,也有分角色拆唱。唱词也根据其乐曲,有七字句、十字句和长短句之分。琴书有说有唱,一般以唱为主,以说为辅。伴奏乐器除扬琴之外,也兼用三弦、二胡、筝、坠胡等乐器。

相声有哪些表现形式

相声按演员人数分可分为单口相声、对口相声及群口相声三类。长篇单口相声,通常分为数次表演,类似于评书,但更多注重笑料;对口相声,演员人数为 2 人,一捧一逗。群口相声,演员人数在 2 人以上。

按内容功能分类,可分为讽刺型相声、歌颂型相声及娱乐型相声三类。讽刺型相声,可以讽刺自己或者别人,如侯宝林的《夜行记》(讽刺不遵守交通规则的人)；歌颂型相声，通常要配合我国政府的方针、政策，如马季的《新〈桃花源记〉》(歌颂社会主义新农村)、侯耀文的《京九演义》(歌颂京九铁路的建设者)；娱乐型相声，如《说方言》《爱情歌曲》之类。

按著作时代分类，可分为传统相声、新相声及当代相声三类。传统相声，清末民初时期；新相声，中华人民共和国成立之后；当代相声，20 世纪 80 年代后期至今。

小品这种艺术的表演形式是怎样的

小品，最初是佛经里面的用语，顾名思义就是小的艺术品。广义的小品包含范围很广，在佛经中指七卷本的《小品般若波罗蜜经》，在散文中指篇幅较短的文学样式；狭义的小品泛指较短的关于说和演的艺术。

小品这种表现艺术被大众接受并开始流行起来，是因为春节联欢晚会这样一个舞台所提供的机会。陈佩斯、朱时茂所表演的小品《吃面条》为春晚历史上的第一个小品。因此，可以说是陈佩斯和朱时茂开创了中国小品的先河。小品较之相声、歌曲的表现形式更为灵活，也更为注重即兴表演，并且表现形式自由。当代小品通过中央电视台春节联欢晚会的二十余年的推广，取得了巨大的进步，成为广大观众喜闻乐见的一个艺术表演形式。

小品与话剧、折子戏有哪些相同和相区别之处

小品与话剧、折子戏在形式上，都具有短小、情节不复杂、有一定的“戏剧”性或“喜剧”性等特点。

在内容上，话剧、戏剧的内涵丰富，时空较长，说教成分较多，思想性突

出，有的看后给人以喜悦、沉重或悲壮的感觉。而小品则不必有较多的内涵和思想性，只要将具体事物的“一面”表现得活灵活现即可。

如果说戏剧是社会生活的一幅画面或镜子，小品则是一幅漫画，是一个“哈哈镜”。它的特点是用“笑”和夸张的语言反映事物、折射事物；如果说戏剧是以剧情和角色的台词直接感染人，使人们受到正面教育的话，小品则既不属正面教育，也不属反面教育，它是用一种“启发式”的形象思维激活人的感官，使人们从笑中受到感悟。

苏州评话的艺术特色是什么

苏州评话是用苏州方言讲故事的口头语言艺术。其语言由第一人称和第三人称的语言两部分组成，并以前者为主。苏州评话的重点，在于讲故事，而不在于演故事。第一人称语言称表，第三人称语言称白，表和白以散文为主，只是多说不唱。

评话的表演包括“手面”和“面风”。这种动作和表情，也分说书人的和故事中人物的两大类。说书人的动作和表情，是解释性的，并用以表达说书人的喜怒哀乐和爱憎态度。故事中人物的动作和表情，由说书人用近似故事中人物的语言，包括语音和语调来讲话，叫作“起角色”。起角色是对故事中人物的模仿，而不是演员以故事中人物的面目出现，说书人在书台上，始终是以演员身份出现的。这与一般戏剧的表演，有着质的不同。

河南坠子这种传统的民间曲艺是什么样的

河南坠子起源于河南，由流行在河南和皖北的曲艺道情、莺歌柳、三弦书等结合形成。由于河南坠子保持着朴素的乡土风味和浓厚的生活气息，因此在河南当地十分流行。河南坠子的主要伴奏乐器为“坠子弦”（今称坠胡），而且是用河南口音演唱的。演唱者一人，左手打檀木或枣木简板，边打边唱；也有两人对唱的，一人打简板，一人打单钹或书鼓；还有少数是自拉自唱的，唱词基本为七字句。伴奏者拉坠琴，有的并踩打脚梆子。起初，大多演唱短篇，也有部分演员演唱长篇；目前，现代题材的曲目都是短篇。

河南坠子的表演是怎样进行的

河南坠子用京白唱念，保留了河南戏的尖子音，更体现地方戏特色，其唱腔委婉清新、优美动听，艺人非常重视唱功，讲究吐字清晰，句句进入观众耳中。

河南坠子的唱腔音乐可归纳为起腔、平腔、送腔、尾腔四个部分。在主体唱腔进行中，根据唱词中不同句式的格律，使用三字崩、五字嵌、七字韵等唱法，产生节奏和旋律上的变异，表现不同的感情。伴奏乐器坠胡独具特色，早期开场时都有即兴演奏的“闹台曲”，以提升场内观众的情绪。“闹台曲”以后响起腔过渡的乐曲，称为“过板”，现代都改为前奏曲。伴奏的主要部分是“托腔”，是唱腔进行中的模仿性过门，包括乐句中间的对应性过门、乐汇中间的填补性过门、寒韵（悲腔）中间的吟哦性过门。击节乐器有伴奏员使用的脚梆和演员使用的简板、铰子、矮脚书鼓、醒木等。演唱方式有单口、双口（或对口）、三口（或群口）三种，并各有合适的书目。

四川清音的表演有什么特点

四川清音早期称为“唱小曲”“唱小调”，又因演唱时艺人自弹月琴或琵琶，而被称为“唱月琴”或“唱琵琶”。四川清音的演唱形式过去都以女演员为主，男演员为辅，坐唱而不表演，演唱者自己弹奏乐器。一般是三至五人一班，旧称“海湖班”。

四川清音的曲目丰富，清末时约在四百个以上，近年搜集到约两百个曲本，内容大部分是幽怨思怀之曲，也有不少是应景词曲或咏唱传奇、小说中的人物故事。中华人民共和国成立后，专业人员对四川清音的传统曲目做了整理工作，并编演不少新曲目。演唱形式改由女演员站唱，用檀板和竹鼓来控制节奏，辅以必要的表情动作，而演奏人员则兼任配角与合唱。

四川清音除有专业艺人外，还有许多业余爱好者，称为“玩友”。他们不但能唱，一般都能弹奏琵琶或月琴，有的弹奏水平还相当高。他们为推动四川清音艺术的发展发挥了不小的作用。

广西文场是怎样一种表演形式

广西文场简称“文场”，又叫“文玩子”“小曲”等，流行于广西桂北官话地区，尤其是桂林、柳州、荔浦等地最为盛行。它是广西最有代表性和最具影响的曲艺形式。文场音乐委婉缠绵，柔和抒情，一般分为大调、小调、码头调及过场音乐四个部分。其中，大调有越调（又称月调）、丝弦（又称思贤）、南词及滩簧四个。越调适于表现喜悦轻快、舒畅的情调，也能表达悲哀、焦急的心情；丝弦宜于表现叹息、惆怅的情调。

你知道“瞎派”和“光派”是怎么回事吗

旧时，广西文场的艺人多是盲人，他们因为共同的爱好组成“玩子班”，或者受雇在某一个大户人家演唱，或者拉着胡琴走街串户卖唱，他们的唱腔朴实无华，被称为“瞎派”，意思也就是随便唱着玩的组织派别。而另外一些志同道合的业余文场爱好者则组成“玩子馆”或“文场社”，他们唱腔追求华丽多彩，被称为“光派”。广西文场历代著名唱家有李子忠、金紫臣、王仁和、刘玉英等。

中华人民共和国成立后，政府文化主管部门把曲艺艺人组织起来，于1962年建立了桂林市曲艺队，其中也有文场艺人加入并取得较好的成绩。今天，广西文场伴随着美丽的桂林山水，以其传统的艺术魅力，展现在文艺舞台上。

粤语歌和广东的“粤曲”是一样的吗

如果你以为广东粤曲就是平日里听到的粤语流行歌曲，那你就大错特错了。广东粤曲用广州方言演唱，流行于广东、广西等地，并流传至东南亚等粤籍华人聚居的地区。

广东粤曲源自粤剧清唱。约于清道光年间，有以清唱粤剧为业的八音班，他们用粤剧的剧本，用粤剧的曲调，用粤剧的“戏棚官话”分角色演唱。后来，又出现了穿街过巷卖唱的女盲艺人，被人们称为“瞽姬”“师娘”。她们每人都要掌握不同角色的唱腔，一人演唱多个角色，较之“八音班”在歌唱技艺方面有了新的发展。这种演唱盛行了六十多年，在粤曲史上称为“师娘时期”。

你知道“常德丝弦”这种表演艺术吗

常德丝弦并不是一种什么乐器，而是一种流行于洞庭湖一带的民间曲艺,以扬琴、琵琶、三弦、京胡、二胡等弦乐器为伴奏乐器。明代江、浙一带,当时携伎走南闯北的商贾将时调小曲传入常德,与常德方言融合,逐渐演变、发展为常德丝弦。

常德丝弦,以唱为主,以说为辅,说唱穿插交替,可以演唱有人物、有情节的大型故事,也可以演唱短小精悍的段子。

常德丝弦传统演唱形式是坐唱,大都是演唱有故事、有人物的长段丝弦。演唱者一般为6人,分别扮演生、旦、净、丑等不同角色,并兼操乐器。乐器分别为板鼓、扬琴、琵琶、京胡、二胡、三弦,其中掌鼓者兼指挥,把握整个演唱的节奏。如果演唱曲目中的角色多于演唱者时,则每人除担任一个主要角色外,还要兼任其他角色。

你知道四川扬琴是如何表演的吗

四川扬琴又称"四川琴书",约有两百年的历史,是一个比较年轻的剧种。四川扬琴的演出形式原本是多人坐着演唱,以唱为主,以说为辅。乐器以扬琴为主,另有鼓板、怀鼓、三弦、京胡、二胡等。

四川扬琴的表演方式为五人坐唱,击扬琴者前排居中,小三弦在左侧,鼓、板、梆子由一人司职居其右,后排为京胡和二胡。演员自弹自唱,夹以说白。女角色常由男性反串,演唱时采用假嗓。男演员分生、旦、末、丑,发声各具特色,真、假嗓结合;女演员有特殊的润腔手法,即哈哈腔。

唱本类似小戏曲剧本,唱词有七字、十字句。音乐分省调和州调,省调流传在以成都为中心的川西平原;州调分布于川南及川东、川北部分地区。传统曲目三百余段,多取材于历史故事,如《华容道》《清风亭》《活捉三郎》《秋江》等。

青海平弦是一门“大杂烩”这种说法从何而来

青海平弦戏是中华人民共和国成立后新诞生的一个地方剧种，比较年轻。它是在坐唱曲艺平弦的基础上发展起来的。

二十多年来，青海平弦戏已移植、整理、改编、创作了大小剧目三十余个。青海平弦的主要特点是音乐唱腔委婉和念白的地方化，即以西宁官话为主，生、旦的韵白则吸收了京剧、秦腔的念法。在表演艺术上，受京剧、秦腔的影响较大。行当分生、旦、净、丑，但声腔还不能截然分开，只能从男女的音低音高来分。青海平弦因运用定调唱法且均为平调而得名，它的音乐曲调繁多，素有二十四调，十八杂腔之说。其中，主要唱腔有《背宫》《赋子》《小调》等。

要成为梅花大鼓演员有什么要求

有很多人都羡慕台上的梅花大鼓演员，但你知道一名“风光的梅花大鼓”演员要吃多少苦吗？

一个梅花大鼓演员，不仅要具备“唱功”，还要有一定的“打功”（打鼓的功夫），表演动作无所谓多少。它的可听处在于此曲种的音乐性强，三弦的定位度是同度不高不低，指法声音都好发挥。在唱段中有较大的“上下三翻、过门和鼓套子”，听起来很过瘾。

梅花大鼓的演出形式也是多种多样的，除一般的一人演唱外，还有“双唱梅花”“男女对唱梅花”“群唱梅花”以及“叼灯梅花（含灯大鼓）”等。此外，还有换手“五音联弹梅花”，即演奏员换手弹、拉、打、击曲牌“柳青娘”

“万年欢”等。

正因为有以上这些特点，梅花大鼓才成为京、津两地不可少的一个曲种。怎么样，你想不想试一试当一名梅花大鼓演员？

你知道南音的魅力在哪里吗

南音，又称南曲、南乐、南管、弦管，通俗地说就是主要流传于南方的音乐。主要由“指”“谱”“曲”三大类组成，是保存我国古代音乐比较丰富、完整的一个大乐种。

南音汇集了盛唐以来中原雅乐之精华，后来又吸引了元曲、弋阳腔以及昆腔的特长，并与闽南的民间音乐融为一体，进而逐渐成为词曲清丽柔曼、旋律缠绵深沉的美妙乐种，尤其长于抒发乡人思亲、游子怀乡的真挚情怀，那如怨如慕如丝如缕的声音，犹如南国夏夜的玉兰花香，阵阵沁入人们如痴如醉的心田。据学者研究考证，从南音的曲牌名称、格调韵味和所用乐器的制造特点、演奏姿势等方面看，说明南音与唐宋大曲、法曲、宋词、元散曲有着密切关系，“是一部立体的中国古代音乐史”。由此可见，在中国古代的音乐史上具有举足轻重的意义。

你知道蒙古族的“好来宝”是什么吗

蒙古族的“好来宝”，并不是一种什么宝贝，“好来宝”是蒙语的音译，意思是“连起来唱”或“串起来唱”。好来宝，又叫作“好力宝”，是蒙古族艺人用本民族语言进行“说唱”表演的曲艺形式之一。

“好来宝”大约形成于公元 12 世纪前后。它用蒙古语演唱，有固定的曲调，有一定的韵律。唱词初为即兴吟唱，后来开始创作，并出现了一大批“好来宝”作家。“好来宝”的演唱形式多种多样，有两人对唱、一人自问自答以及多人演唱。演唱时，演员每人拉一把马头琴或四胡，自拉自唱，边唱边表演。唱词为四句一节，押头韵，或四句一押韵，或两句一押韵，也有几十句唱词一韵到底的情形。表演的节目，篇幅可长可短，艺人们往往现场即兴编词演唱。“好来宝”的题材范围很广，除一般的儿女风情、世态变化和知识性的内容外，还有许多民间长篇故事以及改编的古典章回小说。

天津时调的艺术特色你知道吗

大家从名称上就可以看得出，天津时调是天津土生土长的一个曲种。天津时调最早来源于下层社会的民歌、小调，如有来自手工业者自编自唱的“靠山调”；有来自于青楼妓院的“鸳鸯调”等。

“靠山调”大约产生于清代同治末年或光绪初年，绱鞋作坊里的工匠每当日落时，坐着小马扎背靠房山自编自唱的一种曲调，以抒发内心的感慨与忧愁。

“拉哈调”（“拉哈”为天津土语，指做事不认真）是由流行在河北和天津一带的民歌小调“糊涂调”“撒大泼”等演变而成的。此调的旋律以天津方言为基础。

天津时调在词句、腔调及板式等方面都与其他曲种有别。在词句上，全篇最多不过五六十句，有的甚至仅二三十句，就能把整个内容表达出来；在唱腔上，周而复始地反复唱定型的曲谱；板式上，只有慢板、二六及快板三种。

总而言之，天津时调的腔调豪放，很能表达天津人的性格和情感。

锦歌为什么又被说成是“乞丐歌”

锦歌,原名叫作歌仔或什锦歌。不要以为有这样一个好听的名字,这种歌曲就是用来歌功颂德的,其实,它还有一个别称叫作“乞食歌”,而这个名字倒是能最贴切表现这种歌曲的功用。

据地方史志记载,锦歌是在宋、元两代闽南地区的民歌、民谣基础上形成的,它吸收了戏曲、南曲、南词的养分,流传于闽南广大农村地区。在旧社会,农村萧条,农民流入城市,锦歌也跟着流进城市;锦歌艺人像乞丐一样沿街卖唱,因此有人说它是“乞丐歌”。中华人民共和国成立后,锦歌也获得了新生。

锦歌的唱腔风格大致分为堂、亭两大流派。堂派主要流传在农村中,唱腔粗犷有力,曲调接受民间歌谣,擅长唱“杂念调”,旋律灵活,变化多样,每句后面都有落尾;亭派流行在城市,唱腔比较幽雅、细致,咬字分明,采用南曲的曲调比较多,使用的乐器和指法比较近南曲。

福州尺艺是怎样的一种唱腔呢

福州民间卖唱艺人搜集散曲、小令、山歌小调,传唱戏文唱段和民间故事,以酬应堂会,或者装扮陆地行舟、钱剑、高跷、莲花落等百戏杂耍,以参加社火活动,这样积久形成的演唱形式就是福州尺艺,俗称为尺唱或唱尺。它是一种土生土长的民间曲艺形式,并且属于以唱为主的曲种,是福建省五大曲种之一,流行于福州语系地区。

尺艺在音乐唱腔方面,多自拉自唱,也有轮流前台演唱、后台伴奏的形式。唱腔在尺艺曲种中占主要地位，能够叙述故事、塑造人物、抒发感情。尺艺所采用的声腔与闽剧基本一致，即逗腔、洋歌（飏歌）、江湖、小调以及板歌等。尺艺较为注重唱词和唱腔的通俗化，并且节奏明快，过门较少，咬字清晰，行腔流畅。此外，尺艺还有一些采自民间和外地的曲调。

尺艺的乐器，以弦、管乐为主，即以六角胡为主弦，配以小快板、小扁鼓，伴奏乐器有双清、三弦、琵琶、椰胡、逗管、小唢呐等。

大调曲子的演出规则是怎样的

由于大调曲子追求高雅、大方，因此演出时往往要遵循一定的准则。相传，大调曲子信奉儒教，注重知识性，并且以“规矩礼法、仁义道德”为宗旨，因此深受人们的青睐、尊重。

“规”是指大调曲子的演出无论是伴奏者或演唱者，无论什么场合，都讲究衣服周正，闭目端坐，目不斜视，以示品格高尚。

“矩”是指弹者坐左边，唱者坐右边，演唱前先定神思，后开板。唱的中间，如不加长白，便不能随便跳韵。

“礼”是指讲究礼义，唱前先拱手托板让别人唱。如有外地曲友，须先让外地曲友唱，后让本地曲友唱；先让老年曲友唱，后让年轻曲友唱。

“法”是指演唱者尽量不离题目。如属于祝贺场合，都要先唱祝贺性唱段。

“义”指曲友之间为道义之交，情同手足，无论在什么地方，只要是曲友，不管认识不认识，都要互相照顾，盛情接待。

“道”指道不同者，不相为谋；道同者，以诚相见。

“德”指曲友之间，无论唱得好或是不好，唱完后大家都要同声说个“好”，不能相互挖苦、嘲笑。

礼义是中华民族的传统美德,大调曲子的演出维护并继承了这一美德,迎合了广大听众的心理,而这正是它受人们喜爱的原因。

你听说过"兰州鼓子"吗

兰州鼓子,又名兰州曲子、兰州鼓子词,是流行于兰州地区的一种古老的民间曲艺形式。在兰州地区,由于兰州鼓子曾经是家喻户晓、人人皆知的文化娱乐形式,因此能弹会唱者甚多。如遇喜庆节日,请客宴会,不论在农村的家庭院落,还是集镇的茶肆酒楼,老兰州人就会聚集在一起弹唱兰州鼓子,并且每当唱到高潮之时,他们便一人演唱而众人帮腔,显得十分热闹。

由此可见,兰州鼓子是一种非常大众化的民间曲调。

"八角鼓"是一种什么鼓

八角鼓,是古时满族人用于自娱的一种拍击膜鸣乐器,因鼓身有八个角而得名,又称单鼓。鼓体扁小,鼓面呈八角形。

八角鼓的规格尺寸有很多。其中,最常见的鼓面对角长 16.5 ~19 厘米,鼓框高 4.8 ~5.5 厘米,单面蒙以蟒皮、驴皮或马皮,以小鳞蟒皮为佳;四周边缘亦镶嵌骨片作为装饰。在鼓的七面边框木板中间,均开有海棠花瓣形的透孔,中间用铜钉各穿一对铜制小钹;另一面框板上装有一个小铜环,系以鹅黄色或大红色丝绳花结,下垂两束丝制鹅黄色或大红色长穗为饰,表示谷生两穗,象征丰收。

八角鼓的外观小巧玲珑,制作精细,除可作为乐器演奏外,还有着较高的艺术欣赏价值。

八角鼓在明代中期传入北京，除满族、汉族使用外，还传入云南大理、剑川等白族聚居地区。白族八角鼓又称金钱鼓，有八角形和六角形两种，多用于民间歌舞伴奏。

独脚戏是只有一个人的演出吗

独脚戏又叫做“滑稽戏”，是一种发源于上海的具有浓郁地方特色的曲艺。独脚戏流行于上海、江苏、浙江，特别是上海市黄浦区的老城厢一带，从而形成了一个以上海话为中心的曲艺文化圈。

独脚戏诞生于20世纪20年代末期。20世纪初，在河南路桥堍天妃宫等处出现一种卖梨膏糖的说唱形式，以杜宝林为代表，艺人为了兜售自制的梨膏糖而演唱一些滑稽的段子，也有即兴的“卖口”，称为“小热昏”。还有隔壁戏、苏滩等曲艺样式也含有许多滑稽谐趣的成分。这些不同的样式逐渐融合演变，形成了一种以滑稽逗笑为其特征的说唱形式——独脚戏。独脚戏的形成与王无能有直接的关系。1920年前后，有一次他应邀去演堂会，单独一人进行滑稽表演，大受欢迎，此后经常做类似的演出。由于是一个人饰演多种角色，故取名为独脚戏。后来，随着时代的发展，独脚戏成为一个人单独表演的代名词了。

三弦书真的是一本书吗

三弦书全称为“三弦铰子书”，又称“铰子书”，早期称“板书”，因用三弦、铰子（小铜鼓）伴奏而得名，是南阳地方曲种之一，也是这一地区的一种较为古老的说唱艺术。音乐大致分铰子腔、鼓子腔两大类。

相传,清代乾隆四十年(1775 年)前后,方城、南阳等地已有演唱活动。嘉庆、道光年间,三弦书以社旗、方城、南阳为中心,流行于除西部山区之外的南阳辖区各地。清末至民国初期,是三弦书的鼎盛时期,艺人足迹遍及河南全省及湖北、山西、陕西、安徽等地,有的甚至到达了东北、内蒙古部分地区。三弦书分为东路、中路、西路三个流派。

三弦书曲目众多,1963 年,仅在方城一县就收集曲、书目 550 个。艺人经常演出的段子有《卖丫环》《卖杂货》《红灯记》《玉环记》《王女兴唐》及《昆山传》等。

民国时期,由于河南坠子的冲击,三弦书急速衰落。中华人民共和国成立后,才得以复兴。

鄂西竹琴是什么乐器

鄂西竹琴是在“渔鼓”这种古老的曲种基础上演变发展而成的一个新曲种。鄂西竹琴为坐唱形式,有说有唱,说唱结合,一人多角,角色分生、旦、净、末、丑,稍带表演。演唱时与戏曲中的生旦净丑发音一样,唯独旦角不用假嗓,略带摩沙。演唱时的伴奏乐器为竹筒与简板。竹筒质料为三节打通的竹子,用猪小肠蒙其底端,外加缠布的套圈,发音清脆,易起共鸣;简板,艺人称作“竹片”或“靠尺”,由上窄下宽呈梭形的竹片制成,两块相击,发“尺”之声。

鄂西竹琴的唱腔为板腔化的联曲体结构。艺人通常将曲牌分为两类。一类是“正宫”、“一字”及其所派生的曲牌;另一类是受南戏影响的曲牌“幽冥钟”。鄂西竹琴艺人称这两种曲牌为当家曲牌。

毛古斯是一种戏剧吗

毛古斯是一种融歌、舞、话为一体的原始祭神戏剧,被称为中国古代戏剧中的活化石,土语为“拔步长”,即“老公公”的意思。它是一种创世舞蹈,即纪念土家族祖先开拓荒野、捕鱼狩猎等创世业迹的古老舞蹈。

演员即为一家子,且由十多人组成,展示历史、渔猎、婚姻等内容。家庭里,无论辈分高低,都处在狂欢的中心。舞蹈一般都跳着小碎步,碎步前进,又碎步后退;身体则颤动、抖身、屈膝、弯腰、左跳、右摆、摇头、耸肩、晃脑,使那些用稻草、茅草、树叶、包谷叶、棕丝、辣椒扎成的衣服就哗啦啦作响。

舞蹈时,穿插有地方话,语言极为简单,只是“呜”“嗬”“嗨”等简单的词汇。但这些简单的词汇能给人带去快乐。

第8章

古代民居的变迁

你知道北京四合院的构造是怎样的吗

四合院，是我国传统文化的象征。“四”是指东西南北四面，“合”是指合在一起，形成一个口字形。因此，单从四合院这个名字上，就可以看出这种建筑形式的基本特征。四合院的布局，是以南北纵轴对称或是独立的院落为基本形式的。按其规模的大小，有最简单的一进院、二进院以及沿着纵轴加多的三进院、四进院或五进院。

四合院的大门，是象征着旧社会主人地位的一个标志。一般来说王府大门是最高形式，其次有广亮大门、如意门等按照品官的大小来造的门。进大门后的第一道院子，南面有一排朝北的房屋，叫作倒座，通常作为宾客居住、书塾、男仆人居住或杂间。通常，由这里经过二道门才能进到正院。这二道门是四合院中装饰得最华丽的一道门，也是由外院进到正院的分界门。

在正院，小巧的垂花门和它前面配置的荷花缸、盆花等，构成了一幅有趣的庭院图景。正院中，北房南向是正房，房屋的开间进深都较大，台基较高，多为长辈居住，东西厢房开间进深较小，台基也较矮，常为晚辈居住。正房、厢房与垂花门用廊连接起来，围绕成一个规整的院落，构成整个四合院的核心区域。过了正房向后，就是后院，多为女佣人居住，或者为库房、杂间。

为什么四合院都是坐北朝南的

据《周易》记载，“圣人南面而听天下，向明而治。”其中，所谓的“向明而治”，就是“向阳而治”。由此形成了中国古代所特有的“面南文化”，至于建筑，也多是坐北朝南而建。从地理学上来说，由于中国处在北半球中，阳光大多数时间从南面照射过来，因此为了更好地采光而形成了“面南”的意识。

又由于《周易》中指出八卦中的巽位，为通风之处，可以通天地之元气，因此处于正位的四合院，其大门都开在院子的东南角上。另外，中国的传统建筑均重视排水的通畅与否。四合院由四面房屋包围而成，中间为院子。那么下雨时的雨水如何排泄？由于四合院的地势在总体安排上往往是西北高、东南低，因此水自西北向东南流。这样一来，东南角的排水作用就凸现出来。不仅如此，北京城的排水系统也体现了这一思想。

四合院中影壁的作用是什么

在现代人看来，影壁是十分碍事的，但它却是北京四合院大门内外不可缺少的装饰墙，主要用来美化大门的出入口。人进出宅门时，迎面看到的首先就是叠砌考究、雕饰精美的墙面和镶嵌在上面的吉辞颂语。四合院常见的影壁有以下二种。

(1)位于大门内侧，呈一字形，叫“一字影壁”。大门内的一字影壁有独立于厢房山墙或隔墙之间的，称为独立影壁。如果在厢房的山墙上直接砌出小墙帽并做出影壁形状，使影壁与山墙连为一体，则称为座山影壁。

(2)位于大门外面的影壁，这种影壁坐落在胡同对面，正对宅门。一般有两种形状，平面呈“一”字形的称为一字影壁；平面的称为雁翅影壁。这两种影壁或单独立于对面宅院墙壁之外，或倚砌于对面宅院墙壁，主要用于遮挡对面房屋和不甚整齐的房角檐头，使经大门外出的人有整齐、美观的感受。

(3)位于大门的东西两侧，与大门檐口成120度或135度夹角，称作“反八字影壁”或“撇山影壁”。

影壁与大门互相陪衬、烘托，共同构成了北京四合院的院门部分。

你知道徽州古民居的特点有哪些吗

徽州古民居的围墙一般很高。因为徽州男人大都在外经商，所以这道墙既起着防盗的作用，又禁锢着女性。然而，单纯的高会给人一种阴沉压抑的感觉，故而在围墙上又常用黟青石双而镂空雕刻着两扇窗，图案往往是喜鹊登梅，喻寒尽春来的喜讯。

徽州古民居多开圆门，告诫邻居之间要和和气气。门面是一家人身份修养的首要象征，就像是人的脸面一样。普通百姓只在门上面小屋檐处雕一些精致的图案，门枕则修成石鼓状。当然，有钱人家的门则是另一番景象，如在西递正街建于清代康熙三十年的“大夫第”，临街彩楼正处于街角，门就在下面。并且大门后有三扇门，中门是红白喜事或来了尊贵的客人才打开；左右两门，左文右武，而这样的样式则是仿造宫门的样子造的。

徽州古民居都设有天井，最大的有“三十六个天井，七十二个槛窗，一百多个门庭”，它们起着通风透光的功用。在正厅，一般都设有供桌，供桌上往往摆着一面镜子和两方笔筒状的瓶子。这两样东西并不是显示主人高雅的，那两方笔筒状的瓶子是用来放主人帽子的。帽子放在瓶上，表示主人在家；反之，则表示主人外出。

山西大院蕴含的文化底蕴你知道多少

在山西古建筑中形成了各种各样的大院文化，其中最典型的就是乔家大院。乔家大院位于今山西省祁县的乔家堡村。

乔家大院在一个方形的城堡内，中间有一条巷道，巷道的一头是大门，对准大门的另一头是祠堂；巷道的左右各有3个大门，共有6个院落，每个院落中又是两三进的小院，院子左右两侧还有侧院，房屋共计313间。正是这些复杂的建筑，共同构成了富有变化的乔家大院。

与乔家大院同样闻名的渠家大院，它位于祁县县城东大街路北，是清末民初显赫一时的名门望族、晋商渠源浈的宅院。大院占地5217平方米，内分8个大院，中套19个四合式院落，房屋共计240间。大院同样也是建成城堡的样子，墙头有垛口式女儿墙。宽敞高大的阶进式大门洞，上面高耸着一座玲珑精致的眺阁，显得巍峨壮观。

如今，昔日的富商消失了，但他们留下来的这些大院却诉说着当年晋商的辉煌历史。

古代山西人盖房子有什么特殊讲究吗

旧时，山西人盖房时，有板有眼，都是按照程序进行，没有丝毫的错乱。而这些程序中，也包括一些民间的风俗特色。

盖房，首先要选好日子，也就是民间所说的“黄道吉日”。这个黄道吉日，通常要仔细选定。并且，在盖房立木时要放炮，挂红布条，有的还要用五色(红、黄、蓝、白、黑)布条缠在立木上。晋南的风俗，还要在三根檩合拢时放炮。炮在上面吊着，一串炮一般在合拢时炮放完。然后，人们把硬币、糖块扔过去，或是将酒倒过去，这在当地称为过梁钱或过梁酒。

上梁时，要贴对联，内容一般是“栋梁之材”“祥光扶瑞气”“立根逢黄道”“上梁遇紫微”之类的辞藻。中间横头上，通常要写上“吉星高照”“大吉大利”等，也有的写着“树柱逢吉日”“上梁遇良辰”等。

最后新房落成的时候，通常还要贴对联，而此对联则是很讲究的，要写

"地灵人杰""物宝天华"等。

山西的地窨院有什么特色

山西平遥县境内沟壑纵横,仅土沟就有几十条,支沟、毛沟更是数不胜数,自古以来人们就用"平陆不平沟三千"的俗语来描绘它。正是因为这种特殊的地理环境,形成了这里独特的民居建筑——地窨院。

农家的地窨院一般长宽三、四十米,深约十多米。其建造方法是先选择一块平坦的地方,从上而下挖一个天井似的深坑,形成露天场院;然后在坑壁上掏成正窑和左右侧窑,为一明两暗式结构;再在院角开挖一条长长的上下斜向的门洞,院门就在门洞的最上端。一般向阳的正面窑洞住人,两侧窑洞则堆放杂物或饲养牲畜。地窨院里一般掘有深窖,用石灰泥抹壁,用来积蓄雨水,以供人畜饮用。为了排水,人们会在院的一角挖个大土坑,俗称"旱井"或"干井",使院中雨水流入井中,再慢慢渗入地下。多数农家则在门洞下设有排水道,以免暴雨时的雨水灌入窑洞。

供人居住的窑洞上面多为打谷场,窑洞凿洞直通上面作为烟囱。不少人家院内作粮仓的窑洞,也凿洞直通地面的打谷场,碾打晒干的粮食,可从打谷场通过小洞直接灌入窑内仓中,平时则在洞口加盖石块封住,既节省力气又节省时间。

地窨院组成的村落,往往不会被人所注意,只有当人走到跟前的时候,才能发现原来这是一个村子。

山西的穿心院你见过吗

在山西省大同市,至今还保留着一种古老的建筑——穿心院,它已成为当地一道亮丽的风景。

穿心院的院门大都设在大同南街临街处。从大门进去，如果你一直向里面走的话，就会穿过里面的两处以上的院子，或者是一连串的院子，一直走向纵深——而这，也许就是穿心院名称的来历吧。在这些院子互相串通的最后，或者在几串院落的半腰，会有一处别门、旁门可通向另外的一条街道，人不必退回原门走出。

大同的穿心院，多是普通的旧式平房，而且有许多院子是那种四合院的样式。

“三宝殿”是什么样的地方

俗话说“无事不登三宝殿”，其中的“三宝殿”也叫三宝地，最初的时候是指佛教的三个活动场所。佛教以佛、法、僧为三宝。以佛讲法，僧保守之，这三者有互相联系的神圣关系。通俗些说，佛指大知大觉之人；法即是佛所说的教义；僧指继承和宣扬教义之人。这三宝所在的地方自然就是三宝殿了，也就是佛教信徒做法事的“大雄宝殿”，佛家珍藏经书的“藏经楼”，以及僧人“燕息（即和尚等出家人睡觉之意）”的“宁静禅房”。

“三宝殿”只有较大规模的寺庙才有，如少林寺、栖霞古寺、普陀寺等。这三处地方，正因为显得十分重要，所以平常人是不可随意乱闯，所以也就有了“无事不登三宝殿”的俗语，比喻没有事不会登门造访，只要登门，必是有事相求。那么，按照佛法的说法，什么时候才能去“三宝殿”呢？初一、十五拜佛诵经，当然要去；新年、节日祈福祭天，必定要去；战争、灾荒、婚丧、生日、病痛……常要求神拜佛的人肯定要去；法事、仪式、招魂必要拜佛上香、请僧人出庙，也必然要去；躯体康复、考试中举、生儿育女因许愿还愿，也要去宝殿等。

你见过傣族的竹楼吗

在现代社会，真正意义上的竹楼已经所剩无几了，绝大多数的竹楼应该叫作木楼，甚至有的竹楼的木桩也被砖、水泥等建筑材料所代替。

真正意义上的傣族的竹楼，属于栏式住宅，它的房顶呈“人”字形，由于热带雨林气候的影响，当地降雨量大，这样的房子利于排水，不会造成积水。一般傣族的竹楼为上下两层的高脚楼房，高脚是为了防止地面的潮气。竹楼底层一般不住人，是饲养家禽的地方；上层为人们居住的地方，是整个竹楼的中心。

竹楼的所有梁、柱、墙及附件都是用竹子制成的，竹楼上的每一个部分都有不同的含义。竹楼的顶梁大柱被称为“坠落之柱”，这是竹楼里最神圣的柱子，不能随意倚靠和堆放东西，它是保佑竹楼免于灾祸的象征，人们在修新楼时常会弄来树叶垫在柱子下面，据说这样做会更加坚固。除了顶梁大柱外竹楼里还有分别代表男女的柱子，竹楼内中间较粗大的柱子是代表男性的，而侧面的矮柱子则代表着女性，屋脊象征凤凰尾，屋角象征鹭鸶翅膀。从这些角度来看，走进竹楼就好像走进了傣族的历史和文化。

富有“野趣”的民居你见过吗

富有“野趣”的民居，并不是在野外修建的供人临时落脚的地方，而是生活在森林中的人所建造的具有原始趣味的古民居。

长期生活在大、小兴安岭密林中的鄂伦春族人，吃住都离不开森林，而他们所居住的漂亮木屋——“木刻楞”，就是利用森林资源建造的。这种木屋用原木搭建，不加任何装饰，有着独特的山林风格。屋内的树墩桌凳和木板睡床，散发着浓烈的山间野趣。

在吉林长白山林区，人们也用这种方法来建造木屋。有人将这种房屋称为“井干式房屋”，因为从上往下看这种木屋的四墙如同水井的井框。但不同的是，长白山林区的木屋外壁用泥抹平后还要用石灰刷白，屋顶不铺木板而是覆用原木劈成的木瓦。远远望去，这些木瓦的颜色，有的金黄，有的灰白，有的黝黑，在雪白的外墙映衬下，就会格外引人注目。更为奇特的是，这里的木屋连烟囱也是利用朽倒中空的枯树干做成，还有的木烟囱是用四块木板拼捆在一起，里边套抹上胶泥而成，而这种烟囱却又烧不坏。并且，据科学家研究，居住在这样的木屋中，对人体是十分有益的。说了这么多，大家是不是也想在这样的木屋中住上一住呢？

为什么故宫中有很多“龙”

在我国封建社会里，皇帝被称作“真龙天子”，是一个国家的主宰，而紫禁城是明、清两朝的皇宫，因此，在紫禁城中处处都以龙作为纹饰。那么，故宫里到底有多少条龙？恐怕谁也说不清。

紫禁城里的龙纹饰很多，这是世人所共知的。有人粗算过，故宫号称有宫殿8000多间，仅以每间有6条龙计算，就有龙近4万条。如果加上所有建筑装饰和一切御用品上的龙，那就数不胜数了。那么，紫禁城里为什么会有这么多龙的纹饰呢？

众所周知，古代的黄帝被封建社会的御用文人们神化为天的儿子，而天的通俗代表物就是龙了，既然皇帝是天子，那么天子自然就享有这样的权力，即在自己所用的物品上或住处装饰龙的图案。有人作了一个统计，仅太和殿内外的龙纹、龙雕等各种形式的龙就有13844条之多。这种万龙朝圣的装潢设计，从另一个方面来说，构成了一种威严神秘的氛围，以起到神化皇帝的效果。

故宫里面为什么不种树呢

气势恢宏的紫禁城在作为皇城的时候，是不种一棵树的。有人认为三大殿院内不种树，主要是出自烘托意境的需要，这种说法具有一定的道理。

从位置上说，故宫三大殿居整个外宫建筑的中心，也是整个北京城的中心。为了突出这组宫殿的威严气势，建筑上采取了许多手法，其中之一就是院子中不种一棵树。从皇城正门天安门起，经端门、午门、太和门，这之间的一系列庭院内都无树木（现在端门前后的树是辛亥革命以后种植的）。当时人们去朝见天子，进入天安门，经过漫长御道，在层层起伏变化的建筑空间中行进，会感到一种无形的、不断增长的精神压力，最后进入太和门，看到高大巍峨的大殿，这时候人们的精神压力达到顶点。宽阔的广场、蓝蓝的天空，把三大殿映衬得更加威严壮观。而这，正是至高无上的皇帝对自己臣民所要求的。如果在这些庭院内都种上树，绿荫宜人，小鸟鸣叫，那将会破坏朝廷的威严氛围。

故宫三大殿上没有树木的第二个原因是来源于古代的五行相克学说。古人认为，皇帝在五行中属“土”，“木”克“土”，因此没有“木”。太和殿、中和殿及保和殿的台基就是一个坐北朝南的“土”字。此外，还有一个目的就是谨防刺客进入，以保证皇帝的安全。

你知道陕北的窑洞是什么样吗

进入陕北地区，我们随处都可见到一排排的窑洞，或傍山而建，或平地而箍，或沉入地下筑成天井式院落。窑洞的门脸，一般由砖砌成，门窗为木结构，雪白窗户纸上贴着艳丽的窗花，窗台门边挂着一串串红辣椒，这样的情景构成了黄土高原上独特的农家风情。

窑洞是由古人居住的洞穴发展而来。窑洞主要有三种，石砌的叫石窑；砖砌的叫砖窑；在土崖上挖出窑洞，安上门窗而成的叫土窑。其中，土窑是当地最具特色的一种民居。土窑大致可分为两种，一种是在黄土断崖边，并列向里掘入，成为若干互不相通的单窑；另一种自平地掘入，先成一大平底四方阱，然后从三壁各自向里挖成若干单窑，一壁留出通道；更有自阱外地面掘斜洞以通于阱中，成为过道。

土窑的平面呈长方形，顶为拱券形，洞口安装木制门窗，一般在门上方开一窗，与门的宽度一致；门旁开一大窗，与门的上窗齐平，最上部留有一个通气的小窗孔，俗称"一门三窗"。为了防止坍塌，有的窑洞在窑壁内竖木柱，架拱梁，贴卧几根长木做成"窑楦"，以撑托窑顶。人们还用木料、石料在窑前筑成走廊，称为"穿厦"，这样的走廊既可以防止雨水冲刷窑面，又显得美观大方。

窑洞一般修在山腰或山脚下的向阳之处，窑洞上面多栽有草木花卉。窑洞上还可以行人走车，因此古人有"车马还从屋上过"的诗句来形容此现象。

你知道窑洞里面的"炕围画"是做什么用的吗

在北方农村，几乎家家户户都有热乎的炕。有俗话说得好，"家暖一盘炕。"土炕三面靠墙，炕内部用砖或土坯砌成循环相通的炕道，一头通过墙内烟道直达房顶，另一头连接炕头的灶火。烧饭时，炉火的热量可以通过坑道传遍全炕，炉烟则通过烟洞达于户外。其实，在这中间就已经出现了一个问题:不靠墙的那一面会弄污人的衣物。那么,该如何来处理呢?

在窑洞内绕炕周围一尺多高的墙面上,人们绘制了内容丰富、绚丽多彩的图案,称为“炕围画”。炕围画最初形成是为了防止炕围墙皮脱落或减少衣被的污损,后来随着人们审美的需要,一些民间画工逐渐尝试在炕围上彩绘,由刚开始的实用功能,慢慢发展成为了炕围画艺术。炕围画的内容一般有戏曲人物、山水风景、蔬果花鸟,有的贴上祈望风调雨顺和庆祝丰收之类内容的剪纸和年画等。

被誉为独一无二的、神话般的民居建筑是什么

神话般的建筑,并不是在神话中虚无缥缈的那种建筑物,而是真实存在于现实生活中的建筑,这种建筑就是客家土楼。土楼由于独特的造型,庞大的气势及防潮抗震等优势,被公认为世界上独一无二的、神话般的民居建筑。土楼属于集体性建筑,最大的特点在于其造型大,无论从远处还是走到跟前,土楼都以其庞大的单体式建筑令人惊叹,其体积之大,堪称民居之最。

客家土楼是以土作墙而建造起来的集体建筑,呈圆形、半圆形、方形、四角形、五角形、交椅形、畚箕形等,各具特色,其中以圆形土楼最引人注目,当地人称之为圆楼或圆寨。圆楼的直径大约为五十余米,三四层楼的高度,共有百余间住房,可住三四十户人家,容纳二三百人。大型圆楼直径可达七八十米,高五六层,内有四五百间住房,可住七八百人。土楼这种民居建筑从一个侧面也体现着客家人聚族而居的民俗风情。

土楼结构有许多种形式,其中一种是内部有上、中、下三堂沿中心轴线纵深排列的三堂制。在这样的土楼内,一般下堂为出入口,放在最前边;中堂居于中心,是家族聚会、迎宾待客的地方;上堂居于最里边,是供奉祖先牌位的地方。除了结构上的独特外,土楼内部窗台、门廊、檐角等也极尽华丽、

精巧，是我国民居建筑中的一朵奇葩。

“里院”的设计有什么意义

“里”原本是土地的丈量单位，春秋时开始作为城内区域的名称而出现。青岛的里院大多是二到三层的木头结构房子围成的一种院落，为直排竖分的西式商住一体楼房和中式传统四合院围合式平房相结合的产物。今天，上海的里弄和青岛的里院中的“里”都是由此而来的。

青岛的里院形成于20世纪二三十年代。如果说德式建筑是青岛的被动西化，那么青岛的里院就是对西方风格的主动拿来。里院分为“口、日、凸、目、回”五种类型，每个里院的门洞或长方，或券顶，均为木门。里院里无论同居着多少户人家，共享的都是一个水龙头和一个厕所。从这方面看来，这样的里院倒是有点像老北京的四合院。青岛的里院与北京的胡同、上海的弄堂一样，都是城市里普通居民的典型民居。正是由于这样的缘故，青岛民间的大多数老艺人就聚集在这种民居中，故“里院”也是青岛民间艺术的栖息地。

古时候我国东北地区的居民是在雪屋中过夜的吗

不要一提起民居建筑，就认为它不是木头的，就是砖瓦的。其实，在我国东北地区，还有一种独特的冰雪建筑。东北地区的古代居民为了在冰雪自然环境中生存，“常为穴居，以深为贵。”在这样的洞穴中，首先想到的自然是取暖问题。古人们在洞穴中生一堆火，周围铺着树枝，柴草或皮张，用这样的方式来取暖。还有“筑城穴居”，或“冬则入山，居土穴中”。

尽管非一日之冰，可冻三尺土深，而人居九尺地下，又燃一柴火，则可以御寒。若有山洞，其深更远，再有火燃，就更适于人居了。但由于地下采光和通风条件差，加上人们可以利用木材，这样，人们开始从深地下走上浅地下。

我国东北地区的鄂伦春族人在冬季外出狩猎时，就会挖雪屋过夜休息。猎人们挖一深雪坑，四角插上木杆，上覆熊皮，雪屋内燃一堆篝火，下铺野猪皮作卧榻。

羌族的"邓笼"是用来做什么的

"邓笼"可不是什么笼子之类的东西，而是一种被羌族人称为碉楼的居民建筑。早在2000年前，《后汉书》中就有羌族人"依山居止，垒石为屋，高者至十余丈"的记载。

碉楼多建于村寨住房旁，高度在10～30米。这样的建筑并不是用来居住的，而是用来储存粮食、柴草的。碉楼有四角、六角、八角等形式；主要建筑材料是石块和黄土。墙基深约1.35米，以石块砌成。石墙内侧与地面垂直，外侧由下而上向内稍倾斜。修建这样的建筑，并不需要任何工具，而是全凭艺人的技艺和经验来完成。

羌族民居为石块砌成的平顶房，呈方形，多数为3层，每层高3米余。房顶平台的最下面是木板或石板，伸出墙外成屋檐。木板或石板上密覆树丫或竹枝，再压盖黄土和鸡粪夯实，厚约0.35米。这样的建筑不仅有引水的渠槽，还冬暖夏凉。房顶平台是脱粒、晒粮以及妇女做针线活、孩子游戏、老人休息的场地。有些楼之间还修有过街楼(骑楼)，以便往来。

悠久的历史与长期较为闭塞的生活环境，使羌族的文化中保留了不少淳朴、厚重的古代遗风。

湘西吊脚楼的神话传说你听说过吗

吊脚楼，是湘西地区一道靓丽的风景。这种建筑的形式，据说与一个神话传说有关。

相传，土家族人祖先因家乡遭了水灾才迁到鄂西来。那时，鄂西古木参天、荆棘丛生、豺狼虎豹遍地都是。土家族的先人们搭起的“狗爪棚”常遭到猛兽袭击。人们为了安全，就烧起树蔸子火，在里面埋起竹子节节，用火光和爆竹声吓走野兽。但尽管如此，人们依然受到毒蛇、蜈蚣的威胁。后来，一位土家族老人想到了一个办法：他让小伙子们利用现成的大树作架子，捆上木材，再铺上野竹树条，再在顶上搭架子盖上顶篷，修起了大大小小的空中住宅，人们吃饭、睡觉都在上面，并且从此再也不怕有毒蛇猛兽来袭击了。

后来，这种“空中住房”被渐渐地传开了，人们都按照这个办法搭建起了“空中住宅”。再后来，这种“空中住宅”就演变成了现在的吊脚楼。

你更喜欢吊脚楼还是干栏式竹楼

中国民间建筑由于各地自然环境的差别和民族、历史、生活习惯、宗教信仰等的差异而产生了许多不同的特色。其中，吊脚楼与干栏式竹（木）楼是南方山区主要的民居建筑。

“吊脚楼”是苗族、侗族、壮族、布依族、土家族等少数民族的传统民居样式。尤其在黔东南，苗族、侗族的吊脚楼极为常见。吊脚楼依山而建，搭建成两层楼的木构架，柱子因坡就势长短不一地架立在坡上。房屋的下层不设隔墙，里面作为猪、牛的畜棚，或者堆放农具和杂物；上层住人，分客堂和卧室,四周向外伸出挑廊,可供主人在廊里做活和休息。廊柱大多不是落地的(便于廊下面的通行无碍),起支撑作用的主要是楼板层挑出的若干横梁,廊柱辅助支撑,使挑廊稳固地悬吊在半空。吊脚楼的优点明显,人住楼上既通风防潮,又可防止野兽和毒蛇的侵害。

在乡土住宅建筑的分类中,把底层架空的住宅可称为干栏式住宅,因而吊脚楼也可算是其中的一种类型。干栏式住房比较典型的是云南西双版纳地区的傣族竹楼。傣族人居住在山岭间的平坝,为适应湿热的气候条件,他们利用当地丰富的竹材搭建起干栏式的竹楼。竹材易于加工,完整的粗竹作骨架,竹篾条作墙体,楼板用木版,屋顶铺茅草。竹楼的底层是架空的,供饲养牲畜和堆放杂物;楼上有堂屋与卧室,堂屋里安置一个火塘来烧茶做饭;堂屋外有开敞的前廊和晒台。前廊有顶,吃饭、休息、待客都可在廊下;晒台露天,是盥洗、晾晒衣物和农作物的地方。

为什么蒙古包是圆形的呢

蒙古包是蒙古族牧民居住的一种房子,建造和搬迁都很方便,适于牧业生产和游牧生活。蒙古包是圆形的,在古代又称为穹庐、毡包或毡帐。但是,蒙古包为什么是圆形的呢?

首先,在几何学上,周长相等的几何形状中,圆的面积比其他任何形状的面积都大。

其次,圆柱形具有最大的支撑力和向心力。除此之外,就是因为它在大风雪中阻力小,地震的时候不会变形,顶上又不积雨雪,寒气不易侵入,既暖和又安全。

圆形的蒙古包,无棱无角,呈流线型。包顶为拱形,其承受力最强,包身近似圆柱形,上下形成一个强固的整体。因此,草原上的沙暴和风雪,不会使蒙古包陷于灭顶之灾。搭盖坚固的蒙古包，可以经受冬春的十级大风，由于包顶是圆的存不住水，下雨落雪的时候，就不会积水。基于这些原因，所以蒙古包就建成圆形的了。

"哈萨包"与"蒙古包"有什么不一样的地方

从外形上来看，"哈萨包"与"蒙古包"基本没有什么区别，"哈萨包"虽然也是可以拆卸和搬运的圆形毡房，但与"蒙古包"还是有所差别。牧民在春、夏、秋三季居住，冬季则住土房和木屋。

"哈萨包"与"蒙古包"略有不同，其顶部呈弧形，四壁支杆为穹隆状。支杆与外面所蒙的毡之间，嵌有用芨芨草制成的席子。"哈萨包"内的布局和陈设也与"蒙古包"有很大差别，分成住宿和放物品两部分。前半部放物品、用具，后半部住人和待客。右上方是长辈的床位，左上方是晚辈的床位，右下方放置炊具和食品，左下方放置牲畜用具、猎具及小牲畜。正上方放置马鞍衣箱等。包内地上铺有地毯或毡，正中对天窗处有火炉。在住宿处，有为老人特设的木床，其他人不得在上面坐卧。有时，床上会遮挂布幔，而客人切忌牵动，否则就是失礼。

为什么哈尼族的房子像个大蘑菇

哈尼族民居的建造，充满着神奇的传奇色彩。传说远古时，哈尼族人住的是山洞，山高路陡，出门劳作很不方便。后来，当他们迁徙到一个名叫"惹罗"的地方时，看到满山遍野生长着许多的蘑菇，而且发现蘑菇不怕风吹雨打，还能让蚂蚁和小虫在下面做窝栖息。于是，哈尼族人建造了像蘑菇一样的房子。

哈尼族居住的房子由土基墙、竹木架和茅草顶构成。屋顶为四个斜坡面。房子分三层,底层关牛马堆放农具等;中层用木板铺设,隔成左、中、右三间,中间设有一个常年烟火不断的方形火塘;顶层则用泥土覆盖,既能防火,又可堆放物品。这样的房子从外形上来看,就像一个硕大的蘑菇。

房屋建筑以土石为主要墙体材料。屋顶有平顶的"土掌房"和双斜面四斜面的"茅草房"。因地形陡斜,缺少平地,平顶房较为普遍,既可防火,又便于用屋顶晒粮,从而使空间得到充分利用。

现在,经过改进的蘑菇房将传统和现代相融合,成了一幅奇妙的景色。

黎族的"船形屋"你听说过吗

"船形屋"顾名思义,就是像船一样的屋子。只不过,它们不是建在水上,而是建在陆地;房屋也不是船,而呈船形。

船形屋又可称"船形茅屋",黎语称之为"布隆亭竿"或"布隆篝峦",是海南黎族人的传统民居。民居的样子就像是翻过来扣在地上的船,虽然结构和装饰上有很多变化,但大体上的样式是不变的。这种民居形式是怎样来的呢?

相传,古时候有一个皇帝,他的女儿青青公主爱上了一个名叫红红的男青年。糟糕的是,红红只是一名清洁工,这自然是皇帝所不能容忍的,但多次的刁难却无法将这对恋人分开,于是皇帝将他们一起赶出了宫门。按照皇帝的旨意,侍卫们将青青公主和红红放在一只小木船上,木船随波逐流,一直向南漂到了海南岛上。见岛上风景优美,青青和红红就在这里住了下来,生儿育女,他们便成了黎族人的祖先。

因为他们是坐船来的,为了纪念他们,后人就一直住在用树枝和茅草搭成的船形屋中。

大理的石头墙有什么作用

云南大理地区的白族，是一个很讲究居住环境的民族。他们的住房，素以整齐、庄重、轩昂、精致的特点享誉中外。大理白族村寨中的民居，一般多为砖木或木石结构，非常坚固。村民们既能用规则整齐的石块垒房，也能用圆滑的卵石砌起高墙，而且非常坚固，由此可见白族人高超的建筑技艺。白族民居基本上是独立的封闭式住宅，四周围有高墙，一家几代全居住在内，山墙到顶并挑出屋面，俗称“封火墙”，有防止火灾波及的作用。在现代人看来，这样的建筑简直是不可思议的。

房屋的建筑布局多为“三坊一照壁”和“四合五天井”式。一些豪门大户还有“一进五院”的庞大群体住宅，当地美其名曰“六合同春”。这些房子的院落宽大开阔，阳光充足，地面多用石板或卵石拼花铺成，古朴雅致，别具特色。中国各地民居多为坐北朝南，这样才向阳背风，温暖舒适，可是大理白族的民居却都坐西朝东，这也是与当地的自然地理环境所息息相关的。

大理白族的“照壁”有什么意义吗

“照壁”，顾名思义，就是面对着自己的墙，有点类似于北京四合院的影壁。

进了白族民居，你会发现家家门楼内都建有一堵照壁，这是大理民居风俗的显著特色。由于每天的朝霞晨光最早照耀到这堵墙上，因此有人称之为“照壁”或“风水壁”。从这个方面来说，这又是神圣而不可侵犯的。照壁作为白族人建筑整体的一个组成部分，有增强空间层次感的效果，使人不致对门内院落屋宇一览无余。照壁上端为庑殿式的青瓦或琉璃瓦面，四角上翘，轻巧如飞，洁白的墙壁上部绘有山水风光、祥兽瑞禽等彩画；正中，则书写着“紫气东来”“福禄寿喜”等吉语，寄托了白族人对幸福生活的追求和向往，也为他们的民居宅院平添了几分文雅与和谐。从这些方面来说，“照壁”既有实用价值，又有象征意义，寄托着白族人的一个美好愿望。

景颇族人是怎样将房子架空而建的

景颇族民居适应其所在地区的自然地理条件，多架空楼居，并且分低楼和高楼两种。这些村寨里的居民大多以山区的竹木为材料，背水而建，以片竹或圆竹做墙，草顶与屋面呈倒梯形，屋脊向山墙方向伸出以获得较好的防雨效果，所形成的梯形屋顶、四壁低矮的竹楼外貌，类似于傣族竹楼，故称为矮脚竹楼。

大山深处散居的景颇族民居都是传统干栏式竹木结构的草房，房架用带树杈的木柱支撑，以藤条绑扎固定，房顶覆盖茅草，墙壁和楼面均为竹篾编织而成，有晒台。

长条式的房屋都在较集中的村落，房屋脊长檐短。其中，以低楼居多，当地称为“猪脚屋”。低楼架空离地面不到一米，四壁低矮无窗，在山墙入口处有宽而长的前廊，是家人乘凉和主妇日常劳作的主要场所。前廊的屋面悬挑出来，三面临空，以独木梯或矮梯上下。房屋一端有一中柱露出屋顶并向前延伸，再立柱支撑形成小亭间，是舂米、喂猪及制作工具的地方。室内以布帘自由隔间，也有用竹席隔间的，但都不到屋顶，每间都有火塘，以便夏天驱蚊、冬季烤火。一般以中间一间作厨房、设吊架。居室内大都不设床铺，席楼板而卧。

上海石库门的出现有什么意义

说到上海的民居，自然就想到石库门。表面上来看，这种门厅样式和其他地方的石门建筑样式没什么两样，但石库门是最具上海特色的居民住宅。

石库门住宅借鉴了北京四合院的风格。19 世纪晚期，上海开始出现用传统木结构加砖墙承重建造起来的住宅。由于这类民居的外门选用石料作门框，故称“石库门”。这种建筑是当时中西建筑的融合，在中国近代建筑史上留下了浓重的一笔。它的出现是一种城市生活的必然。洋场风情的现代化生活，使庭院式大家庭传统生活模式被打破，取而代之的是适合单身移民和小家庭居住的石库门弄堂文化。

石库门多为砖木结构的二层楼房，坡型屋顶常带有老虎窗，红砖外墙，弄口有中国传统式牌楼。大门采用两扇实心黑漆木门，以木轴开转，常配有门环。门楣做成传统砖雕青瓦顶门头，外墙细部采用西洋建筑的雕花刻图。二楼有出挑的阳台，总体布局采用了欧洲联排式风格。

贵州的石板房蕴含了怎样的文化内涵

生活在云贵高原的布依族人所建造的民居多为前半部正面是楼，后半部背面是平房式的半边楼，这种楼又叫作石板房。石板房，顾名思义，就是用石头作为材料而建造的房子。布依族人所居住的地区盛产优质石料，因此他们便因地制宜，就地取材了。

石板房以石条或石块砌墙，墙可垒至 5 至 6 米高；以石板盖顶，风雨不透。总之，除檩条、椽子是木料外，其余全是石料，甚至家用的桌、凳、灶、钵都是石头凿的。一切都朴实无华,固若金汤。但是,这种房子的缺点就是采光较差。

石板房很讲究装饰。装饰的花样很多,主要用于基、础、墙、晒壁、门、窗、隔壁及屋面上,式样有线条和图案。石板房的装饰,每一图案及图案符号都有一定的象征意义,如有的是吉祥如意的象征;有的是六畜兴旺、人丁发达的象征;有的是为了辟邪,这些线条和图案共同构成了石板房的文化内涵。

侗族的风雨桥是因为遮挡风雨而闻名吗

在云贵高原的侗族地区,有许多久负盛名的风雨桥。这些流行于汉末至唐代的古建筑不用一钉一铆和其他铁件,皆以质地耐力的杉木凿榫衔接、拔地而起,在建筑史上不能不令人感到惊叹。风雨桥又称花桥,是侗族建筑中最具特色的民间建筑之一。

苗寨喜欢依山而立,侗寨则大多修在河溪两旁,跨水而居。因此,侗寨就出现了石拱桥、石板桥、竹篾桥等。其中,最具有民族特色的就是风雨桥,而坐落在广西三江林溪河上的程阳桥正是风雨桥的代表。这座桥建于1916年,是一座四孔五墩伸臂木梁桥。其结构以桥墩、桥身为主的两部分,墩底用生松木铺垫,用油灰沾合料石砌成菱形墩座,上铺放数层并排巨杉圆木,再铺木板作桥面,桥面上盖起瓦顶长廊桥身。桥身为四柱抬楼式建筑,桥顶建造数个高出桥身的瓦顶数层飞檐翘起角楼亭、美丽、壮观。五个石墩上各筑有宝塔形和宫殿形的桥亭,逶迤交错,气势雄浑。长廊和楼亭的瓦檐头均有雕刻绘画,人物、山水、花、兽类等色泽鲜艳,栩栩如生。风雨桥是侗族人民智慧的结晶,也是中国建筑史上的艺术珍品之一。

团山村有什么奇特的地方

在云南省建水县境内，有一个很独特的山村——团山村，村子不大，却有着几百年的历史。当春天来临时，村子背靠的山和面临的坝子都绿意融融。之所以说这个小山村奇特，是因为这个静悄悄的小村子实际上就是一个颇具规模、历经600年风雨仍保存完好的汉族民居，这在少数民族边远地区实属罕见。

团山村如今保留有东、南、北三座寨门，其中一座名为“锁翠楼”，街道用大青石板铺就，具有雄壮气势的大门象征着主人财源广进和高贵的地位，斗拱飞檐高高挑起指向云天。团山村民居的布局和装饰与江南民居有相似之处。所有建筑一律坐西朝东，屋面为青瓦，白灰粉饰外墙，青砖作墙裙，每座房屋都以天井为核心，大门多在主体建筑一侧，通过形状不一的过道，到达主体院落，有一进院、二进院、三进院，平面布局包揽了云南传统民居中“四合五天井”“三坊一照壁”“跑马转角楼”等主要形式。

团山村现保存完好的汉族传统民居和古建筑有21座，而团山村的后人们就在这令人羡慕的老宅内过着自给自足的生活。

你知道什么地方有自由式民居吗

所谓自由式民居，就是指不采用院落形式，不注重房屋形式和造型的民居建筑。这样的民居，主要分布在南方乡野和小城镇。自由式民居冲脱了礼制的约束，组合灵活、多样，其造型特点如下：

(1)多数是在平面和屋顶都相连的一栋建筑上。这样的建筑，通常都是内部上下左右都有可联通的走廊，外向则开敞显露，不用院墙，与自然融成一体。

（2）形式自由，不求规整对称。或屋坡前小后大，或楼房与平房毗连，或屋顶上有部分高出为阁楼等；平面有一字形或各种无以名之的形状；内部空间富于变化；地面随基地标高的不同，不同室可以有高有低，同室也可不在同一平面。总而言之，这样的建筑完全视具体情况来定，而不是要按照严格的图纸来建造的。

（3）这些变化多是使用称为“穿斗架”的一种民间轻便构架完成的，仅只作一些简单的处理，便可巧变万端，显示了极大的灵活性。

（4）所用材料都是最易得、最经济的产品，以小青瓦或茅草铺顶，以小青砖、编笆抹灰、木板、乱石、块石或泥土筑墙。木不加彩，墙圬而已，随宜而用，形成色彩、肌理、质感的自然对比。墙面上自然暴露木结构，显出其结构穿插之美，而有一种单纯、天真的趣味。

布朗族的“拥”“曼”及“邦”有什么差别

云南西双版纳地区的布朗族人把自己所居住的民居叫做“拥”“曼”及“邦”。“曼”是布朗族借用的一句傣语，与“拥”同意，都是正式的村寨；“邦”虽然也是人们建房居住之地，但并非正式的村寨。

称为“曼”或“拥”的村寨，由达曼（村寨头领）或佛爷以米和鸡蛋供祭山神，指导人们用茅草搓成手指般粗细的草绳与白线掺和，圈寨的地方通过占卜来确定。同时，要在准备建寨的地皮上栽上几排木桩，用白线系住木桩连成网状，主祭人围着木桩念经、滴水，祭祀山神、地神、树神。人们跟在主祭人身后跳建寨舞，分成两边握住草绳，围着已经划出的建寨范围而舞，边舞边将草绳拉拢。如果草绳两端正好相连或长出一段，即是神灵允许建寨；如果草绳围寨址后而不能相连,便是不能建寨。

建寨时,首先要在穿寨而过的那条主要道路上建两道称为“都拥”的寨门。建寨门时,由达曼主持祭祀,指导大家砍伐树木,在路上搭架一道门框,在门框上缠上草绳,挂上用竹篾编制的篾笆片,门框两旁用枝叶架设一定长度的围栏。每道门前栽上两棵顶端刻成人头状的木桩,寓意把门,将虎豹、鬼怪阻拦于寨外。在举行过“乖脱”仪式以后,各户会请达曼、阿章(巫师)用鸡蛋占卜来选择地基,以建盖住房。

在盖房建寨的过程中,要在寨子的中心部位,建立一个称为“栽曼”的寨心。寨心是村社神灵依附的处所,一般要设一个四方形的土台,台中间栽一棵上端刻成人头状的方形木柱作为标志。标志物四周还需栽桩围栅,以防止家畜进入土台,撞碰神桩。“栽曼”是一个神圣的地方,若有猪狗跃入围栅,即视为寨内的达曼(召曼)亵渎神灵,应重新更换达曼(召曼),并由新的达曼主持祭寨心仪式,重立一个寨心。

为什么傈僳族村寨要建在崇山峻岭中

被称为“千脚落地房”的傈僳村寨都建在怒江上游峡谷的崇山峻岭之间。虽然说“千脚落地”是有些夸张,但这也形象地说明了当地的气候特征和山高坡陡的地理条件。

在雨季时,“千脚”阻力最小,使山洪顺利倾泻而下,又很快干爽,免受潮气。而且,不用兴师动众地挖土、打地基以及运送木料,只需要就地取材。同时,对木料没有过高要求,长短皆用,从而使高山峡谷的生态环境得到保护。说“千脚落地”,是因建房时先在确定的屋基上依斜坡程度和住房面积打进数十根到百余根木桩为基桩,从而保证居室楼板的平正。

基桩打好后,除四面留几根高柱作为整个房屋的立柱外,在密集木桩所形成的平面上满铺竹篾编织的楼板，还有竹篾围墙，所有结构皆用竹篾绑扎。屋顶铺苫草或盖木片瓦，近几年，已陆续换上了大块的水泥波形瓦。房门开在山墙一侧，有廊道，可作晒台，平时穿的衣服都搭在这儿，同时，这也是妇女们做针线活的地方。

千年的封闭，导致傈僳族人所居住的地区保留了完好的古代民居建筑，而这些民居建筑也体现出了傈僳族人的智慧。

“大门不出，二门不迈”中的“二门”指什么

“大门不出，二门不迈”中的“二门”指的是四合院的垂花门。这是一道十分讲究的门，是内宅与外宅的分界线和唯一通道。前院与内院用垂花门和院墙相隔。

垂花门是指门上檐柱不落地，而是悬于中柱穿枋上，柱上刻有花瓣联（莲）叶等华丽的木雕，以仰面莲花和花簇头为多。因为垂花门的位置在整座宅院的中轴线上，界分内外，建筑华丽，所以垂花门是院子中比较显眼的地方。垂花门整座建筑占天不占地，而这也是其特色之一。因此，垂花门内有一很大的空间，进而给家庭主妇与女性亲友的话别提供了极大的方便。

垂花门是四合院内的一个重要建筑，一般都在外院北侧正中，与临街的倒座南房中间那间相对，一般垂花门都建在三层或五层的青石台阶上，垂花门的两侧则为磨砖对缝精致的砖墙，垂花门建在四合院的主轴线上，它与院中十字甬路、正房一样，同在一条南北走向的主轴线上，并最先展示在客人的面前。

“土掌房”是怎样的一种房子

在滇南的彝族地区，有一种建在斜坡上的平顶房，远远望去，高低错落的平顶似阶梯级级而上，显得十分整齐、稳重，这就是被人们称为“土掌房”的彝族民居。

“土掌房”的建筑结构，以块石为墙基，用土坯砌墙或以土筑墙。有的大梁架在木柱上，担上垫木，铺上茅草或稻草、草上覆盖一层稀泥，再放上细土捶实而成屋顶。有的梁放置于墙上，梁上铺以木板、木条、树枝或竹子，上面再铺一层土，经洒水抿捶，形成平台屋面，这样修成的屋顶，滴水不漏，而且非常结实。平台屋面既是屋顶，又可作粮食物品的晒场。

“土掌房”结构简单，经济实惠，比建盖土木结构的瓦房省工、省料、省钱，比建盖草顶房又整洁、牢固结实。还具有冬暖夏凉、防火性能好的优点，只要注意保养平台屋面，一般可住数十年或上百年，即使需翻修更新，也较其他建筑省力。因此，“土掌房”这种建筑也逐渐被居住在这里的其他少数民族同胞接受。

“土掌房”住得舒服吗

“土掌房”最大的特点，恐怕就是冬暖夏凉了。“土掌房”之所以冬暖夏凉，是因为这种房屋的建筑结构与众不同。它以石块为墙基，用土坯砌墙或以土筑墙。有的房屋大梁架在木柱上，镶上垫木，铺上茅草和稻草，草上覆盖一层稀泥，再放上细土夯实而成；有的大梁架放在土墙上，梁架上铺木板、木条、树枝或竹子，上面再铺一层土，经过夯实，形成平台屋面，十分结实牢固。由于土掌房以土墙土屋顶构成,因此密封性好。而且,由于土墙比较厚,房内热量又不易外散,冷空气不易侵入,能够起到保温的作用;夏季虽然烈日高照,但土房传热很慢,房内温度就比外面低。这便是土掌房冬暖夏凉的主要原因。

“口袋房”“万字炕”是什么样的

“口袋房,万字炕,烟囱出在地面上。”这是东北地区满族民居的形象描绘,并生动地反映了满族民居的建筑风格。

因为“口袋房”外形像口袋和斗形而得名为“斗室”。一般是 3 至 5 间,坐北朝南,房顶用草苫,周围墙多用土垒成;门大多开在东边,也有的中间开门,称“对面屋”;进门便是伙房,又称外屋;西侧或东西两侧为里屋,即卧室,并且卧室筑有南、北、西三面构成的火炕,这是满族卧室的最大特点。按满族习俗,西炕上供着神圣的“窝撒库”,是神圣和尊贵的地方,不能堆积杂物,就连贵客也不能坐西炕;南炕温暖、向阳,一般由长辈居住;晚辈则住北炕。

烟囱,建在屋侧,高过屋檐数尺,通过孔道与炕相通。除用空心木外,烟囱多用土坯或砖砌成。房门多为两层,内为两扇门板,有木制插销;外为单扇花格门,外糊以纸。

满族认为,“四世同堂”或“三世同堂”是件大喜事,同堂的辈行越多越光荣。因此,随着人口的增加,除正房外,又建有东西厢房和南向而中间留有门洞的门房,这种建筑就类似于今天人们所说的“四合院”了。

“悬空村”是真的悬空的吗

说起山西浑源的悬空寺,很多人都知道。如果有一座村庄整个都悬挂建在山腰之上,你一定就会感到惊奇了吧。但是,偏偏就有这样一个村庄是建在半山腰上的,看起来就像是悬挂在半上腰上似的。这个地方就是黄土高原上的宁武。

宁武是山西黄土高原上的一颗绿色明珠,几十万亩原始次生森林,将一个名叫"王化沟"的小村深匿其中。王化沟村不上不下,整个位于半山腰上,村庄顺崖就势而建,从谷底仰望,整个村庄就好像是空中楼阁一样的。"悬空村"的房屋错落有致,户户相连,有的甚至还是二层小阁楼。村民的牛、羊、骡圈等也建在悬崖绝壁边上。整个村子面向峡谷,前半部分多以木柱支撑,悬空而建。在其前面加宽,铺就木板,便是村中唯一长约不到一公里的道路,形成了罕见的"空中栈道"景观。

"悬空村"犹如南方的吊脚楼群,孤居在这遮天蔽日的森林之中,构成了一幅山野幽居图。置身石屋楼阁,凭栏放眼,沧海绿浪,满目碧野。每逢雨雪之后,"悬空村"更是万里云雾、银海茫茫,蔚为壮观。

为什么会出现牌坊这种事物

说到牌坊,人们就会想到这是封建社会的产物。的确,这是封建社会为表彰功勋、科第、德政以及忠孝节义所立的门洞式纪念性建筑物,用以宣扬封建礼教,标榜功德。

牌坊俗名牌楼。它不同于民居,民居是住人的;也不同于祠庙,祠庙是供神的。徽州原有牌坊一千多个,现尚存有百余个,被誉为"牌坊之乡"。

牌坊是由棂星门衍变而来的。棂星原作灵星,而灵星即天田星。汉高祖刘邦规定,祭天先祭灵星。到宋仁宗天圣六年(1028 年),筑郊台外垣,设置灵星门。后来,又把这种祭天的仪式,移植到祭拜孔子的仪式上。古人认为汉代祭祀灵星,是为了祈求丰年,与孔庙无关。宋(南宋)元以后,尤其是明清，这种建筑不仅置于郊坛、孔庙，还建于庙宇、陵墓、祠堂、衙署和园林前或街旁、里前、路口，不仅用于祭天、祀孔，还用于褒扬功德，旌表节烈等，于是，灵星门一变再变，最后就变为今天的牌坊。

第9章

动人的神话传说

“破天荒”是怎么回事

天荒，是由于原始社会的人类对天和地的不了解，对天和地产生的敬畏之情而出现的称谓。人类产生之后，对于天和地的来历，一直穷追不舍，由于不能科学地理解，于是都表现在了神话传说当中。上古的很多神话传说都曲折表现了古人对天地来历的理解，如葫芦神话、洪水传说等都是对天和地来历的遐想的智慧结晶。

那么究竟后来是怎么样“破天荒”的呢？《太平广记》引用三国时期徐整《三五历记》中的记载，在天和地还没有出现之前，宇宙就是一片混沌，就像鸡蛋一样。里面没有阳光，也没有声音，黑暗一片，没有一点生机。而盘古就在这一片混沌当中，他觉得自己闷得慌，便用板斧一劈。然后，经过了一万八千年，阳清的物质逐渐上浮成为天，阴浊的物质逐渐下沉为地，这样就有了天地。由于古代的人把宇宙形成之前的状态称为鸿蒙，因此盘古开天辟地的故事也被人们称为鸿蒙初辟或开天辟地。

“女娲补天”的神话故事中透露了怎样的意义

很多的史料当中都记载着女娲补天的故事，甚至于在现在还有女娲补天台的遗址。

相传，在上古时代，水神共工和火神祝融两个人打架，水神共工打了败仗后因羞愤而撞断了不周山。由于不周山是撑天的柱子，因此支撑着天和地的柱子断折了。于是，天就塌了半边，出现了一个大窟窿，地也现出一道道大裂纹，天下到处烧起了大火，洪水肆虐，龙蛇猛兽也出来吞食人民，女娲所创造的人类面临着空前的大灾难。在这种情况下，女娲看到自己辛辛苦苦创造的一片生机盎然的天下要毁于一旦，感到无比痛苦，便决心补天，以终止这场灾难。她首先到四处选用五色石子，架起火将它们熔化成浆，用这种石浆将残缺的天窟窿填好，随后又斩下一只大龟的四脚，当作四根柱子把倒塌的半边天支起来，从而使天下又恢复了原来的勃勃生机。

其实，这则神话传说当中所记载的事件，都是应该与当时所发生的事件有关联。像女娲补天的来历就好似是陨星雨撞击地球的翻版。当时，巨大的撞击，造成了大量人员的死亡和外迁，使当地相对比较昌盛的文化一度中断。灾害过后的若干年，新的古代文化逐渐繁荣起来，于是人们对于这一灾害只能是诉诸传说，形成了一个美丽的神话——女娲补天。女娲补天的神话，透着古人对天下太平的美好向往。

人类真的是“女娲”创造的吗

人类是怎么来的？这个问题一直缠绕着古人，由于他们无法解释，便认为是女娲创造了人类。相传，女娲认为盘古的创造还算不上完整，鸟兽虫鱼的智力远远不能使她满足，因此她决心要创造出比这些生物更高级的生灵来给自己做伴。于是，女娲沿着黄河滑行，用河床里的软泥按照自己的形貌来捏泥人。女娲心灵手巧，不一会儿就捏好了好多的泥人。这些泥人几乎和她一样，只不过女娲给他们做了与两手相配的双腿，来代替尾巴。这些小泥人被女娲放到地上就“活”了起来，变成了一群能直立行走、能言会语、聪明灵巧的小生命，女娲称他们为“人”。

女娲造人的神话，是一个流传十分久远的故事。现代科学技术的发展证明了人类是由古猿进化而来的。但是，女娲造人的神话却反映出早期人类社会的生活状况，那时正值人类社会中的母系社会时期，妇女拥有至高无上的地位，而且子女只认得自己的母亲，不认得自己的父亲。于是，人们就认为自己是被母亲所繁衍下来的，母亲是最伟大的。因此，女娲也就被塑造成为了一个女性形象。

“麻姑”为什么会成为民俗画中的重要人物呢

麻姑是《神仙传》里东海仙人王方平的妹妹，是个很特别的姑娘，年龄十八九，聪明漂亮，还有两样本领：一是，可以穿着木屐在河水水面上行走，常救起溺水的人；二是，能将米粒变成丹砂药丸来救治病人。四川著名的“鬼城”丰都城平都山上有个麻姑洞，传说麻姑来拜访仙人王方平时就住在这个岩洞里。

那么，麻姑为什么会成为民俗画中的重要人物呢？相传，麻姑在绛珠河畔用灵芝酿酒，酿了十三年才成功。由于正好赶上王母寿辰，麻姑就带着灵芝酒前往瑶台为其祝寿。王母十分欢喜，封麻姑为虚寂冲应真人。而这，就是传说中的“麻姑献寿”。后来，麻姑就成了中国传说当中有名的女寿仙，故古人祝贺妇女长寿，常用“麻姑献寿图”来庆贺。由此可知，“麻姑献寿图”的意思就是祈祷家里的妇女长寿，到后来“麻姑献寿”也就成了民俗画中最重要的题材之一。

“十八层地狱”到底是什么

十八层地狱（或称十八地狱、十八重地狱、十八泥犁）是地狱名称。据东汉安世高所译的《十八泥犁经》，地狱分为十八层，合称为十八层地狱。十八层地狱的“层”不是指空间的上下，而是时间和内容上的不同。中国民间传说阎罗王为地狱的主宰，手底下有十八个判官分管着十八层地狱。其实，十八层地狱，也在某种程度上反映着古人的宗教信仰。古人认为，人死之后，灵魂还是存在的，因此，在佛教传入我国后，地狱也被道教所沿用和解释。

地狱被古人认为是人死亡后灵魂要去的地方，在汉族传统宗教观念中，地狱是阴曹地府的一部分。十八层地狱的宗旨是在教育人们要多做善事，多积德，少作恶，死后也就不会“受苦受难”了。从这个方面来说，还是具有积极的意义的。

你知道“沉鱼落雁”中的“雁”是哪种鸟吗

“落雁”，其实从字面意思来看，就是平常所最常见的大雁了。那么，它为什么会落下来呢？这就要从昭君出塞说起了。汉元帝时期，边界不得安静，汉元帝为安抚匈奴，便选王昭君与呼韩邪单于结成姻缘。在一个秋高气爽的日子里，昭君告别了故乡，踏上了往北方去的路程。一路上，马嘶雁鸣，撕裂她的心肝；远离故乡的这种悲切感情，使她心绪难平。于是，她就在坐骑之上，拨动琴弦，奏起悲壮的离别之曲。往南飞的大雁听到这动情的琴声，看到这个美丽的女子，都忘记了飞翔，从空中跌落到了地下。

从此，王昭君就成为了“落雁”的代称，而后来则有人将“落雁”代指美丽的女子。

你听过“格萨尔王”的传说吗

格萨尔王在藏族人民的心目当中是一个很伟大的英雄，关于他的传说在藏族地区更是多得不胜枚举。在很早以前，岭国出生了一个叫角如的穷孩子，这个孩子在这如同仙境般的环境中长大成人。在岭国英雄云集，赛马争夺王位时，角如的技艺力压群雄，被人们尊称为“格萨尔王”。格萨尔王的一生，充满了智慧与邪恶的较量，为了铲除人间的祸患和不平等现象，他临危受命降临凡界，镇伏了恶魔，驱逐了掳掠百姓的侵略者，消除了人与人之间的不平等现象。在这期间，他还和他的叔父——一个投敌卖国的奸贼展开了殊死的较量，并最终打败了他的叔父，为部落争取了自由和幸福。在藏族人民的心目当中，格萨尔王是一个什么都难不倒的英雄。同样，格萨尔王的传说反映着藏族人民对于天地的敬畏之情和对英雄的怀念之情。

为什么“天狗”要吃月亮

也许很多人知道“天狗”这个词都是从“天狗吃月”的传说开始的，那么天狗为什么要吃月呢？传说在古时候，有一位名叫目连的王子，为人善良，但作为一国之母的目连的母亲，却处处想着怎么样以整人为乐，生性暴戾。有一次，目连的母亲突然心血来潮，吩咐人做了狗肉馒头，说是素馒头，拿到寺院去施斋。目连知道了这事，忙叫人去通知了寺院方丈。

这事被玉帝知道后，玉帝将目连的母亲打下十八层地狱，变成了一只恶狗。然而，目连是个孝子，为救母亲，他修炼成了地藏菩萨，用锡杖打开了地狱之门，从而救出了母亲。

但是，目连母亲变成的恶狗，因痛恨玉帝，就窜到天庭去找玉帝算账。她在天庭找不到玉帝，便在天庭抓着什么吃什么，到后来又去追赶太阳和月亮，想将它们吞吃了，让天上人间变成一片黑暗的世界。她追到月亮，就将月亮吞下去；追到太阳，也将太阳吞下去。不过这只恶狗，却被人间的锣鼓、爆竹声吓到，把吞下的太阳、月亮吐了出来。这样就形成了“天狗吃月亮”的民间传说。

古时候科学还不发达，人们对日食和月食的天文现象无法解释，于是编出了这样一个传说，甚至还说天狗一吃太阳或月亮，便会发生天灾等。其实，这些都是不科学的，奇异的天文现象与某些灾害是没有联系的。

你知道“沉鱼”是用来形容谁的吗

“沉鱼”，说的是春秋时候西施的故事。

据说，西施是个浣纱的女子，五官端正，相貌过人。她在河边浣纱时，清澈的河水映照她俊俏的身影，使她显得更加美丽，就连水中的鱼儿看见了她的容貌，也被她的容貌所迷住，而忘记了游动，最后沉到了河底。于是，人们便将“沉鱼”指代西施了。

随着时代的变迁，“沉鱼”就不仅仅指西施了，而是通指年轻女子漂亮。

“金江圣母三姊妹”的传说你知道吗

每年农历正月初五至二十五日，是金江三姊妹的本主节，人们通常要举行盛大的活动来纪念三姐妹。那么这一纪念活动是怎么形成的呢？相传，金沙江龙王的三个女儿，有一次到苍山洱海游玩。她们来到凤仪县莲花山下时，这个地方正在闹旱灾。大姐叫两个妹妹先回龙宫，而自己留下来为当地的百姓解决水源的问题。为此，山下百姓盖了寺庙，塑了她的像，尊她为本主，封号为金江圣母。

龙王二女儿长得如花似玉，在大理赶三月节时，被海东的一个名叫罗龙的人羞辱，于是，二女儿决定惩罚罗龙。但是，为了惩罚一个人而使全部的老百姓遭殃，二女儿于心不忍，便下了一场透雨，使山下不再干旱。二女儿惩罚了罗龙以后，回到石子山，见这里风光秀丽，就在山上的慈云溪边住下。山下的几个村子知道，就又为她盖了寺庙，尊她为本主，封号为慈云普润金鸾圣母。

二女儿尊为本主后，她怕妹妹孤单，就为妹妹找到了一个住处——青龙山。妹妹到青龙山后，也为当地的百姓下雨，被当地的人们封号为金灵圣母。后来，金江龙王来看望三个女儿时，见苍洱风光迷人，便留在青龙山住下。

关于金江圣母的传说，反映着当地百姓对风调雨顺的愿望，以及对美好生活的向往。

你知道“羞花”是用来形容谁的吗

“羞花”，说的是杨贵妃的故事了。话说唐朝开元年间，唐玄宗深居后宫，不理朝政，还四处搜寻美女。

当时，寿邸县的农民杨元琰，有一个美貌女儿叫杨玉环，被选进宫来。杨玉环进宫后，思念家乡。一天，她到花园赏花散心，看见盛开的牡丹、月季……想自己被关在宫内，虚度青春，不胜叹息，对着盛开的花说：“花呀！花呀！你年年岁岁还有盛开的时候，还有展示自己魅力的时候，可是我什么时候才有展示展示自己的时候呢？”话说得悲悲切切，不由自主地摸眼前的花。然而，她刚一摸花，花瓣便立即收缩，绿叶卷起低下。这一情景，被一宫女看见。宫女到处说，杨玉环和花比美，花儿都含羞低下了头。后来，这件事传到唐玄宗的耳朵里，他也觉得很惊奇，便命杨玉环来见驾。

按常理说，花儿应该是最美丽的，但这个故事却被赋予了更多的遐想，让人们不由自主地想象杨贵妃的美丽动人。

为什么夸父会追赶太阳

一般人都认为夸父追的就是太阳，其实不然。《大荒经》里记载说，夸父追的只是“日景”，也就是说夸父追的是太阳的影子。那么太阳的影子怎么来追呢？其实，在古汉语的解释当中“追”本来就有遵循、追随的意思，而这则意味着夸父是随着太阳西落的运行测量其投影，以判断时间，而根本不是跟着太阳的后面一直跑。

故事是说，有一年，天气大旱，太阳热得把地上的植物都晒死了，而且晒干了河里的水。人们热得难受，实在无法生活。夸父见到这种情景，就立下雄心壮志，发誓要把太阳捉住，让它听从人们的吩咐，更好地为人们服务。

当他到达太阳将要落入的禺谷之际，觉得口干舌燥，便去喝黄河和渭河的水，河水被他喝干后，口渴仍没有止住。他想去喝北方大泽的水，还没有走到，就渴死了。夸父临死前，抛掉手里的杖，这杖顿时变成了一片鲜果累累的桃林，为后来追求光明的人解除口渴。

大家要从神话故事当中体会夸父追日的执着、奉献精神，从中汲取人性力量。至于夸父到底是追日，还是追日影，也就没有必要去深究了。

“后羿射日”是因为什么

传说，天和地刚刚形成的时候，天空上有十个太阳。他们像小鸟那样栖息在一棵大树上，每天一换。可是有一天，这十个太阳一起出现在了天空。这一下，大地上的人们和万物就遭殃了。于是，后羿爬过了九十九座高山，迈过了九十九条大河，穿过了九十九个峡谷，来到了东海边。后羿拉开了万斤力弓弩，搭上千斤重利箭，瞄准天上的太阳，射掉了九个太阳。剩下的一个太阳后羿命它每天按时出来，按时下山，为人们服务。

按照《山海经》里的记载，这十个太阳代表着十个部族，但由于天下要一统，因此其他九个部族就会被消灭。人们根据此记载创造了后羿射日的故事，从而表达着人们对天下“大一统”的美好愿望。

“嫦娥”为什么会独自“奔月”

传说中的后羿因一口气射下九个太阳而拯救了天下，并受到了百姓的尊敬和爱戴，连王母娘娘也称赞他的功劳，便给了他一颗仙药。据说，服下此药，能即刻升天成仙。

然而，后羿舍不得撇下妻子嫦娥，只好暂时把不死药交给嫦娥珍藏。几天后，后羿率众徒外出狩猎，心怀鬼胎的蓬蒙假装生病，留了下来。待后羿率众人走后不久，蓬蒙手持宝剑闯入后院，威逼嫦娥交出仙药。嫦娥知道自己不是蓬蒙的对手，危急之时她当机立断，转身打开百宝匣，拿出仙药一口吞了下去。嫦娥吞下药，身子立时飘离地面、飞出窗口，向天上飞去。由于嫦娥牵挂着丈夫，便飞落到离人间最近的月亮上成了仙。

从嫦娥奔月的传说中，大家可以看到我国古人在很早以前，就开始对月球有所关注了，只是由于技术上的局限，而未能进一步对月球进行探索研究而已。

妈祖是谁，她的传说是怎样的

妈祖，历来是船工、海员、旅客、商人及渔民共同供奉的神仙。由于古代科学技术的不发达，在海上航行的人们经常因为风浪的突袭而葬身海底，因此许多在海上的工作者们把希望寄托于神灵的保佑。在船舶起航前要先祭妈祖，祈求保佑顺风和平安，在船舶上还立妈祖神位供奉。

相传妈祖的真名为林默，生于宋建隆元年(960 年)农历三月二十三日，逝于宋太宗雍熙四年(987 年)九月初九。妈祖为福建莆田九牧林六房之后。妈祖一生在大海当中奔波，救急扶危，相当于今天的随船医生。她在惊涛骇浪中拯救过许多渔舟商船；她立志终身不嫁，并慈悲为怀，专门行善济世。因此，历朝历代对妈祖的赐封节节高升。根据史料记载，宋、元、明、清四个朝代都对妈祖有多次褒封，封号从“夫人”“天妃”“天后”到“天上圣母”等，并将对其祭祀的活动列入国家祀典。

为什么哪吒会去闹海

哪吒从小便桀骜不驯。7 岁时，天旱地裂，东海龙王却连一滴雨也不肯施舍，还命夜叉去海边强抢童男童女。哪吒见义勇为，用乾坤圈打死夜叉，又杀了前来增援的龙王之子敖丙。东海龙王恼羞成怒去天宫告状，途中又被哪吒打得半死。于是，东海龙王请来三位兄弟，共商报复之计。第二天，四海龙王带领水兵水将兴风作浪，水淹陈塘关，哪吒为了不使全城百姓遭殃，挺身而出，悲愤自杀。事后，太乙真人借莲花与鲜藕为身躯，将哪吒还魂再世。复生后的哪吒手持火尖枪、脚踏风火轮，大闹龙宫，战败东海龙王，为民除害。

“哪吒闹海”的故事从一个侧面反映出了古人对于海龙王的敢怒而不敢言，他们将这种怨恨寄托在哪吒身上，并借哪吒的行动来反映自己对老天的不满。

哪吒属于“道教”还是“佛教”

在《西游记》当中，大家可以清晰地看到，哪吒是站在灵霄宝殿上的。那么，是不是据此就可以说哪吒是属于道教一派呢？根据学者们考证，哪吒最早写作那咤，这一名称出现在唐代及此后与毗沙门有关的佛经中。“哪吒”是一个音译的名字，也就是说他并不是中国本土的。他本是佛教中的一个神，在唐以前，我国还没有关于“哪吒”的任何记载。如此说来，“哪吒”引进到我国的时代应当在唐朝，后来经过历朝历代的传颂，才有了今天大家所熟悉的哪吒形象。

哪吒，在佛经中是梵文(Nalakuvara)的音译，相传是四大天王中之北方多闻天王毗沙门的三太子，是佛教护法神之一。

神农尝过的药草真有百种吗

传说神农一生下来就是个“水晶肚”，他的肚子几乎是全透明的，五脏六腑全都能看得见，还能看得见吃进去的东西。当时，人们经常因乱吃东西而生病，甚至丧命。于是，神农决心尝遍百草，能吃的放在身体左侧的袋子里，推荐给人们吃；不能吃的就放在身体右侧的袋子里，而且时时提醒人们注意。

神农氏尝百草，不一定就是说他尝了一百种草药。中国人素来以百、千、万这样的数字来代表很多，因此神农氏不一定尝了百草，说不定他只尝了几十种，也说不定他尝了有几百种草药。总而言之，神农氏对中国中医药作出了突出贡献，只不过后人将其功绩夸大了而已。

为什么神话中经常有“妖精”出现

中国神话的妖精是指修炼后的物类，好比人修道成仙那样。同时，在中国人心目当中，妖精经常等同于妖怪。其实，这种认识是错误的，妖精和妖怪的性质是不同的。“妖怪”这词通常作为超自然或恐怖事物的总称；而“妖精”比较偏向大自然事物的化身，是具体的神怪。

古人认为任何动物、植物及工具，都会吸收到天地日月的精华，从而变化成人的样子来到人间。在中国人的思想当中，妖精以狐狸精为主，此外还有蛇精、猫精、琵琶精、蜘蛛精、雉鸡精、鱼精、树精及花精等。然而，“妖”则代表偏离正道的事物，因此人类和仙人常常要征服它们，这其中当然就会发生许多暴力冲突了。妖精的身份揭穿后（通常是尾巴露出来，或者被照妖镜照到），难免会有神仙高人捉拿它们，不是被消灭，就是被迫走入仙道。如《抱朴子》《西游记》及《封神演义》等书中所描绘的那样，妖精几乎全都扮演歹角，代表着邪道，是与正道的神仙们势不两立的。不过，也有例外，如《白蛇传》和《聊斋志异》的书中就描绘了许多有情有义、知图报恩的妖精。

为什么“梁祝”的结局是“化蝶”

“梁祝”故事在不同的地方有着不同的版本，但是这些都并不会影响人们对梁山伯与祝英台的赞美。那么，梁山伯与祝英台殉情后，化成了什么蝶而双双飞舞呢？

关于此问题的争论，在不同的地区也有着不同的版本。比如，在河南就有美凤蝶版；在云南就有玉带凤蝶版等。但是，不管是哪个地区的哪个版本,“梁祝蝶”都应该具备以下三个基本的属性,否则,就会失去文化上的意义。

(1)梁祝化蝶应该是变为雌雄不同的蝴蝶。因为梁山伯和祝英台是一男一女,所以化成的蝶也应该是一雄一雌。

(2)色彩鲜艳,易于辨别。这也预示着,爱情就该这样,就应该是正大光明的,也应该是勇敢的,而不是偷偷摸摸的。

(3)梁山伯与祝英台故事起因在南方的杭州,死后化蝶地方在绍兴,故该蝶应广泛分布在江南地区。

你知道愚公移走的是哪两座山吗

上古的时候,人们把天下划分为九州(冀、兖、青、徐、荆、扬、豫、梁、雍),而位于今天华北平原的冀州和黄河下游的豫州应该是当时人们活动的主要地域。

相传,在冀州的南部,横亘着两座高耸云端的大山,一座名为太行山,另一座叫做王屋山。王屋山脚下有一个叫燕婆洼的村子,村里住着个叫吕三太的老头。吕老头自打一生下来就一辈子过着出门翻山、进门也翻山的日子。于是,老人召集全家,商量要搬开大山,让道路能够一直通向豫州南部和汉水沿岸,也就是今天的南阳、襄樊地区。这一建议得到了全家人的支持。于是,全家人开始不分昼夜地掘土凿石,而挖出来的土石又被运到了渤海边上,一年只能往返一回,工程进度非常缓慢。然而,老汉坚信,只要锲而不舍,子子孙孙,终能如愿。这样,愚公的精神感动了上天,上天派两个大力神背走了冀州之南的这两座大山,一座放到了朔方的东部,另一座则放到了雍州的南部,从此太行山和王屋山就坐落在了今天的位置。

“愚公移山”历来被视作一种激励的精神,使人们从中汲取一种做事要有毅力、不怕困难的精神力量。因此，今天的人们不要过分地去追问这两座山的名称，而要去领会愚公的精神。

什么是“土黄天”

相传，土皇是天公和地母最小的儿子，因此天公和地母特别地疼爱他。他出生的时候，四个哥哥已经分管着春、夏、秋、冬四季，于是他经常哭着闹着要参与四季的管理。天公和地母只好从春季里分出清明节的最后两天，谷雨节分出十八天；从夏季小暑节里分出最后三天，大暑节分出十五天；从秋季里分出寒露的最后三天，霜降节分出十五天；从冬季里分出小寒的最后两天，大寒节分出十五天；共得七十二天，与四个哥哥管的天数一样。封他们最小的儿子为土皇，把他管的日子叫土皇天。后来，人们还把单日叫公土皇，双日叫母土皇。并且，把在土皇天下的雨，叫做土皇雨，据说这是因为土皇从小就好哭闹，所以每逢他当值时，就要下雨。

关于马头琴的感人传说你知道吗

马头琴的产生及其发展，很难查阅史料。但是，它却有一个美丽、感人的传说。

据说，年轻的牧人巴特尔家世代为王爷牧马。在一个寒冷的初春，巴特尔跑到百里之外，找回失散的马群后，在一个淖尔边发现了一匹白色小马驹。看着小马驹的样子，巴特尔特别喜欢它，便把它带回了家。在巴特尔的精心照料下，小白马长成了大白马，而且十分通人性，在一次那达慕大会上，巴特尔骑的大白马将王爷精心饲养的所有马匹远远甩在后面。王爷见到这匹马后，满心欢喜，便派人强行抢走了巴特尔的白马，但白马却难以制服。最后，王爷将白马杀死了。

巴特尔守候了白马三天三夜。后来，他将白马的后腿骨和马尾取下，挂在毡房中，然后安葬了白马。面对白马的后腿骨和马尾，巴特尔沉思了99天，白马的形象始终浮现在脑海中。于是，他将白马的后腿骨制成琴身，雕刻出白马的头部放在顶部，用马尾制成琴弦和琴弓。就这样，马头琴诞生了。大概是因为巴特尔思念白马过于深切，或许白马也有灵性，所以马头琴的旋律，表现了蒙古族人民的勤劳、勇敢、深沉、粗犷、激昂等性格特征。

《白蛇传》中暗示了道与佛的冲突吗

《白蛇传》的传说源远流长，是我国古代四大民间传说之一。

故事是说，在宋朝时的镇江市，白素贞是千年修炼的蛇妖，为了报答书生许仙前世的救命之恩，变化为一个年轻漂亮的女子来报恩，后遇到青蛇精小青，两人结伴。白素贞施展法力，并嫁给许仙。婚后，金山寺和尚法海对白素贞百般阻挠，使得白素贞后来不得不显出原形，却将许仙吓死。白素贞上天庭盗取仙草灵芝将许仙救活。然而，法海却将许仙骗至金山寺内软禁，为的是将白素贞镇压。白素贞同小青一起水漫金山寺，却因此伤害了其他生灵，从而触犯了天条。在生下孩子后，白素贞被法海镇压于雷峰塔下。后来，白素贞的儿子长大得中状元，到塔前祭母，并将母亲救出，从而使全家团聚。

有人说白蛇、小青属于道教中"万物皆可成灵"的形象代表，法海则代表了自认为是正宗的佛教，而许仙则代表着在佛道两派之间摇摆不定的人。法海要镇压白蛇，也就是外来佛教文化企图打压本土道教文化，但最终的结果是白素贞赢得了人们的同情，这说明佛教虽然有一定的传播优势，但中国人对道教文化仍然有一定的感情。

彭祖是不是真的活了八百八十岁

彭祖，名翦，又称为篯铿，是颛顼的玄孙，父亲是吴回的长子陆终，母亲是鬼方首领之妹女嬇，因为他做的野鸡汤十分美味，所以受到帝尧的喜欢而被封在大彭，也就是大彭氏国（今江苏徐州），又叫作彭铿，传说中说是彭姓的祖先。

自尧帝起，彭祖经历夏、商两朝。商代时，他成为守藏史，官拜贤大夫；周代时，他担任柱下史。据说，彭祖娶了四十九个老婆，生下了五十四个子女，最终活了八百八十岁。其实，事实并不是这样的，这个年龄是根据六十天为一个甲子算的，实际上按照现在三百六十五天为一年的话，彭祖的实际寿命只有一百四十多岁。晋代葛洪形容他，“殷末已七百六十七岁，而不衰老。少好恬静，不恤世务，不营名誉，不饰车服，唯以养生活身为事。”由此可见，彭祖只是养生的方法得当，比别人活的长一些而已，并不像神话传说当中说的那样活了八百八十岁。

彭祖为什么会死去的

古人盼望长寿，但又无法抗拒生老病死的自然规律，于是就虚拟出了彭祖的神话。

据说，彭祖的最后一任妻子很想知道他长寿的原因，就对彭祖撒娇说：“我虽然年轻，但身体却不如你好，你把长寿的秘密告诉我吧，我们也好长相厮守。”彭祖看着如花似玉的爱妻，一时高兴，忘乎所以地说道：“其实，也没什么，就是阎王爷不小心把我的名字从生死簿上撕下，做了纸捻子，所以我才活到现在。”其实，阎王早就在注意彭祖了，只是怎么也找不到他的名字。于是，就派了两个小鬼到彭祖所住村子去，找到彭祖的妻子。两个小鬼不相信彭祖能活八百八十岁。于是，彭祖的妻子就把彭祖长寿的秘密告诉了这两个小鬼。小鬼得知后，便立刻报告给阎王。随后，阎王找到了那根纸捻子，便派勾魂鬼把彭祖的魂勾走了。老百姓们对此感到十分惋惜，就有了“彭祖活了八百八，有话不该对妻子说”的说法。

给“压岁钱”的传统是怎样来的

关于压岁钱，也有一个传说。从前，有一个叫“祟”的小妖，他每年年三十夜里出来，专门残害睡熟的小孩。人们怕祟来伤害孩子，于是整夜点灯不睡，守在孩子身边，而这就叫做“守祟”。

据说嘉兴府有一户姓管的人家，夫妻老来得子，十分喜爱。在年三十晚上，为防止“祟”来残害孩子，就一直逗孩子玩。他们教小孩用红纸包了八枚铜钱，包了拆开，拆了又包，最后小孩睡下以后，包着的八枚铜钱就放在枕边。半夜里，一阵阴风吹过，黑矮“祟”正要伸手摸向孩子的头时，突然孩子枕边迸出一道金光，“祟”被吓跑了。后来，这件事被传扬开来，大家纷纷效仿，在大年夜用红纸包上钱给孩子，祟就不敢再来侵扰了。因此，人们便把这种钱叫作“压祟钱”。后来，因为“祟”与“岁”发音相同，久而久之，“压祟钱”就被称为“压岁钱”了。

“双抛桥”是怎样来的

双抛桥在今天福州杨桥路中段。传说古时候这里有条河，河上有座无名的木桥，桥下水深流急。河附近住着邱、何、胡三家。邱家有个儿子靠木工手艺为生，为人老实忠厚。何家亦不甚富裕，但有个女儿长得花容月貌，且生性善良。邱、何两家素有来往，彼此一对男女自然也相处得好。他俩青梅竹马、两小无猜，邱、何两家的家长视为合适遂为他们定了亲，并择了迎娶的吉期。

不料，一天何小姐到河边漂洗衣裳，被胡家恶少看见。胡家为官，有钱有势。胡恶少见何小姐貌美，查明底细后便遣媒到何家说亲。何家把姑娘已定亲，且日内迎娶的话让媒婆去回了。谁知胡恶少根本不理，暗地召集家丁、打手，策划邱、何两家迎娶之日拦路抢亲。邱、何两家毫无防备，何小姐于迎亲路上被抢到胡府。

何小姐是个忠贞烈性姑娘，到了胡府宁死不从，并于夜间趁看守疏忽之机，偷偷逃出胡府，奔回邱家与新婚丈夫相聚。然而，那胡恶少岂肯罢休，他带着众恶奴，各持凶器赶到邱家，将邱、何新婚夫妇捆绑后抓走。新婚夫妇一路反抗，大骂无耻恶少。胡恶少恼羞成怒，喝令众恶奴将新婚夫妇双双抛入河中，并吩咐将两人尸体抛向南北两边，意思是死了也不让他们在一起。后来，河的南北两岸各长出一棵榕树，树枝在空中攀连，成为福州的一道奇观。后人见了赞叹不已，便就将跨河的这座桥叫双抛桥了。

刘三姐和鱼峰山有什么关联吗

相传，鱼峰山是壮族歌仙刘三姐曾经生活劳动、传歌成仙的地方。在今天，山上还保存着“三姐岩”“对歌坪”等遗址。

传说在唐代，罗城与宜山交界的天洞之滨，有个美丽的小山村。村中有一位叫刘三姐的壮族姑娘，在很小的时候她父母就去世了，和哥哥刘二相依为命。刘三姐不仅长得宛如出水芙蓉一般貌美，还唱了一口好山歌。由于刘三姐常用山歌唱出穷人的心声和不平，因此触怒了当地的土豪劣绅，他们让官府派人去捉拿刘三姐。为免遭毒手，刘三姐与哥哥在众乡亲的帮助下，趁天黑，顺流沿天河直下龙江，后又进入柳江，辗转来到柳州，在小龙潭村边的立鱼峰东麓小岩洞居住。从此，刘三姐的歌声又萦回鱼峰山顶。后来，刘三姐的踪迹被官府知道了，官府派出众多官兵到立鱼峰要捉拿三姐。小龙潭村及附近的乡亲闻讯，纷纷赶来，为救刘三姐而与官兵搏斗。刘三姐不忍心乡亲们受牵连，毅然上山跳入小龙潭。然而，正当刘三姐纵身一跳的时候，顿时狂风大作，天昏地暗。随着一道红光，一条金色的大鲤鱼从小龙潭中冲出，把刘三姐驮住，飞上云霄。刘三姐就这样到天宫成了歌仙。而她的山歌，人们仍世代传唱着。

刘三姐的传说，表达着生活在底层的穷苦百姓对现实的不满，于是，他们借助神话中歌仙刘三姐的口来表达自己对社会的控诉。

为什么老鼠排在十二生肖头一位

在十二生肖当中，为什么小小的老鼠能排名第一呢？这里面有一个很有意思的传说。传说，老鼠与牛、马、羊等被选为十二属相后，它们在一起争论到底谁排第一的问题。老鼠说：“我应该排在第一位。”牛、马、羊等异口同声问道：“你凭什么排第一位呢？”老鼠说：“我大，所以我要排在第一。”牛、马、羊等都禁不住哈哈大笑道：“小不点，你有我们大吗？”老鼠说：“我们几个争了不算数，还是让最有发言权的人来说吧。”牛、马、羊等都同意让人来评议。于是，由牛领头，马、羊、鼠等一个接一个地从大街上走过，看看人是怎么评价的。

在大街上，牛走过去的时候，所有的人都说：“好壮的一头牛啊！”马过来了，人们说：“这匹马真高。”羊走过来的时候，人们则说：“这只羊很肥。”……

最后，老鼠大摇大摆地挺着肚子走过来，人们看见大街上突然跑出一只大老鼠，都追着它喊："好大一只老鼠呀，好大的一只老鼠呀！"随后，老鼠笑嘻嘻地看着牛、马、羊等说："怎么样，还是我大吧？"对此，牛、马、羊等也无话可说了，于是就让老鼠排在了第一位。

你知道"伯劳"是一种什么鸟吗

伯劳是一种鸟，在鄂西北房县的春夏两季较为常见。伯劳捕捉昆虫、小鼠、蜥蜴等为食，因此被称为雀型目中的猛禽。但是，在我国的古代神话传说中，它是一种神鸟。

关于伯劳有两个典故，最有名且现在比较流行的一个典故出自南朝梁武帝的《玉台新咏》中的《东飞伯劳歌》。"东飞伯劳西飞燕，黄姑（牵牛）织女时相见。谁家女儿对门居，开颜发艳照里间。南窗北牖挂明光，罗帷绮帐脂粉香。女儿年几十五六，窈窕无双颜如玉。三春已暮花从风，空留可怜谁与同。"今天人们所熟知的成语"劳燕分飞"便典出于此。

另一个典故，就是关于"伯劳"这一名称来历的典故。传说周宣王时期，贤臣尹吉甫因听信了爱子伯奇后妈的谗言而误杀了伯奇，整日后悔不已。一天，尹吉甫在郊外看到一种从来没有见过的鸟，因思子心切，便以为这只鸟就是爱子的灵魂，于是说道："伯奇劳乎，如果你是我的儿子就飞到我的身边来。"结果，这只鸟便真的飞到了他的身边。如此一来，伯劳鸟就因为"伯奇劳乎"而得名了。

王母娘娘是玉皇大帝的老婆吗

大家在影视剧当中经常可以看到，玉皇大帝的身边有一个人，那就是王母娘娘，因此，不少人都认为，玉皇大帝和王母娘娘应该是一对夫妻了。其实，在正统道教的神系中，玉皇大帝与王母娘娘并不是夫妻关系。王母娘娘是先天阴气凝聚而成，是所有女神仙当中最高的神仙，掌管着昆仑仙岛；而玉皇大帝则为先天阳气凝聚而成的东王公，掌管着蓬莱仙岛，是群仙之首，众神之主。因此，他们并不是一对夫妻。

王母娘娘是怎样由人成为神仙的

自从在《山海经》里王母娘娘在中国古代文化中的第一次亮相之后，有关她的记载便渐渐多了起来。王母娘娘在我国的古代神话故事当中，亦被称为金母、瑶池金母、瑶池圣母、西王母。王母娘娘不但与黄帝、尧、舜、大禹等远古时代的帝王见过面，还在此后与汉武帝见过面，其间至少经历了两千多年的时间跨越。难道王母娘娘真的如传说中的那样长生不老吗？这显然是个误会。

造成这个误会的原因，完全是当代人对历史的误读。古今中外，历史和神话杂糅的现象经常发生，人类在历史演变的过程中，常将历史上的某项功绩附会给某个人，以将他神化。上古时期，人们崇尚巫术，而掌握巫术的人，往往就是民族最高的统治者。近年来，有专家宣称王母娘娘确有其人，并是一位叫作“西王母国”的氏族部落或部落联盟的女首领。到后来，历代的西王母人选是在不断更替，但西王母国的存在和西王母的封号却没有变，从而形成了一个西王母长生不老的传说。

牛郎织女约会时是怎样见面的你知道吗

牛郎织女的传说是中国人家喻户晓的神话传说。那么，一个在天上的织女和一个在地上的牛郎,他们每年是怎样见面的呢?据说,牛郎织女相会的七月七日,成群的喜鹊会飞来为他们搭桥。鹊桥之上,织女和牛郎深情相对,怀抱着他们的儿女,有无数的话要说,有无尽的情意要倾诉。因此,传说每年的七月七日,若是在葡萄架下静静地听,就可以隐隐听到织女和牛郎在深情地交谈。

后来,每到农历七月初七,姑娘们就会来到花前月下,抬头仰望星空,寻找银河两边的牛郎星和织女星,希望能看到他们一年一度的相会,乞求自己能像织女那样心灵手巧,并且能够找到一位称心如意的郎君。

历史上真的有鲁班这个人吗

历史上,鲁班是确有其人的。他是春秋末期鲁国的一个工匠,名叫公输般。春秋战国时期是我国从奴隶制度向封建制度过渡的社会大变动时代,手工工匠获得一定程度的自由,新的生产工具的出现为整个社会的生产力提高创造了有利条件。公输般在这个时期对工艺技术的提高作出了杰出的贡献。由于他技艺超群,又是鲁国人,所以后人就称他为“鲁班(般)”。

史书上对于鲁班的记载很少,关于他的经历,人们很难找到很多可靠的材料。不过,关于他的传说却很多,有的写在古书上,有的流传在民间。传说鲁班曾经用木头制作了一辆车并且安装了机关,只要开动机关,车子就会跑。

鲁班的这些传说之所以能够越传越神,其原因在于我国是一个传统的农业国,对于农业生产方面的技术,百姓们历来孜孜追求,也表达着自己希望获得丰收,将自己从繁重的体力劳动中解放出来的愿望。但是,由于生产技术的限制,因此只好寄希望于神话传说了。

"高山流水"是一首曲子吗

高山流水的故事对于国人来说并不陌生。相传,伯牙擅长弹琴,钟子期善于倾听。伯牙弹琴时,心里想着高山,钟子期就会说:"好高峻的山啊!"伯牙弹琴时,心里想着流水,钟子期就会说:"水势浩荡的样子像江河啊!"伯牙弹琴时心里想什么,钟子期都能一一听出来。

一天,伯牙在泰山的北面游览,突遇暴雨。在岩石下躲雨时,心里不自地产生了一丝伤感,便取出琴弹了起来。起先是连绵大雨的曲子,再奏出山崩的声音。然而,钟子期依然能够听出伯牙的心中所想。最后,伯牙弹奏完毕,放下琴感叹地说:"您所听出的正是我心里所想的啊!我的琴声逃不过您的耳朵,您真是我的知音啊!"

随着社会的发展,现在的"高山流水"被善意地夸大成了友谊的一种表现,但是这个词却反映出了人们渴望得到真正友谊的一种愿望。

为什么会有"孟姜女哭倒长城"的传说

孟姜女哭长城的传说在民间广为流传,她的丈夫范喜良被征召修筑长城,劳累而死,埋于长城之下。孟姜女悲痛之下一路寻夫哭到了卫辉池山段长城,哭塌长城,进而找到了丈夫的尸骨。

有人认为,孟姜女的故事发生在春秋时期。据《左传·襄公二十三年》记载,齐庄公四年(公元前550年),齐国攻伐卫国、晋国,回师攻莒时齐大夫杞梁战死。杞梁妻迎丧于郊,相传她哭夫十日,城墙为之崩塌。于是,后世越传越离谱,把杞梁妻说成是秦始皇时代的人,并成为了哭长城的主角。

其实，孟姜女哭长城的故事，是随着历代时势和风俗不断改变而变化的。战国时，齐国都城盛行哭调，杞梁（后演化为喜良）战死而妻迎柩，便是这个故事的素材。西汉时，盛行阴阳五行、天人感应之说，杞梁妻的悲苦便造成了城崩山裂的感应。至南北朝、隋唐时期，乐府中有送衣之曲，于是又增添了送寒衣的内容。由此可见，孟姜女哭长城的故事，是在长期的文化演变中而逐渐丰满起来的。

总而言之，孟姜女哭长城的故事，从一个侧面反映出了老百姓对于封建统治者残暴统治的不满。

“八仙”在过海的时候都显露了怎样的神通

“八仙过海，各显神通”这个成语原指八位神仙在渡东海时，各用各的方法渡了过去，现在引申为做事各有各的办法，并且也有各自拿出自己的本领比赛的意思。

相传，一次，八位神仙在蓬莱阁上聚会饮酒，酒喝到高兴的时候，铁拐李提议到海上一游，而其他神仙都觉得这是一个不错的主意。于是，商定各自凭借自己的法力过海，而不能乘船。首先，汉钟离把大芭蕉扇往海里一扔，袒胸露腹仰躺在扇子上，向海上漂去；何仙姑将荷花往水中一抛，顿时红光万道，她站立在荷花之上，随波漂游。随后，吕洞宾、张果老、曹国舅、铁拐李、韩湘子、蓝采和也纷纷将各自宝物抛入水中，借助宝物大显神通，游向东海。

“张果老”成仙的过程你知道吗

据《唐书》记载，张果老的本名叫张果，加一个“老”字是对他的尊称。他是“八仙”中年龄最大的。相传,张果老是唐代邢州人,今广宗县张固(果)寨就是他的家乡。邢台西部有座仙翁山,俗称张果老山。

至于张果老是如何成仙得道的,民间有很多传说。相传,张果老原来是一个穷赶脚的出身,靠赶着毛驴运送货物糊口。一天,他路过一座小庙,庙内肉香扑鼻,推门进庙,见殿内支着一口铁锅正炖着一锅白肉。张果老饥肠辘辘,又见四下无人,便用木棍夹着吃起来,把一锅鲜香味美的白肉吃了个精光。剩下的汤也喂了驴。张果老哪里知道,他吃下的是“一千年一开花,三千年一结果”的“地精娃娃肉”,人若吃下可以长生不老,成仙得道。于是,张果老就成仙了。

张果老的神话故事在民间被增添了许多的积极因素,他嘲弄王权,抨击富贵,劝化世人,从而成为民间喜闻乐见的神话人物。尤其是他“不是倒骑驴,万事回头看”的思想,是我国朴素辩证思想的表现,更是我国宝贵的文化财富。

为什么没有“猫”这个属相

为什么在属相中,有属老鼠的,却没有属猫的呢?这里面有一个很有趣的故事。

在很久以前,有一天,人们说:“我们要选十二种动物作为人的生肖,一年一种动物。”可是,天下的动物实在是太多了,怎么才能从中选出十二种来呢?于是,人们就规定了一个日子。这一天,动物们来报名,先到的十二种动物就被选为十二生肖。

猫和老鼠是邻居,又是好朋友,它们都想去报名。猫说:“咱们得一早起来去报名,可是我爱睡懒觉,怎么办呢?”老鼠说:“别着急,你尽管睡你的大觉,我一醒来,就去叫你,咱们一块儿去,争取报头一个和第二个。”猫听了很高兴，说："你真是我的好朋友，谢谢你了。"

到了报名的那天早晨，老鼠一早就醒来了，可是它高兴得忘乎所以了，只想着自己报名的事，而把叫猫起床的事给忘了。结果，老鼠被选上了。猫因为起床太迟了，等它赶到时，十二种动物已经被选定了。

猫因为没有被选上，就怪老鼠没有叫它，因此一直找老鼠算账；而老鼠自知自己理亏，因此总是躲着猫。一直到现在，老鼠见了猫就会逃跑。

"妲己"与"筷子"有什么传说吗

妲己与筷子的传说，流传于江苏一带。故事说的是商纣王喜怒无常，吃饭时总是刁难厨师，总是嫌饭菜不合口，结果，很多厨师成了他的刀下之鬼。宠妃妲己也知道他难以侍奉，因此每次摆酒设宴，她都要事先尝一尝，免得纣王咸淡不可口又要发怒。有一次，妲己尝到有几碗佳肴太烫，可是调换已来不及了，因为纣王已来到餐桌前。妲己急中生智，忙取下头上的玉簪将菜夹起来，吹了又吹，等菜凉了一些再送入纣王口中。纣王认为由妲己夹菜喂饭是件很新奇的事情，于是天天要妲己如此。于是，妲己便让工匠照着玉簪的形状做了两根长玉簪，以方便自己夹菜，而这就是玉筷的雏形。后来，这种夹菜的方式传到了民间，便产生了筷子。

这则传说，比较贴近生活，有某些现实意义，但仍然富于传奇性。

古代中国人认为地比天大吗

中国古人认为天是盘古开的，而地则是扁古开的。他俩在开工前约定，先完成工作的就当哥哥，而后完成的就当弟弟。

扁古在约定后便开始了工作。盘古自以为比扁古能干,一定比扁古先完工,而大哥也是当定了的,便干一会儿睡一会儿。

扁古人老实,知道盘古看不起自己,心想一定要争口气,便拼命干,没几天就快完工了。盘古看到扁古快完成了,就生了个坏主意,等扁古睡着时,在扁古开得平平整整的地上堆起了几座大山,这就使天和地看起来一样大了。

第二天,扁古起来,看到他的地和天一样大小了,知道是盘古搞的鬼。于是,在天黑下来后,扁古便拿来一根“铁竹竿”,想把盘古开的天撑高,从而使天比地小。可是,从哪个地方撑天呢?想来想去,只能从天的中间撑。但是,天太沉了,铁竹竿下端插到地下十丈。后来,天的中间就叫成了“汝”地,也就有了天没有地大的传说。

“八卦”是谁发明的你知道吗

八卦源于中国古代对宇宙形成的基本概念、日月与地球的关系以及农业生产与人生哲学互相结合的观念。那么,八卦究竟是谁发明的呢?这也有一个传说故事。

传说伏羲的母亲华胥氏在一次出门时,看见沼泽边有一个巨大的脚印,觉得很好奇,就用自己的脚踩下去试,谁知刚一踩下去,身子就有一种异样的感觉,后来就怀孕生下伏羲。伏羲长有人的头,蛇的身子,从小就很有神力,能沿着通天的大树自由上下,长大后便成为了东方的天帝。

伏羲是一位圣明的天帝,也是一位了不起的文化始祖。他上知天文、下懂地理,并且熟悉人间万物的自然法则。他提出了一个基本的标准,那就是“男为阳,女为阴”的道理。他就根据这个身体部位,初定为阴阳八卦图形,并且教百姓用这几种符号记载万事万物。原始的八卦指的是人体的八个部位,即耳朵、鼻子、眼睛、嘴巴、手、脚、生殖器官及头。发展到后来,人们便以“乾”代表天,“坤”代表地,“坎”代表水,“离”代表火,“艮”代表山,“震”代表雷,“巽”代表风,“兑”代表泽。

“鲤鱼跳龙门”中的“龙门”真的存在吗

“鲤鱼跳龙门”是唐朝的一个典故。龙门坐落于现在河南洛阳南郊约十三公里的伊河两岸,此处东西山对峙,伊水中流,远望如天然门阙,古称“伊阙”。传说很久以前龙门还没有凿开,龙门山把伊水阻挡住,并在山的南面形成了一个大湖。居住在黄河的鲤鱼听说龙门山风景秀丽,就想到那里去游玩,鲤鱼们通过洛河游到伊水中,来到龙门山下。但由于龙门山高,没有水路可走,因此鲤鱼们被挡住了去路。鲤鱼们便商议跳过龙门山,可这在大多数鲤鱼看来是不可能的,龙门山那么高,而自己是这么渺小。但是,其中一条大红鲤鱼自告奋勇,率先起跳。它纵身一跃跳到半空中,夹杂着云雨向前冲,途中还被天火烧了尾巴,但它最终战胜了困难,跃过了龙门山落到山南的大湖里面,并且瞬间变成了一条龙。

后来,人们通常用“鲤鱼跳龙门”比喻进士及第,暗指其绝高的难度和士子前后截然不同的生活境遇。

参考文献

[1] 谭春虹. 中华文化常识全典[M].北京:中国纺织出版社,2009.